W0323071

GOODIS
LA VIE EN NOIR
ET BLANC

PHILIPPE GARNIER

GOODIS
LA VIE EN NOIR ET BLANC

BIOGRAPHIE

ÉDITIONS DU SEUIL
*27, rue Jacob, Paris VIe*

ISBN 2-02-006711-0.

© FÉVRIER 1984, ÉDITIONS DU SEUIL.

La loi du 11 mars 1957 interdit les copies ou reproductions destinées à une utilisation collective. Toute représentation ou reproduction intégrale ou partielle faite par quelque procédé que ce soit, sans le consentement de l'auteur ou de ses ayants cause, est illicite et constitue une contrefaçon sanctionnée par les articles 425 et suivants du Code pénal.

Pour : Lionel Herrmani, qui me les a fait lire
Claude Ventura, qui me les a fait relire
et Monsieur A. Baly, bouquiniste au Havre,
qui les a vendus cent balles si longtemps.

L'ennui avec ce genre de livre c'est qu'on doit finalement tellement de choses à tellement de gens qu'une grande partie des royalties risque fort de passer dans les « compliments d'auteur ». Normal : le livre n'existerait pas sans eux.

La gratitude, donc, noir sur blanc : tout particulièrement Paul Wendkos, qui m'a donné les clés ; et tous ceux qui ont eu la générosité de me confier leurs souvenirs, documents et photos de famille, parmi lesquels Jane Fried, Monroe Schwartz, Dick Levy, Edwin Sherman, Bernard Shapiro et Robert K. Greenfield. Pour leur temps et leur aide inestimable : Mmes Grayson Hall et Omi Yolin ; MM. Leonard Cobrin, Allan Norkin, Edward Shils, Paul Garabedian, Finlay McDermid, Buddy Lewis, Knox Burger, Jean-Claude Martel, Ted Wasserman, Sam Elber, Phil Terranova et tout particulièrement Arnold Hano et Marvin Yolin.

Quant à l'Armée des Ombres qui m'a aidé et soutenu à titres et degrés divers, les intéressés reconnaîtront leur place et leur capacité. En vrac : Lee Sanders, Michel Aphesbero, Dominique Casenave, Leith Adams, Piet Schreuders, Al Newgarden, Don McGlynn, Geoffrey O'Brien, Bernard Eisenschitz, Meredith Brody, Vic Lieberman et Mme Miriam Crawford, bibliothécaire à la Samuel Paley Library, Temple University. Également pour leurs sources et ressources : l'équipe et producteurs de « Cinéma Cinémas » (Antenne 2), « Étoiles Étoiles » (TF1) et la revue *Polar.* Merci aussi à Bayon et Libé, et à mon *alma mater* de la rue Chaptal (de m'avoir laissé assez de corde pour me pendre). Et finalement à mon ami Andrew Dowdy, de Other Times Books, le meilleur libraire de L.A.

L'ouvrage de Geoffrey O'Brien *Hardboiled America, the Lurid Years of Paperbacks* m'a été utile, celui de Piet Schreuders *Paperbacks, USA* indispensable pour le chapitre 15.

Finalement une constatation (Gene Fowler l'a faite avant moi) : « On ne remet jamais un livre aux éditeurs ; on l'abandonne. »

P.G., juin 1983, Los Angeles.

NB : On trouvera la chronologie personnelle de David Goodis en fin de volume.

Ce coup-ci je m'en tire encore bien. J'en suis juste de trois bouteilles de Rolling Rock — ce qui me restait d'un pack de six qu'ils ont trouvé sur le siège du mort. Mais au prochain barrage, plus moyen de lâcher du lest. Il faudra accélérer et monter sur le trottoir — genre de sport que j'aimerais justement éviter dans pareil quartier.

Jamais vu ça. Ni dans le Bronx, ni à Memphis, ni dans Liverpool 8, ni nulle part. Des gens plein la rue, debout sur les trottoirs, assis sur les perrons et les rebords de fenêtres ; couchés sur les échelles d'incendie. Tout un surplus d'humanité qui étend sa lessive et cherche la brise. Tout le monde est noir. Certains jouent aux dames sur les marches, d'autres avec les dames devant les épiceries et liquor-stores, l'inévitable radio-cassette braillant à leurs pieds, comme sous leurs pieds : funk et voix soyeuses. D'autres encore jouent aux cartes sur des tables pliantes. J'ai déjà vu des quartiers aussi déglingués que cette partie de North Philly [1], mais jamais d'aussi vivants et habités. Pareilles rues étroites se trouvent rarement en Amérique. Mais c'est l'Angleterre (la pire, bien sûr), que les rues de Philadelphie rappellent immanquablement — au moins celles des quartiers populaires.

L'échelle, d'abord : de vraies rues, étroites et encombrées de trottoirs et perrons de brique ; files de maisons à façades continues, bâtiments de brique (sinistrés le plus souvent, mais occupés quand même, le plus souvent). Les couleurs, aussi : le rouge et le vert qui dominent tout, même la suie et la crasse des briques et de l'asphalte crevé. On trouve même des pavés dans

1. Philly : Philadelphie.

Nicetown, comme à Liverpool. A Liverpool aussi on rançonnait ; mais c'était dans les terrains vagues que ça se passait, dans les immenses trouées laissées par les bombes ou les projets de rénovation urbaine laissés en plan par manque de fonds ou manque de foi. Et dans ces no-man's lands de Liverpool 8, c'étaient les mômes qui faisaient ça, en bandes comme des loups. Vingt ou trente nabots silencieux, et la menace implicite : « Penny for the guy, Mister ? »... ou une brique sur la gueule, fucker. C'est tous les jours Guy Fawkes'Day dans certains coins de Liverpool, sauf que les bambins d'aujourd'hui ne se contentent plus d'un penny. Ici à Philadelphie, dans ce que les urbanistes appellent Inner City (ou Left-over City, la cité des restes), ce sont les adultes qui pratiquent cet art ancien du péage. L'octroi sauvage pour financer la fête continue du vendredi soir et samedi matin.

Chaque véhicule, chaque conducteur assez inconscient pour se fourvoyer dans Nicetown doit donner quelque chose. Soit en espèce comme mes bouteilles de bière, soit de quoi acheter la pinte de Grandad ou la bouteille de Night Train Express. Nicetown, bien sûr, ne s'appelle plus comme ça que dans les pages jaunes du téléphone. Comme près des deux tiers de Philadelphie aujourd'hui, le quartier est devenu noir et complètement pourri.

Au départ, ma petite expédition me plaisait bien. J'étais même tout fier de mon coup : ma première nuit à Philadelphie et j'étais là à remonter la 11e Rue comme un malade de Conrad remonterait la rivière sur son teuf-teuf. Mais plus j'allais, moins ça devenait drôle. Au cœur des ténèbres, tu parles. Mince de Congo. La 11e devenait de plus en plus étroite, de moins en moins praticable. La kermesse sauvage battait son plein et les péages rigolards devenaient de moins en moins évitables, de plus en plus pressants. A un moment, j'ai même perdu la 11e, au niveau de Glenwood et Sedgley, là où elle sort brièvement de son lit. Je me suis retrouvé sur Germantown. C'est là que j'ai su que j'étais vraiment perdu. Ma géographie philadelphienne était encore très approximative et je tenais tous mes périmètres des romans de Goodis, relus hâtivement avant de partir. Mais je n'avais pas besoin de me fourvoyer dans Germantown pour trouver mon Vendredi 13. Je savais au moins ça. Je me suis finalement rabattu sur Broad Street. Au moins là, sur cette grande artère cruellement éclairée qui coupe la ville du nord au sud en son centre exact, je pouvais m'arrêter et me repérer sans trop attirer l'attention. « Hey white boy, whatcha doin' uptown ? » Pas grand-chose. Juste en quête d'un quartier qui était juif dans le temps. Bourgeoisie moyenne, ou en passe de le devenir. Un quartier comme Logan, ou East Oaklane — les quartiers dont on m'avait parlé à propos de Goodis.

Ça paraissait pourtant simple, au départ. Ça paraissait une bonne idée. Quoi de mieux à faire un vendredi à minuit, ma première nuit à Philadelphie, que d'aller tout de suite voir la maison de Goodis ? J'avais l'adresse, trouvée sur une fiche de paye de la Warner Bros. deux mois auparavant dans une salle de lecture des collections spéciales à l'USC (L'Université de la Californie du Sud, au sud de downtown Los Angeles — au sud de la misère). La maison était au 6305, North 11th Street, Philadelphia, Pa. Juste passé le Ben Franklin Bridge en venant, j'avais tout de suite repéré comment les rues s'embouchaient sur Market comme les côtes flottantes d'un squelette. Du moins les rues numérotées. La 11e ne serait sûrement pas difficile à trouver : d'abord South 11th, ensuite North 11th, peut-être un peu de ghetto pour la couleur locale, et ensuite la maison de Goodis. C'était ça le programme.

J'étais venu en driveaway. Deux amis m'avaient aidé à conduire la Buick LeSabre toute neuve d'une côte à l'autre. Il avait fallu passer à l'aéroport, louer une autre Buick (toute pourrie, celle-là, le genre de saleté qu'on trouve aux locations d'aéroports quand on n'a pas réservé. C'était une Regal avec une direction très approximative et le maniement général d'un pédalo). Ensuite il avait fallu livrer la LeSabre à Medford, New Jersey. Là il y avait eu un repas pour célébrer l'exécution sans bavure de la première phase du voyage — souper un peu compassé dans un endroit rustique et chichiteux, pas donné mais plutôt bon. Jamaican black bean soup (avec des oignons dessus, et en l'honneur de Goodis), et soft-shell crabs, qui est la façon qu'ont les Américains et gourmets de la côte Atlantique de saloper des étrilles parfaitement acceptables.

Quand on a retraversé la Delaware, il était déjà près de minuit. Mes compagnons étant crevés, il a fallu trouver un hôtel, ce qui est toujours un problème à Philadelphie — on devait s'en rendre compte cette nuit-là et les jours suivants. Je les ai finalement laissés au sinistre et douteux confort de l'hôtel Apollo, sur Arch Street. Placard à balais glorifié, rendu légitime (et louable) par la judicieuse adjonction d'un minuscule lavabo et d'un énorme poste Sylvania. Toilettes et télé-câble à tous les étages. Mais moi pas question de dormir ; pas même question de prendre une chambre ni d'aller faire cette histoire de Goodis avec qui que ce soit.

J'ai pourtant cru que j'allais y passer la nuit, à remonter la 11e. Au départ pas de problème, un demi-tour sur Race Street, on traverse North Broad et on trouve la 11e dans ce qui leur sert de Chinatown à Philadelphie, un minuscule quartier avec des noms de rue faussement printaniers comme Cherry, Appletree, Spring Garden... Franchement, il est très difficile d'imaginer le printemps à Philadelphie. J'ai toujours l'impression que soit on se les gèle, soit on étouffe. Il faut dire que tout comme ma géographie, je tiens mon climat des bouquins de Goodis. En m'engouffrant dans la 11e, j'essaie vainement de me souvenir si *Rue Barbare* se passe en été ou en hiver. (« On Ruxton Street, at ten past ten, the Chinese girl was flat on her back in the gutter [1]. » Et aussi : « L'ennemi c'était la rue. Parce que la rue était comme un de ces gros serpents qu'il avait vu une fois au zoo. Elle avale tout ce qu'elle touche. ») En tout cas, la 11e change vite de peau. Et, tout de suite, je suis rudement content d'avoir changé de voiture. Je me verrais mal traverser ma nuit noire au volant de la LeSabre, avec son gris cossu et ses banquettes satinées. C'est déjà assez coton de passer inaperçu avec la Regal, qui a la suspension d'un tank Sherman et tout le charme visuel d'un taxi du Bronx ; mais finalement le véhicule tout à fait approprié pour explorer les nombreux nids de poule de la 11e, dont certains pourraient aisément passer pour des tranchées.

Et puis tout d'un coup, mais longtemps après, juste quand on se dit qu'on n'en sortira jamais, la rue change du tout au tout. Passé les hôpitaux, la rue devient résidentielle. Pas vraiment riche, mais consistante. Arrivé dans les 6000, les maisons sont individuelles, grandes, en brique le plus souvent, avec des porches couverts et de la pelouse devant, des allées en ciment qui mènent à des garages, des troènes et des grands arbres. Le 6305 est tout éclairé, du porche

1. « Dans Ruxton Street, à dix heures dix, la Chinoise gisait sur le dos dans le caniveau. »

à l'étage. Une allée en ciment traverse le bout de pelouse et mène méticuleusement à la porte d'entrée, passé trois marches. La porte est peinte en blanc, massive mais aérée d'ajours vitrés. Le porche est en bois, les piliers en brique — un peu comme le reste de la maison. Le tout est bien entretenu, impeccablement propre. Les grillons en mettent un sacré coup dehors. Ou les criquets. Ils chantent la sécurité et la banlieue saine et sauve.

Je tourne autour de la maison comme un rôdeur inepte, finalement débusqué par le chien du voisin. Pour justifier tout ce potin, je décide impulsivement de sonner à la porte. Pendant une minute mes tempes battent si fort que j'entends à peine les grillons, le chien ou même la sonnette qui carillonne au fond de la maison, un bruit bizarrement creux et lointain, un peu irréel. Je n'ai bien sûr aucune idée de ce que je vais bien pouvoir leur raconter, à ces gens-là. Mais personne ne répond à mes coups de sonnette répétés. C'est sans doute heureux : il est plus d'une heure du matin. Mais ont-ils si peur que ça, qu'ils n'osent répondre à la porte ou qu'ils laissent tout illuminé comme pour un réveillon, pour faire croire qu'ils sont chez eux ? Peur de quoi ? Peur de qui ? Du casse, ou du casse-couilles ?

Je décide de coucher dans la Regal. La nuit est chaude, ça devrait aller. Mais après une heure passée à négocier avec un des accoudoirs de la banquette arrière la fatigue me rattrape. Ce matin, j'étais en Virginie, et demain j'ai beaucoup de choses à faire. Je retourne finir ce qui me reste de nuit à l'Apollo, prenant cette fois bien soin de rester sur Broad Street. En retournant à la maison sur la 11e, le lendemain matin, je m'apercevrai que sans le savoir je suis passé près de la maison de Logan où Goodis a grandi, devant la Cooke Junior High School où il a été à l'école, et devant l'Albert Einstein Medical Center où il est mort.

Ce matin-là, me voyant en train de prendre des photos de sa maison, une femme en peignoir est sortie sur le trottoir, l'air passablement agitée. Je l'ai tout de suite rassurée. Je n'étais ni inspecteur des impôts ni agent immobilier. Je voulais écrire un livre sur David Goodis, un romancier qui habitait ici dans le temps, vous avez peut-être entendu parler… Là, elle s'est détendue. Un Français, ça explique tout. Oui, effectivement, elle a entendu parler de Goodis. Il était déjà mort quand ils ont acheté la maison mais le voisin de droite connaissait bien la famille. Il dit qu'il est mort d'une crise cardiaque en déblayant l'allée du garage un jour qu'il y avait trop de neige. Il y a même encore un livre de lui à la maison. Mais c'est tout en français, avec une couverture jaune et noire…

1

Série Blême

J'étais à une party chez Sidney Sheldon récemment et Aznavour était là. Je me suis présenté et lui ai dit que j'étais un ami de David Goodis. Aznavour m'a regardé comme si j'étais fou et a aussitôt quitté la pièce.

Paul Wendkos.

Cette histoire de Goodis a commencé bizarrement, et autant dire avec pas mal de réticence ; en grande partie aussi à cause d'une relance venue d'ailleurs. J'avais déjà fouiné du côté de Cain, Chandler, Burnett et autres écrivains de la Série Noire, et une exploration semblable au pays de Goodis paraissait logique à certains. Moi j'en étais moins sûr. Je n'osais pas trop. Les autres étaient des écrivains solides, qu'on peut toujours lire et relire en anglais ou même en français sans se lasser ni avoir peur que le charme n'opère plus. Quelque chose me disait qu'il n'en serait pas de même avec Goodis ; que c'était loin d'être incassable.

En tout cas, c'était loin, et précieux aussi. Goodis pour moi, c'était les premières lectures et toiles à rêves — à 14 ou 15 ans. L'époque des engouements frileux et absolus. L'époque de la chambre, la photo de Jane Greer au mur, et toutes les découvertes qui en amènent d'autres, au gré des trouvailles sur les étals de marchés ou chez le bouquiniste du Cours de la République chez moi au Havre. Achat, vente et échanges. Les couvertures cartonnées étaient déjà bradées depuis longtemps. Mais on trouvait encore des Séries Blêmes, et à pas cher.

La Série Blême semblait mieux convenir à l'auteur de *Cauchemar* ou de *La nuit tombe* et à son monde blafard peuplé de pauvres mecs, rêveurs et paumés. Tout pour plaire aux Français, il faut bien dire ; eux et leur sainte manie d'idolâtrer les perdeurs et les petits. William Irish, Verne Chute ou Curt Siodmak, tous ces auteurs mineurs abonnés à l'insomnie semblaient tout de même compagnie plus logique pour Goodis que les McBain, Hammett ou Paul Cain qu'on trouvait dans le glorieux panier de crabes de la Série Noire.

Les personnages dans la Blême n'étaient ni durs, ni véritablement mauvais, ni vicieux ; seulement amnésiques ou paumés ou fous ou malchanceux. Vengeance, tourmente, freudisme de quatre sous, noirceur des desseins, il semble que la Fox aurait pu, ou dû, acheter tous les romans de la Série Blême en vrac.

Cauchemar était sorti dans la première fournée : couverture verte, tranche verte, bordure blanche et titres rouges. Ces couvertures cartonnées coûtaient 100 F quand on les trouvait ; des francs pas encore lourds. Ensuite la fameuse bande à gauche est apparue ; rouge, la bande. Le reste était toujours vert, les titres rouges. L'autre série avait sa bande jaune à gauche, et le reste était noir. Il faut croire que la distinction leur donnait des migraines parce que très vite les gens de Gallimard ont tout mis dans le même panier. *Le Casse,* en 1954, était paru en Série Noire. Mais, pour nous, les livres des deux séries coûtaient le même prix chez le bouquiniste : 1 NF, d'abord. Ensuite 1 F. Des fois moins, quand c'était écrit dedans ou déchiré. Des fois un peu plus quand il y avait la jaquette en papier glacé (bordure blanche). Là c'était carrément 1,50 F. Mais ça permettait des fois de voir quelle tête avait l'auteur ; comme la jaquette de *Tirez sur le pianiste !,* qui montrait un Goodis à l'œil de pigeon, aux lèvres serrées et à la cravate voyante. Une vraie photo de passeport, à plus d'un égard. Le flou n'est pas spécialement artistique mais ce halo salopé colle finalement bien à la légende, écrite en dessous :

Derrière son piano délabré, *dans le* bastringue *des* faubourgs, *Eddie se laisse porter par son* rêve *et les notes* nostalgiques *qui naissent sous ses doigts. Et la foule qui l'entoure n'est faite que d'*ombres, *de* fantômes…

Mais une femme *de* chair *et de* sang *vient tirer Eddie de ses* nuages, *et son* amour *exigeant* détruit *les barrières* impalpables *que le pianiste a dressées entre lui et la* réalité.

La vie *s'*empare *d'Eddie, elle le* précipite *dans un* tourbillon de violence *— et il s'éveille dans une* arrière-cour enneigée, penché sur un cadavre, *un* couteau *à la main.*

Ce n'est pas Goodis qui écrit ça. C'est la NRF. Et c'est moi qui souligne. Mais Goodis écrit comme ça, en fait ; c'est ça son monde : des rêves bon marché, un univers de convention, des mots galvaudés. Le tout sur ce ton frileux qui lui est propre ; et cette voix intérieure qui le rendait si différent des autres. Mais j'ai longtemps pensé qu'il serait peut-être préférable de s'en contenter, de ne pas chercher plus loin. Je n'avais pas grande envie de m'y replonger ; un peu peur aussi de faire crever la belle bulle. Il ne m'en restait qu'un souvenir vague, mais il m'était précieux.

Pour moi, Goodis c'est surtout une robe jaune. Celle de Martha quand Jim Vanning la voit pour la première fois dans ce bar de Greenwich Village, au début de *La nuit tombe*. Bien sûr c'est la même robe jaune que porte Sheila Farr (Angie Dickinson) dans *A bout portant* quand elle vient sur la piste d'essais faire tourner la tête de ce pauvre Johnny North. L'époque est différente, la longueur de la robe aussi probablement. Mais vous savez comme on mélange un peu tout quand on commence à aimer. Tout semblait d'ailleurs lié au cinéma chez Goodis ; et pas seulement à cause de Bogart et de ses bandelettes. Goodis faisait du cinéma dans ses livres : des flash-back à n'en plus finir, des procédés « psycho-visuels » éculés et nuls comme on n'osait même plus en utiliser dans les films qui se faisaient de son temps, comme le noir du revolver qui ramène les pensées de Vanning — et sa mémoire trouée — aux montagnes du Colorado et à cette petite crevasse boueuse où se trouve toujours la sacoche de cuir noir pleine d'argent, l'objet qui lui cause tous ses ennuis. Mais Goodis avait beau être un scénariste épouvantable quand il s'y essayait, il semblait tout de même avoir une affinité naturelle avec le cinéma. La caméra semblait aimer ses histoires, un peu comme on dit d'une actrice que la caméra l'a à la bonne.

Goodis, c'est peut-être les amnésiques, les fugitifs, les sans-espoir-de-retour, les pochetrons de *l'Allumette facile* ou les terribles passages à tabac qui secouent presque tous ses livres ; mais c'est surtout des images. Et des images qui viennent souvent de chez quelqu'un d'autre : une voiture arrive silencieusement à la planque d'Eddie/Aznavour et de ses deux frangins, à la fin du *Pianiste*. Elle descend sur la route jusqu'à la clairière, le moteur coupé, et la neige étouffe tous les bruits. Marie Dubois court dans la neige. Dans le livre, il y avait bien la clairière et la maison et la neige et la Buick. Mais Eddie entendait le moteur avant même de voir ou de reconnaître la voiture. « It ain't the Chevy going away, it's a Buick coming in [1]. »

1. C'est pas la Chevrolet qui s'en va, c'est une Buick qui s'amène.

Alors pourquoi vouloir toucher à tout ça ? Pourquoi vouloir pisser dans la neige pour voir si ça tient toujours ?

D'abord parce que la fascination des Français pour Goodis m'a toujours un peu mystifié. Qu'une génération de Français s'entiche de son univers singulier, de ses perdeurs solitaires et masochistes, rien de plus normal. C'est l'après-guerre, le feutre des années cinquante ; les existentialistes font feu de tout bois et Gallimard fournit le fagot. L'anti-héros est monté en épingle. Les histoires et les personnages glauques et opaques sont à la mode. Et puis les couvertures de la Série Noire ou Blême n'ont pas d'images : c'est un écran vide et on peut y projeter ce qu'on veut. Tout ceci se comprend, même si c'est accidentel. Ce qui est plus mystifiant par contre, c'est de voir cet engouement se reproduire en France — et seulement en France — à intervalles réguliers ; de voir les livres de Goodis périodiquement réédités, de voir un public tout neuf craquer sur les mêmes images, le même ton, les mêmes personnages transis, la même solitude et tout ce désespoir de pacotille. Et cela se reproduit tous les dix ans à peu près, même si les nouveaux lecteurs doivent s'appuyer les nouvelles couvertures, les nouvelles collections, les horreurs colorées des Poche Noire ou Carré Noir. On leur mâche un peu les images, parce que c'est l'époque qui veut ça ; l'époque où les publicités Lancôme balafrent les dos de couvertures de la Série Noire. Celle aussi où les aînés ont presque gâché tous les points d'eau de la sous-culture par trop de glose ou trop d'érudition ; en y attachant trop d'importance aussi.

N'empêche que cet engouement est réel et durable : non seulement on réédite, mais plusieurs maisons se sont également mises à traduire et publier d'autres romans de Goodis qui n'étaient jusqu'ici pas disponibles en France. Des titres qui en disent d'ailleurs assez long sur l'idée qu'on se fait de Goodis en France, ou de l'idée qu'on veut en donner : *Descente aux Enfers, Épaves, Obsession*... Des titres déjà médiatisés.

Mais il y avait aussi tout ce côté un peu horripilant du prétendu « mystère Goodis » que les spécialistes et journalistes se plaisaient à souligner et même à amplifier. Plus qu'une obsession, il était devenu pour certains une véritable mini-industrie. Au dos d'une couverture, on bombarde même Goodis de « personnalité la plus forte que nous ait révélée l'après-guerre », et on le qualifie aussi de « Lautréamont du polar ». Même si pareilles hyperboles ont des motifs commerciaux tout à fait avouables et légitimes, il est à parier que les Américains, s'ils étaient seulement conscients de l'existence de Goodis et de sa surprenante réputation en France, considéreraient cet auteur de romans de gare comme une de ces charmantes mais énervantes idiosyncrasies qu'ont parfois ces crazy frenchmen — un peu l'équivalent littéraire de Jerry Lewis.

Quand un Américain sait qui est Goodis, ce qui est rare, c'est généralement grâce à Truffaut qu'il le connaît. Et il faut bien dire que Truffaut a contribué au mythe à plus d'un égard. D'abord il nous a donné le *Pianiste,* sans doute la meilleure adaptation de Goodis à l'écran. Ensuite parce qu'il est censé être le seul en France à avoir jamais rencontré Goodis, et qu'il avoue ne rien se rappeler de leur rencontre à New York, ou presque. Si son film marche si bien, et de façon si durable, c'est surtout parce qu'il a eu l'intelligence de donner une lecture du roman à la fois humoureuse et émerveillée. Il a su reconnaître ce que d'autres ne reconnaissent pas toujours : le côté « conte de fée pour adultes » des romans de Goodis. Il l'a capturé et amplifié comme personne n'a su le faire avant et après lui. Il est d'ailleurs probable qu'aucun cinéaste ou scénariste américain ne serait capable de reconnaître cette qualité intrinsèque, simplement parce que ce genre de romans ne sont pas lus, n'ont jamais été lus en Amérique , comme on les lit en France ; même par les intellectuels. Dans l'interview qu'il a donnée à François Guérif pour l'émission télévisée « Étoiles Étoiles » sur TF1 en mars 1982, Truffaut insiste bien sur le fait que rien n'est français dans son *Pianiste,* que, si son adaptation est fidèle à Goodis, c'est justement parce qu'il a bien pris soin de ne pas faire une transposition vraiment française. « Aznavour est arménien, et Aznavour même en France a l'air d'un homme venu d'ailleurs. Je crois que c'est important, ça, si on veut garder le côté pays imaginaire. De même, il n'y a aucune indication que nous sommes à Paris. On dit : " Tu as été voir tes frères à la neige ", ou " tu es retourné en ville ". »

Truffaut a raison, sauf sur un point important : il a effectivement retrouvé le ton de Goodis, son pays imaginaire ; et rien n'est véritablement français dans son film, sauf justement la sensibilité.

Sauf la capacité de reconnaître pourquoi, par quelle magie, les romans de Goodis nous affectent à ce point. Ça c'est complètement français. Et Truffaut, dans tout ce qu'il touche, reste complètement français.

Dans son roman, Goodis situe le champ de pastèques où se trouve la planque de Clifton et Turley, les frères du pianiste, à onze bornes environ d'un village de South Jersey nommé Belleville. L'ironie est donc double pour nous puisqu'il s'agit aussi pour Goodis d'un village imaginaire. Il n'y a pas de Belleville dans le sud du New Jersey, nulle part près de la Route 47. Il y a bien un Belleville près de Newark et Jersey City, mais c'est à l'autre bout de l'État et il est à parier que les pastèques n'y poussent pas beaucoup. Goodis, généralement si précis dans sa géographie de Philadelphie et des environs, avait lui aussi choisi une clairière imaginaire. Ce qui n'empêche que j'ai entendu plusieurs personnes à Philadelphie me dire à quel point ils avaient été étonnés de retrouver l'allure et la topographie générale du South Jersey dans les scènes finales du film de Truffaut.

Dans ce même entretien télévisé en présentation du *Pianiste,* Truffaut confirme qu'il a effectivement rencontré Goodis une fois à New York. Mais, typiquement, c'est bien plus un halo qu'un portrait-souvenir qu'il en conserve — ou qu'il veut bien en donner.

> *Je suis malheureux de dire que je n'en ai pas un souvenir précis, parce que c'était à un moment de ma vie où il se passait trop de choses et probablement le fait de quitter Paris pour New York y a contribué. Je devais être tellement ébloui par New York que tout se mélangeait. Il y avait des réceptions, des choses encore liées à mon film précédent,* les 400 Coups. *En même temps, c'est l'époque où je rencontrais Bradbury parce que je voulais faire* Farenheit, *donc je n'ai qu'un souvenir vague de ma soirée avec Goodis. Je sais qu'il avait vu le film tiré de son livre quelques jours avant, donc je sais qu'on en a parlé. Je sais qu'on a dîné ensemble, qu'on s'est promenés un peu dans Harlem, et puis c'est tout.*

Quand j'ai parlé de ce triste aveu à Omi Yolin, une amie de Goodis de très longue date, elle m'a dit que Goodis était justement le genre d'homme à apprécier l'ironie un peu cruelle d'une telle situation. Il en aurait fait une bonne blague et l'aurait sans doute clamée sur tous les toits : c'était son attitude et sa réponse à l'absurde et à la tristesse qu'il voyait presque partout autour de lui. Mais il semble en fait que

Goodis ait aussi tenu à son amitié (réelle ou imaginée) avec Truffaut ; et les deux lettres publiées dans *Polar* en août 1982 n'en donnent qu'une mince idée.

Alors à quoi ressemblait Goodis, si Truffaut s'en souvient si peu ou si mal ? Faut-il croire le portrait qu'en fait Helen Scott, la collaboratrice américaine de Truffaut, qui lui écrit en 1960 que Goodis « ressemble à Aznavour : petit, noiraud et basané » ? D'après sa lettre (reroduite dans la publication déjà citée), Goodis semble bien lui avoir fait son grand numéro du personnage aux vies secrètes, aux accidents nombreux, à l'existence intense et mystérieuse. Il lui a même montré ses cicatrices ! Il venait justement de se faire passer à tabac en sortant de Linton's, une cafétéria, sur North Broad Street, ouverte toute la nuit. Ce qu'il a oublié de dire, c'est que c'était là le seul mauvais coup qui lui soit jamais arrivé au cours de ses pérégrinations nocturnes. C'est sans doute avec un secret plaisir que Goodis se décrivait lui-même à Helen Scott comme ayant « une tête d'espion grec ou de mouchard à la solde du commissariat de quartier ; genre dépravé, fumeur d'opium, chercheur de sensations fortes, une épave, quoi » ! Mais il prévenait aussi que les apparences pouvaient être trompeuses et se disait « soutien de famille, un des piliers les plus solides de la communauté respectable de Philadelphie ». Une telle description ferait immanquablement crouler de rire ses nombreux amis et connaissances. Pourtant ce Goodis-là existait aussi — et à leur insu, comme on le verra.

Fallait-il alors chercher le vrai Goodis dans ses livres, dans les descriptions qu'il faisait de ses personnages masculins ? Était-il comme le pianiste ? (« De taille moyenne, mince, une figure sympathique, sans lignes dures, sans ombres. ») Ou comme le laissé-pour-compte de *Sans espoir de retour ?* (« Whitey était de petite taille, un mètre soixante-cinq environ, à peine cinquante kilos. Les yeux gris, le visage insignifiant, il n'avait que sa chevelure de remarquable. ») Ou s'est-il décrit dans son curieux premier roman, *Retreat From Oblivion* [1], dont le héros Herb Harvey porte non seulement le prénom de son frère, mais exerce la même profession qu'il exerçait lui-même à l'époque, dans une agence de publicité ? (« Un mètre soixante, soixante kilos, bien bâti, avec une

1. Inédit en français.

tête totalement inintéressante, des cheveux châtain clair, yeux verts, nez droit, et une barbe comme de la paille de fer qui coupait comme de la paille de fer chaque fois qu'il se rasait. »)

On ne connaissait en fait que deux photos de lui. Celle dont j'ai déjà parlé, la « photo de passeport ». Et l'autre, plus connue, où on le voit de profil assis à sa machine. C'est la fameuse photo que Gallimard a publiée des douzaines de fois, se contentant de varier le cadrage. Quand Godard voudra introduire un personnage loufoque nommé David Goodis dans *Made in USA,* c'est tout naturellement qu'il l'installera devant une machine similaire à celle de la photo, regardant dans le même sens, de gauche à droite. Ce profil est donc devenu icône, pour les Français : l'archétype de l'écrivain américain. Il ne manque plus que la bouteille de rye-whisky sur la table. Le col de son antique chemise à rayures est déboutonné, le nœud de sa cravate imprimée « Grande Gidouille » est desserré. On distingue ses fines bretelles, mais uniquement lorsqu'on connaît ses manies vestimentaires et qu'on sait ce qu'il faut chercher. Il a les traits ronds, délicats, et l'œil de velours à cause de ses gros sourcils. Il a la barbe drue et les lèvres serrées. Une belle tête, mais étrangement vide d'expression. Un vide très propice, en fait, à tisser les portraits-mystère, les énigmes et les suppositions.

Les gens de la revue *Polar,* qui lui ont consacré un numéro spécial il y a quelques années et qui ont jusqu'ici été le plus loin dans le décryptage, avouent d'emblée dans leur introduction ne rien savoir « ou presque » sur Goodis au niveau biographique, « si ce n'est qu'il serait issu d'une famille fortunée de la grande bourgeoisie américaine [faux], qu'il l'aurait quittée pour se consacrer à l'écriture et vivre marginalement dans les bas-fonds sinistres qu'il nous décrit à loisir dans la quasi-totalité de ses romans [faux] ; ajoutons qu'un organisme banquaire gère sa succession et assure la gestion de sa propriété littéraire [exact] ». Ceci venant s'ajouter à la fâcheuse amnésie de Truffaut, on avait une belle énigme bien ronde à polir et repolir. Mais une énigme qui m'agaçait passablement, parce que c'était comme si tout le monde avait voulu jouer le jeu, accepter le mystère comme préférable à une réalité plus pauvre et finalement décevante ; comme si Goodis était un sphinx de bazar qu'il valait mieux laisser à ses brumes de peur de casser la belle image. On nous refaisait le coup du père Ducasse !

Moi, ça me paraissait trop fort de café, si vous voyez ce que je veux dire. Après tout, Goodis était mort jeune, à peine cinquante ans ; et 1967 n'était pas si loin que ça. Il avait vécu dans la même ville presque toute sa vie ; et qui plus est — rarissime dans ce pays de nomades volontaires — une ville où l'on change rarement d'adresse. Il avait tenu des emplois, dont un au moins était connu et facilement vérifiable : ses deux ans à la Warner. Il devait donc bien avoir connu des gens, avoir eu des amis, des collègues scénaristes ; des témoins qui ne seraient pas tous morts à cinquante ans. Bref, j'avais le sentiment que personne n'avait vraiment essayé — probablement parce que personne n'avait vraiment envie de trouver. Moi le moins que je pouvais faire, étant sur place, c'était d'aller renifler les pistes aux archives Warner Brothers.

Il y a quelques années la Warner a fait don de ses archives à diverses institutions, aux quatre bouts du pays. Les dossiers du personnel, les scripts, memos, notes de production, budgets et correspondances « sur le tas », bref tout ce qui concerne les histoires et les productions, sont à l'USC (University of Southern California). Les paperasses et contrats du service légal sont à l'Université du Wisconsin. Quant aux photos de plateau, iconographies et autres trésors du Publicity Department, tout est malheureusement au musée de la Photographie à l'Eastman House (Rochester, New York). Il n'empêche que ces tombereaux de correspondances, notes et circulaires constituent un véritable el dorado pour tout amoureux du cinéma américain. Tout est répertorié sur print-out d'ordinateur et vous demandez les dossiers soit par nom du sujet, auteur, metteur en scène ou producteur, soit par titre de film, soit les deux pour être sûr de tout avoir. Vous remplissez une demande et un type très diligent, nommé Leith Adams, s'en va vous les chercher à la mine, un hangar qui ne se trouve même pas sur le campus. Quelques jours plus tard, vous pouvez vous perdre dans le contenu de six ou sept cartons pleins à craquer. Vous parcourez ces fiches de paye, casting-calls, contrats et pelures d'oignon dans une salle de lecture comme on n'en fait plus, avec des parquets cirés qui grincent sous la semelle et de longues tables de bois vernis. Il n'y a rien d'électronique dans cette pièce, à part la machine Xerox.

Quelques jours à examiner ces papiers suffiraient à mettre pour toujours au rencart cette notion, utile pour un temps mais finalement vaseuse, de la « théorie des auteurs ». Vous apprenez comment étaient *vraiment* fabriqués les films Warner à l'époque de l'hégémonie des studios, qui faisait réellement le boulot, quels étaient les facteurs vraiment déterminants. Certains de ces facteurs sont franchement risibles et surprenants, surtout quand on pense aux pyramides échafaudées par la critique, française ou autre. Bien sûr, ces archives sont parfois de peu d'utilité à l'historien : les numéros de téléphone des stars et des producteurs (avec les lettres au début !), les chipotes de couloirs, les salaires. Mais pour le chineur que je suis, c'est Noël tous les jours quand je vais là-bas. Vous découvrez la genèse et le développement souvent prosaïques et tortueux de films que vous avez pourtant trouvés fulgurants. Vous trouvez des dossiers sur des films dont vous ne soupçonniez même pas l'existence. Les fiches de paye et les budgets donnent une idée de l'échelle des valeurs en vigueur à l'époque. Qui comptait vraiment, qui était payé comme une vedette, qui jouait les utilités. Vous entrez dans les conflits personnels, les rivalités, les jalousies, les perfidies. Les memos inter-services sont à cet égard parfois d'une limpidité cruelle, quand on les lit chronologiquement, et *tous ;* les mensonges, les bassesses, les flatteries, tout s'y révèle comme à l'encre sympathique.

Jerry Wald, la petite dynamo de Warner, écrivait par exemple des memos presque aussi homériques, déments et révélateurs que ceux, plus fameux et même publiés, de David O. Selznick. Ils semblent bien sûr souvent pétulants, absurdes ou ridicules. Mais à lire tout ce fatras, on apprend aussi que ces hommes tant vilipendés et méprisés par les « artistes » de la profession, ou les critiques-perroquets, connaissaient tout de même fameusement leur affaire. Il suffit pour s'en convaincre de suivre Wald en train de superviser une production, ou parfois deux à la fois ; s'occuper de détails apparemment insignifiants mais finalement déterminants — qui vont de la hauteur des talons de Bacall à l'acquisition des droits de chansons pour *Dark Passage* [1], ou ses inlassables campagnes virulentes et gonflées auprès de Jack Warner pour obtenir du studio qu'il achète les droits de romans ou de nouvelles réputés infilmables comme *Mildred Pierce,*

1. Titre anglais de *Cauchemar* et aussi du film *Les Passagers de la nuit.* Le titre anglais sera dorénavant utilisé pour les deux.

Dark Passage ou *Serenade*. Wald ne baissait jamais les bras devant les levées de bouclier du Breen Office [1], ces tarés de censeurs qui s'émouvaient d'un rien. Le « problème » pour *Dark Passage* était que la vedette devait changer de tête à la troisième bobine. Celui de *Mildred* résidait dans l'histoire de James Cain, où une femme se sert des hommes pour arriver, et aussi bien sûr à cause de sa réputation d'écrivain à scandale. Quant à *Serenade*, le projet le plus impossible de tous consistait à faire avaler une histoire de pute mexicaine qui donne (littéralement !) l'estocade à un chef d'orchestre, dans une chambre d'hôtel new-yorkais, pour sauver son amant de son homosexualité latente et l'empêcher de perdre de nouveau sa voix. Mais inutile de dire que Jerry Wald n'avait aucunement l'intention de filmer l'histoire telle quelle. Ni Warner Bros., ni personne d'ailleurs à Hollywood, n'était, à cette époque, prêt à accepter la tauromachie en chambre (l'adaptation de *Serenade*, dûment émasculée et trivialisée, ne se fera qu'en 1956).

A lire les memos et la prose niagaresque de Jerry Wald, on peut se faire une petite idée du climat qui régnait à la Warner, un studio qui se distinguait surtout des autres par sa relative efficacité, mais aussi par la discipline de fer imposée par Jack Warner et son martinet et bras droit de l'époque, Steve Trilling. Wald était un ambitieux gêné aux entournures par les autres majestés du studio, les Hal Wallis et autres Mike Curtiz, même si finalement Jack Warner prenait un soin farouche à reléguer tous les ambitieux au rang de subalternes. C'était le seul studio où les producteurs étaient appelés « supervisors », un terme à peine plus flatteur que contremaîtres du cinéma. Le seul nom qui comptait était celui de Warner, et Jack Warner était là pour le rappeler à toutes les grosses têtes qui auraient été tentées de l'oublier, pour les remettre à leur place ou, si besoin était, pour les renvoyer sans sommation. « J.L. » était d'ailleurs connu pour ces infâmes renvois, sans avertissement ni remerciements. Chefs de production, acteurs, metteurs en scène, story editors, personne n'était vraiment à l'abri de ces soudaines rages froides : Hal Wallis, Paul Muni, Finlay McDermid — rares sont ceux qui n'ont pas trouvé un jour la serrure de leur bureau changée ou leur emplacement de parking donné à un autre. Rares sont ceux qui ont quitté Jack

1. Joseph Breen avait à cette époque pris la direction du Hays Office, l'organisme de censure.

Warner à l'amiable. Les prises de bec entre Jerry Wald et Warner comptent parmi les plus épiques et les plus inénarrables de toutes, et elles s'étalent sur des pages et des pages de papier jauni, carbones pâlichons ou pelures d'oignon roses — chose rendue encore plus piquante dans le cas d'un studio qui imprimait sur son papier des slogans de guerre impératifs et vaguement menaçants comme « Écrivez vite et bref ! Save paper ! Save your job ! »

A suivre ces papiers et memos comme un petit poucet, on comprend mieux comment étaient faits les films de l'époque à Hollywood. Les survivants et protagonistes peuvent mentir ou ne plus se souvenir, ou même croire les choses écrites et les théories échafaudées sur eux par les critiques. Les archives, elles, ne mentent pas. Moins, en tout cas, que les génériques de films. Les amples extraits qui suivent pourront paraître abusifs à certains, mais ils me semblent indispensables pour comprendre un peu l'atmosphère de travail du studio qui a employé Goodis pendant deux ans.

2

Verbal messages cause misunderstandings and delays (please put them in writing) [1]

1. Directive écrite sur tous les documents et papiers Warner : « Les messages verbaux causent retards et confusion. Prière de les mettre par écrit. »

Le 28 décembre 1945, le chef du service légal Warner à New York télégraphiait à son homologue de Burbank, Roy Obringer :

HAVE CLOSED FOR QUOTE DARK PASSAGE UNQUOTE [1]

EBENSTEIN

Dark Passage avait été soumis en épreuves aux studios, bien avant parution, et même à un moment sous le titre *Dark Road*. Quelqu'un chez Warner tenait à en faire apparaître l'acquisition dans la comptabilité de l'année fiscale 1945, et l'affaire s'était conclue très rapidement. Steve Trilling avait néanmoins commenté acidement : « Pour ce prix-là, on devrait au moins avoir tous les droits sauf ceux de publication et de version télévisée en direct. » 25 000 $ était en effet un prix d'achat assez élevé, surtout pour une histoire qui n'avait encore fait ses preuves auprès d'aucun public. L'accord ne s'était certainement pas fait sur le nom du jeune auteur : Goodis n'avait qu'un seul autre roman à son actif, *Retreat From Oblivion*, un livre qui ne s'était pas vendu et était justement très vite retombé dans l'oubli. Lorsqu'en décembre 1945 l'agent de Goodis chez MCA, Roy Myers, essaye d'y aller au flan et tente d'offrir à Steve Trilling les services de son « auteur » à des conditions sans appel (un seul film, pas d'option, six semaines garanties à 750 $, douze semaines maximum et transport aller-retour payé), Trilling se contente de crayonner un NO sans équivoque sur le memo. Il est donc certain que *quelqu'un* au studio voulait cette histoire ; probablement Jerry Wald.

Il est de notoriété publique que Wald a servi en partie de modèle à

1. « Signé accord pour (ouvrez les guillemets) Dark Passage (fermez les guillemets). »

Budd Schulberg pour le Sammy Glick de son roman *Qu'est-ce qui fait courir Sammy ?* Wald était en effet ce genre de producteur arriviste, rondouillard, baveur, copieur et sans scrupules. Il était aussi, son palmarès le prouve, bon producteur. Wald s'agitait peut-être pour des riens comme une belette en rut, il faisait peut-être enrager Jack Warner et le service de publicité avec ses incessants bavardages à la presse, mais il y avait une chose qu'on ne pouvait lui retirer : il avait du nez, et le chic pour le fourrer dans tous les coups fumants.

Il est pourtant difficile d'établir ce qu'il voyait dans *Dark Passage,* sinon justement un sacré challenge, et peut-être l'occasion rêvée de s'injecter un coup de potion magique : le couple de rêve Bogart-Bacall. A sa décharge, il faut dire qu'il lui avait fallu batailler dur pour faire acheter l'histoire à Warner. Jack Warner ne voulait absolument pas entendre parler de ces foutaises de caméra subjective [1], même pour deux ou trois bobines seulement. A ce propos, il serait bon de comparer brièvement ce projet de Wald au film que Robert Montgomery a fait pour MGM la même année, *la Dame du Lac.* Il ne s'agit pas de déterminer définitivement à qui revient le mérite douteux d'avoir le premier utilisé le procédé — puisque, comme l'a écrit lui-même Chandler de manière typiquement méprisante, cette fausse bonne idée poussiéreuse traînait depuis des années à Hollywood et n'avait jamais rien donné de bon, sauf utilisée brièvement et avec sagacité, pour un effet bien précis. Mais c'est un bon moyen de comparer comment deux projets similaires pouvaient être menés à bien dans deux studios aussi différents que Metro et Warner.

Il est par exemple intéressant de savoir que Metro avait acheté les droits du roman de Chandler pour 35 000 $ en 1945, alors que la même année Warner achetait ceux de *Dark Passage* pour 25 000 $. Mais à cette époque, Chandler était une célébrité : l'année précédente *Assurance sur la mort* avait fait un malheur et ouvert toutes les portes au film noir. Chandler avait été nommé pour un Oscar avec Billy Wilder, et il était très demandé. Metro l'avait même engagé pour écrire le script de *la Dame du Lac,* mais les 127 pages (pourtant

1. Dans ce procédé, déjà utilisé par Murnau et d'autres Européens, la caméra remplace le regard du protagoniste.

réjouissantes) livrées par le grand ronchon furent jugées inacceptables par George Haight, le producteur, qui fit tout récrire par Steve Fisher. Dans le livre de Jon Tuska sur *The Detective in Hollywood,* Montgomery prétend qu'il persécutait le studio depuis 1938 pour qu'on lui laisse faire un film de cette manière. Il avait même proposé, selon lui, de faire *Escape* à la caméra subjective ; au lieu de ça le film s'était fait, mais dirigé par Mervin LeRoy. Pour Montgomery, le script de *la Dame du Lac* n'était que routine ennuyeuse (ce qui en dit long sur le monsieur), et il était revenu à la charge. Bien sûr, Louis B. Mayer était farouchement contre cette idée de faire jouer le personnage de Philip Marlowe par une lentille d'objectif alors que Mayer avait Bob Joli-Cœur sous contrat.

Toujours d'après Montgomery (et Steve Fisher), ils ont néanmoins obtenu l'accord d'Eddie Mannix après lui avoir montré un bout d'essai — mais surtout parce que Mannix n'avait pas compris de quoi il s'agissait. Montgomery a tourné son film plus ou moins à l'insu de Mayer. Steve Fisher rapporte dans une lettre la merveilleuse réaction de Mannix en voyant le premier montage de *la Dame du Lac :* « Terrific ! Mais, euh, où est Bob Montgomery ? » Pour la petite histoire, Eddie Mannix est le chef de production que Chandler avait surnommé Potato Head [1] lors de son bref emploi à Culver City ; ou Potato Ed, selon les versions. Mayer, lui, s'est soudain entiché du film quand les dollars se sont mis à pleuvoir au box-office, d'une manière inattendue pour tout le monde.

Delmer Daves, pour sa part, prétend, dans une interview donnée en 1973 à *Filmkritik,* que c'est lui qui aurait donné l'idée à Montgomery. Ayant essayé en vain de persuader Jack Warner de le laisser utiliser la caméra subjective pour le début de *Dark Passage,* il en aurait parlé à Montgomery au cours d'un déjeuner. Montgomery n'ayant hérité du script de *la Dame du Lac* qu'au début 1946, c'est possible ; mais peu probable. Montgomery avait un intellect suffisamment boursouflé pour trouver l'idée tout seul et en faire son dada. Ce qui semble par contre certain, c'est que tout le foin qu'on faisait au sujet de *la Dame du Lac* a sans doute grandement contribué à faire fléchir Jack Warner, un homme qui aurait préféré mourir que de se laisser damer le pion au petit jeu de la surenchère.

1. Tête de patate.

Si Montgomery et Louis B Mayer pouvaient se permettre ces foutaises, pourquoi pas Jack Warner ? Wald et Daves avaient enfin le feu vert.

Mais, en janvier 1946, Jerry Wald en était toujours à se taper la tête contre les murailles du Front Office. Pour donner une idée du genre de potato heads auxquels il avait affaire, citons seulement ce puissant memo d'un certain Jack Diamond [1] à Jerry Wald, daté du 5 janvier.

Cher Jerry :
Merci encore, Jerry, c'est une sacrée histoire et elle m'a beaucoup plu. Le gros problème, n'est-ce pas, c'est de trouver un truc pour raconter la partie de l'histoire racontée en rétrospective dans le livre, non ? Avez-vous songé à faire le coup de Strange Interlude [2], *mais de la façon suivante : une sorte d'insert que pourraient faire les types des effets spéciaux et qui montrerait ce que pense le héros ; ce serait projeté sur son front en médaillon, on verrait les scènes en miniature...*
Tous ces disques de Count Basie, quelle bonne idée, et en plus ça peut donner un sacré rythme au film. Bien sûr tout le côté P-4 est à virer, tout ce qui indique qu'il est réformé et tout ça. Démodé, mais facilement supprimable. Il y a toute une flopée de seconds rôles splendides et je suis prêt à parier que beaucoup d'acteurs vont se battre pour faire partie de la distribution. Que diriez-vous de Jane Wyman, par exemple, dans le rôle de la garce ? Ou Joan Blondell ? Faye Emerson ?
Soumis respectueusement.
J.D.

On se demande seulement comment aurait réagi Jack Warner si on lui avait sérieusement proposé d'avoir Bogart avec des araignées au plafond durant les trois premières bobines d'un film. Et on verra plus loin ce qu'il est advenu de ce « terrific Basie stuff ». Wald a sans doute beaucoup plus apprécié, s'il en a jamais eu connaissance, cette lettre de Roy Myers à Steve Trilling du 3 février 1946.

Cher Steve :
Il vous plaira peut-être d'apprendre que David Goodis vient de vendre Dark Passage *au* Saturday Evening Post. *Il paraîtra en feuilleton vers le milieu de l'année. Si à cause de cela vous jugez que vous avez fait une trop bonne affaire avec ce roman, ne vous gênez surtout pas pour m'envoyer tout chèque additionnel dont vous aimeriez faire profiter Goodis.*
Love and kisses.
Roy Myers.

1. Chef du Publicity Department à la Warner.
2. Film de Milestone sorti en France sous le même titre (cela arrivait souvent dans les années 30).

Mis à part le ton pince-sans-rire, plaisamment frauduleux et quémandeur de la missive, elle contient une excellente nouvelle pour Warner : la valeur promotionnelle d'une parution en feuilleton dans l'hebdomadaire le plus lu et le plus prestigieux du pays à l'époque était incommensurable. 1946 allait donc être une grande année pour Goodis. *Sa* grande année. Il venait de vendre *Dark Passage* à Hollywood, 23 500 $ payés à MCA (qui lui revenaient, moins la commission), et 2 500 $ à Julian Messner, l'éditeur qui du coup profitait de l'aubaine. La Curtis Publishing Company avait acheté les droits de parution en feuilleton pour le même prix faramineux, 25 000 $. Et Goodis avait encore deux romans chez les éditeurs qui allaient sortir l'année suivante, chez Appleton et Messner, respectivement : *Behold This Woman* (la Garce) et *Nightfall* (La nuit tombe). En outre, la vente de son roman au *Post* l'assurait presque automatiquement de trouver un contrat solide à Hollywood.

Et de fait. A juger par le memo d'Ellingwood Kay à Trilling du 14 août 1946, les choses ont grandement changé pour Goodis en six mois de temps. Kay était avec Finlay McDermid le responsable du Story Department, qui s'occupait des acquisitions de propriétés littéraires, de l'engagement des scénaristes, et aussi de leurs affectations à tel ou tel producteur.

Cher Steve :

Je viens de discuter des possibilités de contrat pour David Goodis avec son agent, Bernie Feins, de MCA. Goodis est prêt à signer un contrat à long terme, mais seulement s'il est autorisé à s'absenter six mois de l'année pour écrire ses romans. Il tient à s'étoffer et s'affirmer comme romancier et ne veut pas laisser tomber cette corde à son arc. D'un autre côté, il se montre très intéressé par une carrière de scénariste. L'arrangement qu'il désire serait le suivant : 1 000 $ la semaine pour les premières 26 semaines (avec les 6 semaines de mise en congé obligatoires). Ensuite contrat de cinq ans renouvelable par options : 1 000 $ la première année, 1 250 $ la seconde, 1 500 $ la troisième, 1 750 $ la quatrième et 2 000 $ la cinquième. Toujours, bien sûr, sur la base de 26 semaines garanties, moins six de lay-off. Nous aurions le droit de premier refus sur tout roman que Goodis écrirait durant son congé de six mois.

J'ai essayé de persuader l'agent de faire baisser le salaire initial, mais il m'a répliqué que Goodis s'apprêtait à se rendre à Mexico pour écrire un roman qu'il a en tête et que, bien qu'il tienne beaucoup à venir travailler chez nous à la Warner, ça lui est au fond assez égal si nous ne voulons pas lui accorder les conditions qu'il demande.

Wald a discuté ce matin avec Goodis d'un boulot possible sur The Unfaithful *et il doit m'en parler après déjeuner. Jerry était aussi en train de pomper Goodis pour toute suggestion qu'il aurait à faire en ce qui concerne le script de* Dark.

Passage. On m'a dit que Wald et Daves avaient suivi le roman de très près et qu'ils avaient utilisé beaucoup de scènes et le plus gros des dialogues presque tels quels.

Est-ce que les conditions de ce contrat vous agréent, ou quels termes proposeriez-vous à la place ?

Ellingwood Kay.

Trilling a finalement donné son accord, tenant ferme néanmoins sur un salaire initial rabaissé à 750 $ la semaine. Des clauses draconiennes furent rajoutées pour s'assurer d'un droit de premier regard sur tout ce que produirait Goodis durant ses congés annuels. Dans plusieurs de ses interviews à la presse de Philadelphie, Goodis a toujours déclaré avec une certaine satisfaction que Warner l'autorisait à écrire pour lui-même selon un arrangement spécial. Cela lui plaisait sûrement de jouer les auteurs à dispenses, mais quand on lit certains memos de Finlay McDermid aux avocats incrédules chargés de rédiger le contrat de Goodis, on peut voir les choses sous un angle différent, de l'exploiteur à l'exploité.

Finlay McDermid à Robert McMahon — Memo non daté.

Dear Bob :

The Goodis contract gives us exclusive motion picture service [1].

On ne saurait être plus cru, même en anglais. Et il détaille les mailles du filet :

Si Goodis, après la 16e semaine, refuse le travail qu'on lui donne à faire, il est immédiatement suspendu sans salaire. La différence entre ce contrat et celui des Ephron (Phœbe et Henry), c'est que l'agent n'a stipulé aucune restriction concernant nos privilèges de suspension. En d'autres termes, nous pouvons utiliser ces privilèges à tout moment durant les 26 semaines. Je doute fort que l'agent ait seulement songé à la possibilité suivante : nous pourrions faire travailler Goodis pendant 10 semaines, le suspendre pour 6 semaines, et là si Goodis avait le malheur de refuser la tâche qu'on lui donnerait, nous ne serions en aucun cas tenus de le garder sous salaire. D'un autre côté, nous sommes complètement couverts si jamais Goodis a un boulot en cours à la fin de ses 26 semaines.

Finlay.

MCA finira par se rendre compte de cette clause esclavagiste et n'aura de cesse de réclamer des amendements au contrat. Les

1. « Cher Bob : le contrat Goodis nous donne toute l'exclusivité pour sa production côté cinéma.

choses se compliqueront encore un peu plus tard quand Goodis voudra vendre *Of Missing Persons* à Morrow et le faire paraître en roman. Ce qui est connu en France sous le titre *La police est accusée* était à l'origine un traitement [1] qu'il avait fait chez Warner. Malgré tout ça, le filet de McDermid avait été jeté un peu trop tard : McDermid note avec regret dans un memo à son collègue Ellingwood Kay, en septembre 1946, quelques mois après la venue de Goodis à Burbank,

> *Cher Bud :*
> *Nous n'avons aucune protection en ce qui concerne* Vicious Circle *de David Goodis, puisque le roman a été écrit avant la signature de son contrat Warner. Le script [sic] a été soumis simultanément à tous les studios.*

Plus d'un an après ils en sont toujours à parler de *Vicious Circle,* malgré la parution du roman entre-temps sous le titre *Nightfall.* Warner avait raté de peu ce qui reste assurément l'autre bon roman de Goodis, et en tout cas la propriété littéraire la plus désirable de ce qu'il a produit après *Dark Passage.*

Avant de se perdre dans la trivialité entêtante de ce qui suit, il serait peut-être bon de poser quelques jalons et points de repère. En gros, Goodis passe ses premiers six mois de contrat à écrire et ré-écrire *The Unfaithful* (l'Infidèle) pour Wald. Le film sortira au printemps 1947 avec beaucoup de succès. En décembre 1946, il soumet à Wald une idée de scénario très ambitieux qui deviendra l'obsession et le cheval blanc de Jerry Wald pour toute l'année à venir. Il s'agit de *Up Till Now,* une production qui sera brutalement annulée en décembre 1947 quelques semaines seulement avant le début du tournage prévu. Goodis n'était déjà de toute façon plus dans la course. Mais, en avril 1947, il est à Boston avec Wald et Delmer Daves pour les repérages de leur « grand film ». Cet été-là Goodis est à Philadelphie pour ses six mois de congé et il parle du projet dans des interviews. Il est aussi, paraît-il, à l'œuvre sur « un

1. *Treatment :* phase intermédiaire entre synopsis (ou adaptation) et scénario proprement dit.

genre de roman que je n'ai encore jamais abordé », intitulé *Brotherly Love.* En octobre 1947, il est de retour à Burbank et il écrit un traitement de 39 pages sur une histoire intitulée *The Persian Cat,* pour William Jacobs, un producteur de séries B au studio. Le traitement, sans doute basé sur le roman de John Flagg, est soumis à Jack Warner le 11 novembre et immédiatement enterré. En décembre, Goodis écrit une « histoire pour l'écran » intitulée *Within These Gates,* sous forme romancée et basée sur une trame due à Irvin Shulman, intitulée *The Big Break.* Goodis soumet son « roman » de 103 pages à William Jacobs, qui met Borden Chase dessus en avril 1948. Le projet s'appellera ensuite *Crash-Out,* mais sous aucun titre il ne réussira à s'échapper des tiroirs. L'histoire de Goodis commence dans une salle opératoire. Un docteur est accusé de meurtre et condamné à la prison. En prison il opère, in extremis, quelqu'un du cerveau, et on le libère ! (C'est plus drôle quand on connaît la manie qu'avait Goodis de mimer des trépanations dans le salon de ses amis.)

En janvier 1948, McDermid lui demande un compte rendu et son opinion sur une idée de son ancien collègue James Gunn, *Somewhere In the City.* Goodis se montre enthousiaste. Il préconise l'approche documentaire pour filmer l'histoire dont le fil conducteur est — tiens donc — un inspecteur du Bureau des personnes disparues. Il est à parier que Goodis aurait travaillé dessus si Wald était resté producteur attitré du projet. Mais celui-ci fut confié plus tard à Tony Veiller, qui s'empressa de tout faire récrire, y compris le titre. *Backfire* [1] sera finalement dirigé par Vincent Sherman, avec Ed O'Brien, Ed Begley et Virginia Mayo. Trois scénaristes sont crédités. Ni Gunn ni Goodis n'en font partie.

En avril et mai 1948, il écrit 11 traitements pour Lou Edelman sur un projet intitulé *Of Missing Persons.* Le mois d'après, en deux semaines, il en écrit une version longue de 193 feuillets sous forme de roman. Il signe même le premier et le dernier feuillet à la main. Au bout de deux ans d'emploi à la Warner, Goodis est un petit poisson qui a au moins appris à nager.

1. *Du sang sur le tapis vert.*

18 juin 1948 — McDermid à Obringer — Sujet : David Goodis

Cher Roy :

Nous accordons à David Goodis le droit de publier une histoire originale qu'il a écrite pour nous durant son emploi ici. L'histoire s'intitule Of Missing Persons. *Il est bien entendu que nous conservons tous les droits cinématographiques sur l'histoire et qu'après sa parution nous aurons également les droits sur la version publiée. Si, après deux ans, Goodis n'a pas trouvé preneur pour son roman, le manuscrit de la version romancée nous revient de droit.*

Finlay.

Le roman sera finalement publié par Morrow, in extremis, et un peu plus tard en France sous le titre *La police est accusée*. Mais dans un studio les projets sont comme les ongles ou les cheveux des morts : ils ont leur vie propre. En hiver 1949, Lou Edelman ressuscite le projet, Ed North planche dessus pendant trois mois, et rien n'arrive. Edelman écrivait pourtant à Jack Warner en novembre 1949 :

[...] J'ai toujours eu foi en ce projet, et je le considère idéal pour Cagney. Quand je lui en ai parlé il s'est montré très intéressé et m'a dit qu'il voulait absolument lire le script une fois terminé.

Si Jimmy ne le fait pas, Bogart serait très bien dedans, ou même Kirk Douglas. Ce sera un mélodrame avec beaucoup de valeurs humaines, des idées fraîches qu'on n'a encore jamais vues sur l'écran, et énormément d'action pour assurer le côté « gendarme-voleur ». Cela ne possède pas la brutalité de White Heat [1], *mais les valeurs dont j'ai parlé plus haut compensent amplement.*

Je n'ai parlé de ce projet à aucun metteur en scène.

Ce qui était tout aussi bien, puisque le film ne s'est jamais fait.

Avant ses trois mois de boulot pour Edelman, Goodis a bien failli se faire suspendre pour de bon. McDermid a essayé de le caser ailleurs, chez le beau-frère de Jack Warner, Milton Sperling (qui avait sa propre compagnie de production, United States Pictures, distribuée par Warner Bros.).

McDermid à Sperling — 13 mars 1948 — Sujet : *The Hold-Up*

Cher Milton :

Ci-joint une histoire concoctée par David Goodis qui pourrait vous intéresser. Quand j'ai fait remarquer à David que le Breen Office ne laisserait jamais passer une histoire où les criminels se servent de mines antipersonnelles, il est revenu à la charge avec une autre idée pour le début qui rendra les censeurs impuissants et le héros plus sympathique. Si l'idée vous plaît, vous voudrez peut-être le rencontrer. Sinon, on m'a dit que vous étiez en train de considérer une histoire de fric-frac à l'Hôtel des Monnaies à Denver, ce qui me paraît tout indiqué pour Dave comme genre d'histoire.

Finlay.

1. *L'Enfer est à lui.*

Dix jours après, Sperling répond qu'il a essayé de trouver quelque chose pour Goodis, mais en vain. « S'il est encore disponible quand quelque chose se présentera, je l'utiliserai. »

Goodis semble avoir touché son dernier chèque Warner en août 1948. En juillet, Obringer demande à Jack Warner s'il veut renouveler le contrat Goodis, qui passerait alors à 1 250 $ la semaine. McDermid maintient aujourd'hui que c'est Goodis lui-même qui a demandé à rentrer à Philadelphie et à être relevé de son contrat ; ce qui explique tout de même assez mal qu'il ait cherché à le caser chez Sperling. Et il y a ce dernier memo à son sujet.

McDermid à Mac Ewen — 19 juin 1950 — Sujet : David Goodis

Cher Walter :

L'histoire ci-jointe signée David Goodis nous a été soumise à maintes reprises, suscitant toujours des réactions favorables auprès des producteurs. Maintenant l'agent de Goodis me demande si nous ne voudrions pas faire un de nos freak deals [1]*. Je pense que nous pourrions nous entendre sur un prix très raisonnable et un bonus adéquat, ou un ajustement de salaire. Qu'est-ce que vous en pensez ?*

Finlay.

S'agissait-il toujours de *Nightfall ?* En tout cas, la formulation de cette communication laisserait à penser que Goodis est resté employé à Hollywood de façon intermittente jusque vers 1950, même si le fichier du personnel indique le contraire. Après ça, il commence sa galère volontaire avec les paperbacks — huit livres de poche en quatre ans.

Et l'homme, dans tout ça ?

Le moins qu'on puisse dire c'est qu'il n'a pas laissé grande impression à Hollywood. Tous ses agents sont morts, comme tous les producteurs qui l'ont employé de près ou de loin : Jacobs, Edelman et surtout Jerry Wald. Des scénaristes employés chez Warner à la même époque que lui, aucun ne se souvient même de son nom. W. R. Burnett, en 1982 : « Goodis ? Non... non... Qu'est-ce qu'il a écrit ? » Quand j'ai retrouvé Catherine Turney à la Huntington Library de Pasadena, où elle fait des recherches pour ses romans historiques, la réponse a été la même. Turney était pourtant très amie avec Jimmy Gunn ; mais, connaissant les

1. Accords exceptionnels.

méthodes de travail de Wald, il est à parier que Gunn et Goodis n'ont jamais travaillé ensemble sur *The Unfaithful.* Gunn est mort il y a quelques années. Jo Pagano, qui aurait pu avoir connu notre homme, était trop mal en point pour me recevoir. Il est mort quelques mois plus tard. Quand j'ai montré la photo de Goodis à Catherine Turney, elle m'a aussitôt dit qu'elle connaissait cette tête pour l'avoir vue au studio à l'époque. Mais il aurait tout aussi bien pu avoir été veilleur de nuit, régisseur ou comptable.

Le matin où j'ai reçu cette enveloppe à en-tête de la Motion Picture Country House sur laquelle était laborieusement écrit mon nom, j'ai cru que j'allais en apprendre beaucoup plus sur Goodis à la Warner. L'oblitération du timbre indiquait Woodland Hills, et la lettre se terminait ainsi, en français dans le texte :

Ah bientôt,
Finlay McDermid.

Il m'invitait à venir le voir à la maison de retraite des gens du cinéma. Un déjeuner, peut-être, et ensuite on pourrait parler de David Goodis. Il me prévenait charitablement qu'il était sourd comme un pot et qu'une attaque en 1959 l'avait laissé passablement diminué ; mais il marchait et pensait encore tout seul.

Je croyais qu'il aurait des tas de choses à m'apprendre sur mon homme ; je lui en ai évidemment appris bien plus sur lui qu'il n'en savait lui-même. Il était seulement content d'avoir de la visite. De mon côté je n'ai rien regretté. La visite fut loin d'être triste.

3

Stepin Fetchit est ici aussi…

Le Motion Picture & Television Home est à Woodland Hills dans la Vallée [1], coincé entre le Ventura Freeway et un champ de fraisiers. Les Mexicains qui cultivent les fraises paient un loyer à l'organisme, qui doit d'ailleurs bientôt faire bâtir sur le terrain parce que l'hôpital-maison-de-retraite est devenu trop petit. C'est un organisme privé et l'institution est ouverte aux gens de toutes les professions du cinéma et de la télévision. Il faut y avoir travaillé vingt ans au moins. La vie pour les pensionnaires de Calabassas Road tourne vraiment dans le sens des aiguilles d'une montre. Il y a trois parties distinctes dans l'établissement : les bungalows de la Country House, qui abritent McDermid, Mary Astor et tous ceux qui peuvent se déplacer seuls sans trop de problèmes. Ensuite la Lodge, qui elle aussi contient des bungalows mais où les pensionnaires sont supervisés de plus près, et en permanence. Et puis l'hôpital, d'où on ne ressort généralement que d'une seule façon.

La maison de retraite a été fondée juste avant la guerre et ne subsiste que grâce aux dons et largesses des fortunés de l'Industrie. Les divers pavillons et bâtiments sont nommés en conséquence : il y a la Judy Garland Medical Library, le Louis B. Mayer Theater, la Bibliothèque Frank Y. Freeman, etc. John Ford a évidemment donné la chapelle (toute blanche et immaculée, construite sur le modèle de celle de Mount Vernon !). Ford a aussi légué 271 000 $ quand il a vendu son ranch. Le plus gros donateur est encore Samuel Goldwyn : après un don de 250 000 $ il a eu droit à la Goldwyn Plaza ; mais deux ans après son décès, sa femme est morte elle aussi, léguant le fruit de la vente des Goldwyn Studios au Motion

1. La vallée de San Fernando, grande banlieue de Los Angeles.

Picture Home. En 1981, Warner Brothers a acheté le studio sur Santa Monica Blvd. pour 35 millions de dollars. De quoi agrandir et faire tourner la maison de retraite pour un bout de temps.

Initialement, l'argent pour la construction de l'ensemble était venu de sources privées, mais aussi des profits réalisés par les fameuses émissions radiophoniques des Screen Guild Players, une organisation charitable qui demandait à tous les studios de prêter leurs vedettes, souvent pour une version radiophonique de leurs derniers succès en date. Les studios s'y prêtaient de bonne grâce, d'autant plus que cela ne leur coûtait rien si ce n'est le temps de leurs acteurs (bénévoles) et le talent des scénaristes qu'ils avaient sous contrat. En plus, ils recevaient en échange la possibilité de promouvoir leurs films à venir. Les auteurs et scénaristes étaient évidemment tenus ou sommés de se montrer charitables eux aussi et ne recevaient pas un sou pour ces émissions. Les stars non plus, d'ailleurs. Les distributions n'étaient pas toujours forcément les mêmes qu'à l'écran : Crawford avait par exemple repris le rôle de Bette Davis et refait *Dark Victory* (Victoire sur la nuit) aux côtés de Robert Young pour les Guild Players. Ladd et Veronica Lake avaient refait *The Blue Dahlia* (le Dahlia bleu). Stanwyck remplaçait Hepburn avec Robert Taylor pour *Undercurrent* (Lame de fond). Et Gable, qui détestait tant faire de la radio, avait tout de même été forcé de faire sa part dans *Command Decision* (Tragique Décision). *Dark Passage* avait reçu le même traitement, Goodis devant même signer une autorisation « gracieuse ». De toutes ces vedettes, seules Norma Shearer et Mary Astor se trouvent actuellement sur Calabassas Road, ou s'y trouvaient lors de ma visite [1]. Ensemble elles avaient joué, toujours pour la maison de retraite, dans la version radiophonique de *No Time For Comedy*.

Ce jour-là, je n'ai pas vu Mary Astor, qui vit en recluse dans un bungalow dévoré de bougainvillées, sur Ash Lane. Par contre, j'ai vu son tricycle, qui m'a ému quand même. Elle a, paraît-il, du mal à marcher toute seule ; alors elle pédale. On la dit très réservée, recluse bien qu'impeccablement polie avec tout le monde. Une grande dame, quoi. Quant à Norma Shearer, l'ancienne reine de

1. Norma Shearer est décédée depuis, en juin 1983.

Metro (et femme de Thalberg), elle est depuis longtemps à l'hôpital et « ne sait même pas qu'elle est là ».

C'est Nat Levine qui me parle des vieilles dames en entrant dans la Louis B. Mayer Dining Room. Finlay McDermid habite dans le Hollywood Canteen bungalow, pas très loin de Mary Astor, mais il m'avait demandé de le rejoindre au fumoir du Douglas Fairbanks Lounge and Card Room (et salle de billards). C'est là qu'il attendait la soupe, ou plus exactement l'ouverture de la salle à manger à midi pile, en compagnie d'autres old timers [1], dont son compagnon de table Nat Levine, un petit homme volubile et rond qui ressemble à Elmer Fudge. McDermid, lui, est un homme émacié, jaune, nécessairement lent, équipé d'un appareil à l'oreille et d'un fume-cigarette. Il a une voix de gargarisme mais l'esprit très clair et pas mal d'humour. En s'asseyant à notre table, il part d'un petit rire sec. « Mister Levine n'est avec nous que depuis deux ans. Avant j'avais un autre compagnon de table, un ancien accessoiriste. Il ne s'asseyait jamais sans avoir modifié la position des quatre chaises, des couverts, du vase... Il me rendait dingue ! »

Les plats pour Mac arrivent avant les autres. Ils sont déjà sur la table, en fait. Il est au régime et doit faire son choix la veille. Plus fortuné par la nature, Nat Levine me détaille le menu avec toutes les possibilités, toutes les options ; il en fait une grande production sur le ton d'un agent de voyage qui vous ferait l'article pour une croisière : « Jus de tomate, ou tous les jus que vous voulez... » Et le choix entre trois plats principaux. Nous optons tous les deux pour le jambon-avocat. Le jambon est de Virginie et remarquablement bon. L'avocat aurait peine à plaider non coupable et éviter la chambre à gaz, d'où il sort visiblement. Mac ajuste une cigarette dans son fume-cigarette et musarde : « Évidemment, avant on avait des nappes et des serviettes en coton. Roses et blanches. J'aimais mieux... » Survivre à l'âge de papier, c'est son sort. Tout en finissant son avocat, Nat répond enfin à la question que j'avais posée par politesse. Qu'est-ce qu'il faisait avant ?

« J'étais dans les fruits et légumes », il répond d'un air malheureux. McDermid s'étrangle de rire et avale de la fumée par le mauvais tuyau. Tout le monde s'affaire autour de lui, serveuses

1. Vieux de la vieille.

et pensionnaires, mais il les renvoit tous d'un geste irrité. Pas de bobo. Il est même en mesure d'expliquer : « Mister Levine veut dire qu'il était dans les navets [citrons, en américain]... Il était producteur. Mister Levine dirigeait un studio à lui tout seul. Mascot Pictures, c'était lui. Il faisait les feuilletons de l'époque, vous savez, ceux où on s'arrangeait toujours pour laisser l'héroïne accrochée à une falaise ou ligotée à la voie ferrée... jusqu'à la semaine suivante. C'est lui qui a lancé Gene Autry et la mode des cow-boys chantants. Et aussi John Wayne. Et Rin-Tin-Tin... »

Nat n'écoute pas. Il regarde autour de lui, papote avec tout le monde, les serveuses et autres pensionnaires. Nat est un des rares résidents à pouvoir encore cavaler, et il semble pleinement apprécier son rôle d'Hermès. Il est un peu « les jambes de Calabassas Road », il transmet les messages et salutations, répand les nouvelles, et traverse même la rue pour aller chercher des fraises au Safeway du coin. D'un air de conspirateur et sans me regarder, il me souffle : « Vous retournez pas maintenant, mais juste derrière vous c'est Mae Clarke. Une très grande star, à une époque... *Frankenstein*... *The Front Page*... C'est elle qui se prenait le pamplemousse dans la figure avec Cagney dans *l'Ennemi public*... » Et après un bref assaut sur son jambon-avocat, « Stepin Fetchit est ici aussi... ».

De retour au Hollywood Canteen bungalow, et enfin seuls, McDermid m'explique comment il s'est retrouvé bombardé story editor chez Warner et en quoi consistaient exactement ses fonctions. Il était à New York et écrivait des pièces. L'une d'elles avait même reçu de bonnes critiques, mais c'était en 1929, pas exactement une année propice à un succès sur Broadway. Il a aussi écrit plusieurs romans, dont une agréable comédie policière se déroulant dans le milieu du cinéma, *Ghost Wanted*. Comme presque tous les story editors que j'ai lus ou rencontrés (Samuel Marx, etc.), McDermid n'était pas exactement heureux de sa position apparemment prestigieuse, et n'a accepté l'emploi qu'avec réticence. Il avait beau présider aux destinées et travaux de quelque 80 scénaristes au studio, il était payé considérablement moins que beaucoup de ses « employés ». Pour un écrivain, refoulé ou non, il devait effectivement y avoir quelque chose de rageant et débilitant à signer les feuilles de paie de gens comme W. R. Burnett ou les frères Epstein, ou Jules Furthman, qui gagnaient des salaires faramineux comme

2 000 $ ou 3 000 $ la semaine. Le story editor gagnait infiniment moins, même s'il avait la responsabilité de l'acquisition des propriétés littéraires et l'épuisante tâche de faire la circulation entre producteurs et scénaristes, agents et avocats-maison, en plus de garder tout le monde raisonnablement occupé, raisonnablement satisfait — et, le temps des génériques venus (ou des Oscars), retrouver qui avait fait quoi dans quel film.

« Jerry Wald était une véritable plaie dans ce domaine-là. Il avait la sainte manie de pomper tout le monde, de mettre trente-six scénaristes sur le même script, sans compter ce qu'il écrivait lui-même ! Et souvent, bien sûr, à leur insu. Et moi des mois plus tard j'avais toutes les peines du monde à dépister les vrais auteurs du scénario final. Les écrivains venaient me trouver, furibards, et souvent moi je ne savais même pas qu'ils avaient seulement touché à ce boulot. Wald était un bon producteur, mais ses méthodes étaient agaçantes ; je suppose qu'il pensait qu'une telle confusion ferait retomber toute la gloire sur lui en cas de succès, je ne sais pas... Finalement c'est moi qui ai mis le holà à ces pratiques. L'année où la Writers Guild s'est mise à négocier avec les représentants des studios et producteurs, j'ai fait ajouter une motion et c'est depuis ce temps-là qu'il est interdit à un producteur de mettre deux scénaristes sur un même projet sans les en avertir. »

McDermid n'avait accepté son poste, au départ de Jim Geller, qu'à la condition d'avoir un collègue (Ellingwood Kay) pour s'occuper de toutes les tracasseries légales et administratives. Il ne voulait s'occuper que des écrivains, sur un plan personnel. Vu le nombre des scénaristes et la fréquence des départs et arrivées, il avoue ne pas se souvenir de tout le monde. « Je revois bien W. R. Burnett... Faulkner... les frères Epstein... mais pas beaucoup les autres. » Et Goodis faisait définitivement partie des autres.

« Il faisait correctement son travail. Il donnait satisfaction. Je crois qu'on a repris son option une ou deux fois. Et puis un jour il est venu me trouver et m'a dit qu'il avait le mal du pays, qu'il voulait retourner à Philadelphie. Alors, j'ai dit okay, et on l'a laissé partir. Il était, je dirais, un scénariste de niveau moyen. En fait il était moyen en tout : taille moyenne, talent moyen, salaire moyen... Le genre de type qu'on choisirait comme détective, parce qu'il passe inaperçu, se fond avec le papier peint. Il arrivait au bureau à l'heure, ce qui était important pour monsieur Warner. Il nous donnait le même nombre de pages toutes les semaines, et il n'y avait rien à redire à son travail. Je suis sûr qu'il aurait pu rester s'il avait voulu. »

Il faut évidemment faire la part des choses dans ce que dit Finlay McDermid. Il y a d'abord les memos mentionnés plus haut et ses tentatives bien intentionnées pour caser Goodis chez Milton Sperling. Ensuite on s'aperçoit en lisant le reste des papiers Warner que McDermid pouvait se montrer beaucoup moins affable qu'aujourd'hui dans le calme un peu triste de sa retraite. Il suffit de lire le rapport qu'il fait à Trilling sur un écrivain que Wald voulait engager pour travailler sur *The Unfaithful* avec Goodis. James Gunn est un de ces écrivains aux hormones comme il y en avait beaucoup juste après la guerre ; il est notamment l'auteur du réjouissant *Deadlier Than the Male*, que Robert Wise finira par filmer pour la RKO sous le titre *Born to Kill* (Pourquoi se fatiguer). La Série Noire a sorti le roman sous le titre *Tendre Femelle.*

McDermid à Trilling — 22 août 1946 — Sujet : James Gunn

Cher Steve :

J'ai, à votre demande, parlé avec Jerry Wald au sujet de James Gunn. Gunn n'a encore travaillé avec aucun producteur ici. Il a écrit un livre assez bien reçu par les critiques, et il a juste fait Lady of Burlesque [1] *à Metro pour Hunt Stromberg. Il n'y a rien dans son traitement de* Wild Streak *qui diffère du matériau original,* Single Lady. *Franchement je ne vois pas pourquoi Jerry se montre si enthousiaste à son sujet. Ma propre estimation de Gunn serait « compétent mais pas sensationnel ».*

Finlay.

McDermid à Trilling — 19 septembre 1946 — Sujet : James Gunn

Cher Steve :

J'ai causé avec Jerry Wald ce matin au sujet de James Gunn. Jerry me dit que vous étiez d'accord, vous et M. Warner, pour que Gunn se mette à travailler avec Goodis pour accélérer le mouvement sur The Unfaithful.

Incidemment, je ne crois pas que Gunn soit l'homme indiqué pour Serenade, *et je ne crois pas que Wald ou Curtiz le pensent non plus.*

Finlay.

1. *L'Étrangleur,* de W. Wellman.

Côté personnel, les archives Warner ne révèlent pas grand-chose sur le séjour de Goodis à Hollywood. Les fiches de paye ou les rapports de production sont généralement assez utiles pour des tas de détails futiles mais amusants, comme numéros de téléphone et adresses de l'époque. Pour Goodis, aucune adresse à Los Angeles ; juste celle de ses parents, à Philadelphie. Il y a tout de même, au tout début et sans doute à l'époque de son installation, une adresse griffonnée au crayon : Celle de l'hôtel Oban, au 6364 Yucca Street. C'est un hôtel miteux, bien situé pour qui travaille à Burbank (très près de la Cahuenga Pass), et aujourd'hui tenu par des Pakistanais. Le style est épouvantable, genre Tudor au rabais ; le couloir est long, obscur et déprimant. Cela fait un peu penser au Pa-Va-Sed, à trois rues de là sur Ivar — le petit meublé que Nathanael West a habité dans sa période de mouise noire et qu'il a immortalisé dans *The Day of the Locust* [1] en le rebaptisant le San Bernardino Arms. Cela se comprend pour West, qui était véritablement dans la dèche, sans contrat, et qui vivait de la gentillesse de son beau-frère, le scénariste et humoriste S.J. Perelman. Mais Goodis gagnait 750 $ la semaine, à une époque où l'impôt sur le revenu était presque risible. Les scénaristes et écrivains en transit descendaient généralement au Roosevelt, au Montecito ou au Knickerbocker à Hollywood, quand ils ne pouvaient pas se payer le Beverly Hills Hotel. Mais, en aucun cas, on ne les aurait trouvés dans une latrine glorifiée comme l'Oban, dont un locataire m'a fait remarquer en plaisantant qu'on y trouve des cafards qui pourraient aisément courir le Grand Prix à Santa Anita si on leur mettait une selle. Peut-être Goodis tenait-il seulement à habiter la même rue que Philip Marlowe ; une fantaisie qui peut certes se comprendre, mais peu probable dans le cas de Goodis.

Si les papiers Warner m'offraient des choses passionnantes sur les films auxquels Goodis a été associé de près ou de loin, c'était l'impasse complète au niveau biographique. Columbia, qui avait sorti *Nightfall* en 1956, offrait encore moins. Strictement fermée aux fouineurs. Jacques Tourneur était mort depuis longtemps. Stirling Silliphant, qui avait fait l'adaptation, était bien trop occupé à demeurer la machine à écrire la plus chère et la plus rapide de l'Ouest pour me venir en aide. Mais, en 1957, Columbia avait aussi

1. *L'Incendie de Los Angeles,* in N. West, *Romans,* Le Seuil.

distribué un petit film intitulé *The Burglar*, qui était tiré du *Casse*. C'était une petite production indépendante entièrement financée et tournée à Philadelphie. Le réalisateur, Paul Wendkos, dont c'était le premier long-métrage, avait travaillé avec Goodis sur le script. Le film était sorti en France à l'époque sous le titre *le Cambrioleur*, et les rares qui l'avaient vu s'en souvenaient comme d'un petit film sympa, ambitieux et plutôt bien réalisé malgré des erreurs de distribution dont Jane Mansfield, elle aussi native de Philadelphie, n'était que la plus flagrante.

J'avais déjà écrit à Wendkos, par son agent. On m'avait fait savoir qu'il vivait en Espagne. Il y tournait seulement. Wendkos est devenu, depuis des années déjà, un réalisateur de télévision très demandé et respecté ici. En France, on le connaît surtout pour les nombreux épisodes des *Incorruptibles* qu'il a réalisés. En Amérique, son nom est loin d'être connu de tous, mais quand on dit *Gidget* tout le monde sait qui c'est. Wendkos a commencé sa carrière comme documentariste pour le State Department ; il gagnait régulièrement des prix aux festivals, notamment pour un film sur Brady, le photographe de la guerre de Sécession, et un autre sur le *Corbeau* d'Edgar Poe, entièrement réalisé d'après gravures. Comme il le dit dans une interview : « Je gagnais peut-être moins d'un dixième de ce que je gagne aujourd'hui, mais j'étais probablement plus artiste que maintenant. »

Mais il voulait se lancer dans le long-métrage, et *The Burglar* était sa première tentative, « un film très expérimental, ambitieux et compliqué à faire. De par mon inexpérience, j'ai terminé le tournage en retard et dépassé le budget. J'avais exposé 150 000 pieds de pellicule et le montage a pris un an ». L'aventure s'est assez bien terminée tout de même puisqu'un agent a réussi à montrer le film à Harry Cohn. Cohn a suffisamment aimé le film pour non seulement le faire distribuer par Colombia, mais aussi faire venir Wendkos à Hollywood et le mettre sous contrat. A Columbia, Wendkos s'est mis à tourner des films sans âme qu'on lui donnait à la dernière minute. Mais tous les films rapportaient de l'argent, comme le phénoménal *Gidget*, l'archétype du « beach party movie ». Cohn était content, Wendkos beaucoup moins.

« Les films que j'ai faits jusqu'à *Face of a Fugitive* n'avaient aucune profondeur psychologique. *The Burglar* était bien sûr une tentative vers une certaine complexité psychologique, d'une manière boursouflée [*on a turgid level*]. » Wendkos a fait un de ses films les plus intéressants lors d'une grève à Hollywood. Une production intitulée *Angel Baby* était en panne quelque part en Floride et il a pris la direction de ce curieux *Elmer Gantry* du pauvre, dans lequel on remarquait surtout la survoltée Mercedes McCambridge.

« J'ai une certaine affection pour *Angel Baby*, et pour quelques scènes de mon western *Face of a Fugitive*, mais il n'y a pas un seul de mes films dont je sois complètement fier ou dans lequel je crois avoir réalisé ce dont je pense être capable. Je suis finalement assez désenchanté par le travail que j'ai fait à Hollywood. » Wendkos a trouvé sa vitesse de croisière dans la télévision. S'il ne signe plus aujourd'hui que des dramatiques prestigieuses, il a auparavant réalisé un ou plusieurs épisodes de pratiquement tous les feuilletons connus : *Dr. Kildare, FBI, The Invaders, les Incorruptibles* (18 épisodes), ainsi que deux des meilleurs épisodes de *Naked City*. Et aussi *The Fugitive*, ce qui est assez ironique puisque Goodis vers la fin de sa vie a attaqué les producteurs de ce feuilleton pour plagiat. Il prétendait que la trame générale était basée sur *Dark Passage*.

Quand j'ai finalement eu Wendkos au téléphone, il s'est déclaré prêt à me parler de Goodis. Le ton était tout différent des témoignages que j'avais pu récolter du côté de la Warner : non seulement Wendkos avait travaillé avec Goodis, mais il était aussi devenu son ami. Il me prévenait seulement qu'il ne l'avait connu que sur le tard, par sa femme Ruth — qui elle en revanche était une amie très proche de Goodis, et de longue date. Ruth Wendkos est morte d'un cancer il y a quelques années. Tout le monde me dira par la suite qu'elle connaissait Goodis mieux que personne.

Wendkos est un homme très courtois, d'allure et d'élocution décidément patriciennes : une belle tête, et un physique qui va tout à fait avec une terrasse à Malibu. On sent aussi la culture derrière le bronzage, et une éducation côte Est. C'était d'ailleurs là qu'il me fallait aller fouiller, insistait-il. « Vous ne trouverez personne qui se souvienne de lui à Hollywood, surtout dans le milieu du cinéma, parce que c'était un milieu qu'il ne prenait pas très au sérieux et qu'il ne fréquentait pas non plus. Tous ses amis étaient de Philadelphie.

Mais David Goodis était une des personnalités les plus excentriques que j'aie connues. Il avait une vie double ; c'était une sorte de rêveur à la Walter Mitty. Cela ne m'étonne pas du tout qu'on vous ait dit qu'il était une médiocrité à la Warner et qu'il se distinguait difficilement des motifs du papier peint. David faisait ça partout où il était. Un vrai caméléon. S'il y avait trois Espagnols dans une party, il était immédiatement espagnol. Il se mélangeait bien, dans tous les milieux. Il avait beaucoup de charme et il était à l'aise aussi bien dans une réception chic ou dans un bouge. Pour vous donner une idée de l'irrévérence que David entretenait à l'égard d'Hollywood et de son statut d'écrivain à succès : quand il est arrivé à la Warner, le Publicity Department a envoyé un photographe et on l'a fait poser entre Bacall et Bogart. C'était bien sûr quand ils préparaient *Dark Passage*. Ma femme avait une de ces photos, j'essaierai de la retrouver pour vous. Quand vous la verrez vous comprendrez tout de suite pourquoi elle n'a jamais été publiée ni même envoyée à la presse : il est bien entre Bacall et Bogart, mais on le voit en train d'examiner avec intérêt ce qui a bien l'air d'être une sécrétion nasale. C'était, je crois, une manière de pied de nez et aussi sa façon de dire ce qu'il pensait de tout le monde à Hollywood. Mais il est également probable qu'il devait offrir une belle surface lisse et terne, *sans prise possible*, aux gens avec qui il travaillait.

« Mon fils se souvient très bien de David. Tous les enfants l'adoraient. Ils faisaient de l'escrime ensemble dans le salon, quand David venait à la maison. Avec un tisonnier. Je pourrais vous raconter des tas d'histoires sur lui, mais elles seraient surtout de seconde main. Je vous donnerai l'adresse et le numéro de téléphone de plusieurs personnes à Philadelphie, qui vous en parleront bien mieux que moi. Moi je ne l'ai connu que vers 1956, à Philadelphie. C'est Ruth qui me l'a présenté. Ma femme avait d'abord été mariée à un avocat nommé Allan Norkin. Il était à Hollywood avec David. Vous devriez essayer de lui parler. Norkin connaissait Goodis très très bien. Mieux que personne, même, à une certaine époque. Moi j'essayais de monter mon histoire de film. Au départ, le producteur Louis Kellmann et moi avions des intentions beaucoup plus modestes et commerciales ; je crois que je l'ai un peu mené en bateau. »

Selon un ami de Goodis que je retrouverai plus tard, Monroe

Schwartz, Wendkos avait à l'origine l'intention d'adapter une nouvelle qu'il avait lue dans le *New Yorker*. Mais il avait fini par persuader Kellmann, le propriétaire d'un labo de cinéma local, d'adapter le roman de Goodis, qui coûterait sûrement moins cher. De plus il avait l'auteur sous la main pour écrire le script ; et qui plus est, un vrai professionnel ! *The Burglar* n'est certes pas un grand film ; pas même un bon film, à mon avis. Le plus étonnant c'est qu'un tel projet ait finalement bien tourné pour tout le monde, étant donné les handicaps considérables : le producteur était rentré dans ses frais, Wendkos avait sa carte de visite pour Hollywood, et Goodis avait eu l'occasion de faire ce qu'il voulait faire depuis longtemps avec sa ville comme périmètre. On verra comment il s'en est tiré.

Observer les deux hommes au travail sur le script du *Burglar* aurait sûrement été instructif à plus d'un titre : Goodis était un primitif, Wendkos très évidemment un intellectuel. De toutes les nombreuses personnes qui m'ont parlé de Goodis et se sont étonnées de l'intérêt porté à ses livres par les Français, Wendkos a été le seul à formuler sa curiosité en termes articulés, précis — et intellectuels. Il a même cherché à donner des réponses.

« Je me demande si les Français ne trouvent pas une certaine mélancolie existentielle dans les romans de David ; une attitude dénuée de tout jugement envers des personnages qui sont touchés par le destin d'une manière qui leur échappe complètement, mais qui néanmoins n'ont pas perdu leur dignité, ni certaines valeurs éthiques, ni leur capacité à ressentir les choses. Tout ça en dépit de ce que la vie leur a fait. Il y a quelque chose d'existentialiste là-dedans, et avec la vogue de ce mouvement juste après la Guerre, je me demande si ce n'est pas cette dimension philosophique, cette coloration des livres de David, que les Français ont perçues, ou cru percevoir… Je m'empresse de dire que c'est une notion totalement étrangère au public américain. Ses personnages ne perdent jamais leur humanité, même s'ils semblent toujours superficiellement consumés par le désespoir ; ils sont encore capables d'être touchés par des principes moraux, en dépit de leur désillusion foncière. C'est bien ce qu'on trouve dans l'expérience historique et philosophique de la France après la Guerre. Mais c'est une sensibilité tout à fait incompréhensible pour les Américains, qui ont toujours été consumés par l'optimisme ; nous n'avons jamais été désillusionnés, sauf peut-être maintenant, pour la première fois de notre histoire, à cause du Vietnam.

« Je me demande si David n'écrivait pas ces choses-là complètement inconsciemment ; je suis presque sûr qu'il n'y pensait pas en ces termes. Il n'en parlait jamais. J'ai l'impression que pour lui l'écriture c'était surtout une mécanique. Une chose à formules. Mais en dépit des formules il est inévitable qu'un écrivain insuffle un peu de sa personnalité dans les projets les plus commerciaux. J'ignore s'il a jamais eu l'ambition d'écrire " sérieusement ". Il n'en parlait jamais, ne révélait que très peu de sa personnalité, malgré un extérieur très ouvert et jovial. Peut-être qu'il s'ouvrait à son agent, à son avocat ou à son psychanalyste, s'il en avait un, ce dont je doute fort. Il reste que c'était un être humain remarquable, très attachant, et qui n'écrivait comme personne d'autre. Le fait que les lecteurs français aient été à même de percevoir, de deviner ce côté unique chez lui rien qu'à travers ses livres — alors que son pays le rejetait — en dit long je crois sur la culture française. »

Cela en dit long en effet, mais peut-être pas au sens où l'entend Paul Wendkos. Il est néanmoins le premier à admettre que de telles théories auraient sans doute provoqué une incontrôlable crise de fou rire chez Goodis, voire même une certaine irritation. Il tenait apparemment beaucoup à son image de mercenaire et de forçat du roman de gare et redoutait comme la peste toute prétention artistique, intellectuelle ou autre.

Restait à retrouver l'avocat. Ce fut étrangement aisé : il était dans l'annuaire ; du moins le numéro de son cabinet, une officine qu'il a downtown à deux pas du palais de Justice.

ALLAN D. NORKIN

Attorney at law
spécialisé dans les accidents automobiles
depuis 1948. Consultation gratuite.
si vous ne touchez rien vous ne payez rien

SE HABLA ESPANOL

Le persuader de me parler de Goodis fut une tout autre affaire. Surtout qu'entre-temps je n'étais plus seul sur le coup. Et heureusement pour mon matricule.

4

« On était trois... »

C'est Claude Ventura qui de Paris était à l'origine de mon regain d'intérêt pour Goodis. Et quand l'équipe de « Cinéma Cinémas » est venue filmer à Los Angeles, il nous a semblé logique de suivre la progression de mes recherches et de filmer ça aussi. En fait, on se faisait du cinéma : c'était tout autant une façon de montrer la ville, ou de pratiquer la ville, que de tout dire sur Goodis. Je n'avais pas beaucoup avancé à l'époque, mais il devenait quand même difficile vers la fin de ne pas en dire trop. J'ai de bons souvenirs de ce tournage, qui tendent à gommer les foutus quarts d'heure. Je crois que le plus épique et le plus inoubliable de tous doit être l'interview de l'avocat. Tout était goodisien, plein cadre : le décor, les circonstances, la lumière et même le personnage. Le suspense, par contre, fut presque tuant.

L'avocat avait accepté de nous rencontrer dans un café-pâtisserie House of Pie sur Vermont Avenue, dans le quartier de Los Feliz où il habite. On s'était mis d'accord sur l'endroit du tournage, une luncheonette qu'on connaissait tous les deux — un petit comptoir-restaurant non loin de là nommé George's. On s'était aussi entendus sur le prix, puisqu'il avait insisté pour être payé de son temps. Nous étions bien évidemment à la bourre, et l'avocat bien évidemment ponctuel au rendez-vous. La lumière des reverbères sur laquelle comptait Ventura était inexistante, et George's fermé pour la nuit. Pendant qu'Olivier, l'assistant de Ventura, s'escrimait à persuader les deux employés arméniens qui nettoyaient la luncheonette de nous laisser appeler la propriétaire, je faisais patienter Norkin et sa femme. Norkin devant plaider de bonne heure le lendemain, il voulait à toute force remettre les réjouissances à un autre jour. Pas question, ronchonnait Ventura en grinçant des dents ; on n'avait plus l'équipe que pour deux jours. Heureusement la propriétaire était libanaise. On la tirait du lit, et elle n'aurait sans doute fait ça pour personne d'autre, mais puisqu'on était la télé française... Pour l'amour de la culture française (Nana Mouskouri et Jo Dassin), la dame est gracieusement venue nous ouvrir. En place ! Éteignez-moi ce climatiseur ! Moteur !

Je dois dire que Norkin faisait très bien, assis au comptoir de cette luncheonette déserte, sous la lumière jaune et pauvre. Il suait et avait des traces blanches au coin des lèvres, et faisait tout à fait indic de police, ou quelque chose de ce genre tiré d'un bouquin de Goodis. J'ai appris par la suite qu'il avait pendant un temps fait partie de Synanon, une secte très controversée en Californie. Il en avait en tout cas des vertes et des pas mûres à nous raconter sur son pote. Mais pas avant qu'on ait arrosé sa « trésorière », comme il appelle sa femme. Olivier a compté les billets, fait signer un reçu, et Norkin a craché le morceau.

« A l'époque, j'habitais un petit appartement sur Eleanor Avenue, un bout de rue entre Vine Street et le Hollywood Memorial Cemetery. J'étais à Los Angeles depuis trois ou quatre ans déjà. Je connaissais David du temps de Philadelphie, et quand il est venu travailler à Hollywood, il m'a demandé de lui louer mon canapé. C'était un sofa minuscule et inconfortable ; nul être humain n'aurait pu y tenir une heure. Mais David couchait là, dans le salon. Je le faisais payer 4 $ la semaine. Au début il était descendu à l'hôtel Oban, un hôtel déjà bien minable ; mais c'était encore trop cher ! David est venu habiter chez moi pour économiser. Il faisait tout pour économiser. Il portait mes vieux costumes, et quand ils étaient vraiment trop usés, il les faisait teindre en bleu. Vers la fin toute sa garde-robe était bleue.

« Je croyais pourtant savoir à quoi m'en tenir avec lui, je l'avais connu avant — mais je ne pouvais imaginer à quel point il serait excentrique. Il vivait dans un monde de fantaisie, totalement. Sa voiture était un vrai poème : comme tout ce qu'il possédait, elle tombait déjà en ruine. C'était une décapotable. La capote tenait avec du fil de fer, et il avait mis du sparadrap là où ça fuyait trop. Un jour, il m'a invité à déjeuner au commissary de la Warner. Dan Dureya était là, et Dave portait un de mes costumes blancs — qui était tout jauni et élimé. Dureya lui demande où il a déniché ce costume, et David répond froidement qu'il l'a eu chez Gordon's, un des meilleurs tailleurs de Philadelphie. Et quand Dureya lui a fait remarquer qu'il n'était même pas repassé, David l'a regardé, comme s'il prenait un pauvre type en pitié, et lui a dit que c'est comme ça que ça se portait. Il avait aussi récupéré un vieux peignoir de bain à moi. Il sortait avec ça, le soir ! Dans ces cas-là, il faisait semblant d'être un Russe blanc, un prince du sang en exil. Il n'arrêtait pas de faire le pitre comme ça. Mais je crois que le plus bizarre c'était ceci : David était juif, comme moi, mais il ne s'intéressait pas du tout aux filles respectables de bonnes familles juives. Je me souviens quand il habitait chez moi, Ann Sheridan téléphonait pour l'inviter ; ou Lizabeth Scott, ou Lauren Bacall... Dave était beau gars et il plaisait beaucoup aux femmes. Mais il me faisait répondre qu'il était sorti. Il n'avait pas de temps à leur consacrer. Les seules filles qu'il aimait c'était les Noires. Les grosses Noires. Il aimait traîner le soir et la nuit dans les bouis-bouis de Central Avenue et du quartier noir du Sud-Los Angeles. Il disait toujours qu'il “ allait au Congo ”. Ça ne l'empêchait pas de poser au scénariste sérieux dans la journée. Mais ce qui était le plus phénoménal, c'était sa radinerie. Il avait une machine à écrire qui aurait eu sa place au Smithonian Institute. Une vraie pièce de musée. Il l'avait depuis le lycée, à ce qu'il disait. Il avait toujours un paquet de pastilles de menthe quand il écrivait. Un beau jour, je me souviens, il rentre complètement déprimé, comme s'il y avait eu un deuil chez lui. “ Les menthes ont augmenté ! Elles sont passées à 6 cents, maintenant ! ” Pour lui c'était la catastrophe. Heureusement il en avait tout un stock en réserve, à l'ancien prix. Ce n'est pas tant qu'il aimait amasser l'argent ; c'est seulement qu'il détestait le dépenser. Personne ne sait ce qu'il faisait de son fric. Je l'ai toujours connu comme ça, depuis l'école ou presque.

« Un jour, j'ai vu Jacques Tati dans *Monsieur Hulot,* et je me suis tout de suite dit, ce type-là connaît David. C'était impossible, je sais bien, mais tout ce que Tati fait sur l'écran, David le faisait dans la vie. Ou imaginez Peter Sellers dans *L'inspecteur s'emmêle...* Je revois encore ce sofa : il était vert, étroit, dur, avec un ou deux ressorts qui dépassaient. Un fakir n'y aurait pas tenu ! Mais il mettait seulement une serviette de toilette par-dessus. Autre chose qu'il faut que vous sachiez : il avait une drôle de façon de faire sa lessive et son repassage ; ou plutôt de ne pas les faire. Le soir il se couchait avec chemise et cravate ; je le revois encore, il se la mettait sur les yeux, à cause de la lumière du séjour. Le matin il brossait un peu sa chemise, renouait sa cravate, et il était prêt pour la journée. Il détestait se laver aussi. Une fois, on était sortis ensemble avec deux filles. Dans la nuit j'entends la fille rouspéter : " David ! Jamais tu te laves ? " Il se targuait de savoir faire la cuisine. A l'entendre il savait tout faire. Certains soirs, il me disait, t'occupe de rien, je vais faire à dîner. Je rentrais à la maison le soir et sur la table tout ce qui m'attendait c'était un kaiser roll (petit pain juif aux œufs et oignons) et un pot de jelly beans. Il adorait cette sorte de bonbons ; les jelly beans, comme Reagan ! Sauf les noirs. Ah ça, il détestait les jelly beans à la réglisse. Des fois quand ça allait pas, quand il se sentait malade ou cafardeux, il m'accusait de lui avoir refilé un jelly bean noir…

« On allait souvent au cinéma ensemble ; toujours un des cinés pourris sur Broadway ou Main Street — le Roxy ou le State, là où ils jouaient trois films pour 25 cents. Il insistait toujours pour s'asseoir au balcon et il parlait et plaisantait durant toute la projection. Son truc favori, c'était aussi de tomber des escaliers en descendant du balcon. Il me disait : " Regarde ", et hop, il dévalait les escaliers en roulé-boulé. Toute la longueur ! Et malgré les chutes il ne se cassait jamais rien. Les gens qui le côtoyaient dans la journée n'avaient aucune idée de quelle sorte d'olibrius il était réellement. Il ne révélait rien de lui-même, sauf peut-être sa radinerie. A un moment, il travaillait avec Irving Shulman [1]. Tous les matins, sans faillir, David allait dans le bureau de Shulman et lui piquait son *Variety*. Et bien sûr il niait toujours l'avoir pris quand Shulman le lui demandait. David pouvait mentir avec l'air le plus innocent du monde. Un ingénu. Il adorait faire marcher les gens. Il fréquentait assidûment le California Surplus Store, qui existe toujours d'ailleurs, au coin de Vine et Santa Monica Blvd. Il achetait des tas de trucs, comme une fois une paire de lunettes d'aviateur, rouges, et un casque avec des

1. Auteur de *The Amboy Dukes,* le premier roman à succès sur la délinquance juvénile (*La Main chaude* en Série Noire). Shulman était à Hollywood en 1948-1949 en partie à cause de ce livre, filmé dans une version très édulcorée sous le titre *City Across the River* (Graine de Faubourg).

cache-oreilles ; et il se baladait avec ça sur la tête dans sa décapotable. Il faisait peur à tout le monde.

« David ne buvait pas, non. Un verre comme ça à l'occasion, mais c'est tout. Moi oui, je buvais énormément ; mais pas lui. Par contre il fumait comme un sapeur. Et quand il essayait d'arrêter il n'était pas à prendre avec des pincettes, ça le rendait très irritable. Il allait souvent à des parties avec moi, mais jamais chez les gens de cinéma. A cette époque le mouvement progressiste faisait rage ; la Ligue anti-nazi, le Parti communiste et tout ça. Il y avait des tas de parties un peu partout, il suffisait d'acheter le *Daily Worker* et en dernière page ils disaient où il y aurait une sauterie. David y allait parce qu'il pouvait rencontrer des Noires dans ces trucs-là, des secrétaires et tout ça. Mais en fait il ne se plaisait que dans le quartier noir. Bizarrement il ne lui est jamais rien arrivé, sauf une fois bien plus tard à Philadelphie ; il s'est fait tabasser à coups de tuyau de plomb. La dernière fois que je l'ai vu il n'entendait plus de l'oreille gauche. Mais il était tout le temps en train de jouer un rôle. Par exemple, il avait appris les trois ou quatre premières mesures du premier *Concerto pour piano* de Chostakovitch. Des fois, chez les gens, il se mettait à jouer et surprenait tout le monde. On lui disait de continuer et il disait : " Non, j'ai plus envie. " Bien sûr, il aurait été incapable de jouer une note de plus. Il était passionné de boxe et de courses de taureaux. Il était tout le temps fourré à Tijuana. Pour la boxe on allait voir les combats au Hollywood Legion, qui est devenu un bowling depuis longtemps déjà. Après ça on allait chez Dupar's, un restaurant bon marché, bien entendu. Je me souviens qu'un soir un boxeur s'était fait complètement démolir. Un peu plus tard, chez Dupar's, David a fait toute une scène. Il arrêtait pas de dire : " Non, non, je veux plus aller au casse-pipe, je veux pas boxer contre ce type-là. " Et les gens me regardaient d'un sale œil : " Pourquoi que vous le forcez à boxer ? " Je voyais le coup où la foule allait me faire un sort. David était tout le temps en train de se foutre de quelqu'un, faire croire des choses. Il vivait dans son monde à lui, complètement imaginaire. Il n'y avait jamais moyen d'aller manger dans un restaurant décent, avec David. Il m'emmenait toujours dans d'infâmes bouis-bouis au fin fond de Watts ; barbecue, ribs, sweet-potato-pie… Chez Warner, il mangeait au commissary. Jamais il ne descendait jusqu'à Musso-Frank's, par exemple ; Musso c'était un peu l'annexe alcoolisée du studio. Mais il y avait trop d'écrivains, trop de gens du show-business, et il évitait leur compagnie comme la peste. En fait il ne parlait jamais d'autres auteurs, ni de ses livres à lui, ni de ce qu'il était en train d'écrire. Il m'a quand même donné un exemplaire de son premier roman, ça s'appelait *Retreat From Oblivion.* Parlez d'un satané truc ! J'ai dû le lire cinq ou six fois et je ne sais toujours pas ce que ça veut dire. Il aurait tout aussi bien pu écrire ça en choctaw. Lui, il me regardait d'un petit air innocent : " Alors, comme ça, ça te dépasse ? " Ensuite il disait que c'était fait exprès. " Moi non plus je ne sais pas ce que ce bouquin veut dire ; mais les gens respectent ce qu'ils ne comprennent pas. "

« Je crois que David n'a jamais eu l'ambition de devenir un grand écrivain. C'était essentiellement un besogneux, un *hack*, comme on dit. Il a débuté dans les pulps [1] : il écrivait des histoires de pilotes de chasse, de boxeurs, de base-ball, mais surtout des histoires de guerre et d'aviation. Des magazines comme *Battle Birds*. Des fois il écrivait le numéro entier, cinq ou six histoires toutes signées d'un pseudonyme différent : John Gillian, David Crewe, J.P. Shotwell... Il écrivait aussi pour *True Detective,* qui comme son nom l'indique n'était qu'un tissu d'inventions. C'est ça sa formation : pas la littérature, mais le commercial. Et je crois que cette attitude vis-à-vis de l'écriture lui est restée jusqu'au bout. Il n'a jamais eu aucune prétention littéraire ; il ne parlait jamais livres ni auteurs. A part Henry Miller. Il aimait beaucoup Miller, il avait des tas de livres de lui ; je crois qu'il les aimait surtout pour leurs aspects pornographiques. Il y a tout ce côté chez lui qui est complètement absent de ses romans, la pornographie. Il n'en parlait jamais mais il est evident qu'il était très préoccupé par les choses charnelles de la vie ; tout un côte sensuel qu'on ne trouve absolument pas dans ses romans, que je trouve secs et ennuyeux. Il allait voir Miller à Big Sur, je crois. C'était un petit peu plus tard, à l'époque de *Shoot the Piano Player !* [2]. Apparemment Miller l'aimait bien ; du moins c'est ce qu'il me disait. Mais pour revenir à ce côté charnel, sensuel, qu'il avait : il adorait vous raconter comment une fois il avait passé la nuit avec

1. Magazines bon marché ainsi nommés à cause du papier grossier sur lequel ils étaient imprimés.
2. Titre utilisé par Grove Press pour leur réédition de *Down There* en 1962, au dos de laquelle Miller avait effectivement écrit une note enthousiaste.

trois énormes négresses et qu'ils s'en étaient tellement payé qu'ils avaient cassé le lit. Et il racontait ça à tout le monde, toutes ses frasques sexuelles clownesques ou scandaleuses ; scandaleuses au moins pour l'époque et pour un homme de son milieu. Pas étonnant qu'il se soit senti proche de Miller. C'était un oiseau de nuit, un noctambule. Il rentrait des fois à quatre heures du matin ; il me réveillait en rentrant. Et il disait ses prières avant de se coucher. Je vous jure ! Il se mettait à genoux devant son sofa et il priait. " Pour que tu voies la lumière ", il me disait. Ça c'était le genre de trucs qu'il vous sortait de but en blanc, vous ne saviez jamais comment réagir. Un jour il était resté assis toute la journée sans rien faire, inerte, amorphe. J'ai fini par lui demander ce qu'il attendait comme ça. " J'attends que le monde retrouve ses esprits ", il m'a fait. Il était comme ça.

« Il avait beau avoir éternellement l'allure d'un clodo, il plaisait aux femmes. Il avait du charme, il avait les traits assez fins. Il était furieux quand on lui disait ça, il s'empressait de se dépeigner et de s'enlaidir d'une façon ou d'une autre. Le truc qui le mettait le plus en boule c'est quand on lui disait qu'il ressemblait à Tyrone Power ! Les gens lui disaient toujours ça. En fait, il ressemblait plutôt à Chostakovitch, ou il essayait. Il coiffait ses cheveux en avant comme lui, et il portait même ces lunettes à monture noire qu'il avait dénichées Dieu sait où ; des bifocales. Des fois il les portait toute la journée, simplement pour mystifier les gens. Il avait aussi ce fétiche pour la couleur bleue. Il faisait tout teindre en bleu. Il téléphonait aux tailleurs ou blanchisseurs, de chez moi : " Combien vous prenez pour une teinture ? » Sinon il m'empruntait mes habits. Un jour mon ex-femme termine de danser avec lui et me fait : " C'est comme de danser avec toi. " Et il avait encore mis mon costume, pour changer. Il n'avait pas beaucoup d'amis, surtout à Los Angeles. Je me souviens de deux ou trois Noirs avec qui il sortait régulièrement ; et une Noire aussi. Mais il avait surtout ses amis de Philadelphie.

« On était trois : David, Stanton Cooper et moi ; comme les doigts de la main. Personne n'a jamais été plus proche de lui, à mon avis. Stan Cooper a fini par se suicider. Des fois Stan et moi on se demandait tout haut devant lui combien David pouvait avoir d'argent. Il devait en avoir un sacré paquet, parce qu'il ne dépensait jamais rien. A Philadelphie il habitait chez ses parents. Dans l'appartement d'Eleanore Avenue on habitait à trois, avec Ruth, ma première femme. Après ça on a habité la Hollywood Tower sur Franklin, qu'on voit aujourd'hui en passant sur le Hollywood Freeway — qui n'existait pas à l'époque bien entendu. Vous avez sans doute vu ce grand machin blanc un peu décrépit, on s'attendrait à y voir Boris Karloff... Je me souviens d'une semaine où David était retourné à l'hôtel Oban ; je ne sais plus pourquoi. On s'est querellés après parce qu'il refusait de me payer les 4 $ pour le sofa ; il disait qu'il n'avait pas couché dessus, qu'il ne me devait rien. " Question de principe", il disait... Mais il faut que vous sachiez aussi que par contraste avec sa fantastique parcimonie, il pouvait se montrer généreux à l'occasion ; extravagant, même. Un jour il m'a offert du parfum ; un de ces trucs tellement chers qu'on ne sent rien du tout. Une autre fois il m'a fait cadeau d'une chemise, en me faisant bien jurer de ne jamais le dire à personne. Il tenait à sa réputation ! Et il aimait aussi beaucoup faire croire qu'il était très sophistiqué, qu'il s'y connaissait en tout. Il allait toujours dans les bijouteries les plus chères et les plus exclusives et il demandait les prix. Il repartait avec plein de catalogues. Bien sûr il n'achetait jamais rien. Pareil pour ses vêtements. Il avait beau ressembler à un clochard, il mystifiait toujours les gens en leur montrant d'où ses habits venaient. Il leur montrait l'étiquette : Jacob Reeds, John Wanamaker, tous des tailleurs très chers, très exclusifs. En fait c'est lui qui cousait lui-même les étiquettes dans ses vieilles loques. Il embêtait tout le temps ses amis pour qu'ils lui donnent leurs étiquettes de vêtements. Et je crois que c'est important pour le comprendre : il jouait une double farce au monde ; d'abord en s'habillant comme ça, ensuite en confondant les gens avec son coup des étiquettes. Ce n'était pas une double vie qu'il menait, mais sans doute une triple, ou plus. Il avait tellement de facettes, toutes fascinantes. »

Je devais revoir Norkin et sa femme dans les mois qui suivirent. Une fois à une projection du *Corbeau* et des *Diaboliques* de Clouzot — ce qui m'a toujours paru approprié, je ne sais trop pourquoi. Sa façon de claquer du bec, peut-être ; ou ses tics d'alcoolique repenti, comme de sucer constamment des pastilles de menthe... Ses histoires varient un peu à la répétition, mais pas beaucoup : on revient toujours à monsieur Hulot, Peter Sellers, Chostakovitch. De ce dernier, Goodis aimait surtout l'*Age d'or ;* de Sibelius surtout la *Cinquième.* D'après Norkin, Goodis n'écoutait pas beaucoup de jazz, surtout du classique. Mais c'est sans doute parce qu'il vivait avec lui. « On aimait surtout Sibelius et Bruckner. Pas Count Basie, non. Le seul morceau de jazz qu'il connaissait d'après moi c'était *How High The Moon.* Il chantait ça ou jouait ça sur son peigne à longueur de temps, il me rendait cinglé avec ça ! Mais je le revois surtout dans l'appartement le soir ou la nuit, allongé par terre à écouter du classique. »

Goodis inventait aussi plein de trucs sur « sa guerre ». A Norkin, il disait, sur le ton de la confidence, qu'il « s'était engagé dans les 4-F » (les P-4 de là-bas). Après avoir vu Tyrone Power dans *Le soleil se lève aussi,* il laissait entendre aux femmes qu'il rencontrait qu'il avait « perdu les siennes à Kasserine [1] ». Et Norkin a fini par me décrire la fameuse Elaine, la mystérieuse femme à laquelle Goodis aurait été marié durant un peu plus d'un an, vers 1942. Beaucoup de ses amis affirmeront par la suite que Goodis l'a amplement décrite dans son troisième et curieux roman, *Behold This Woman* (la Garce). D'après Norkin elle était rousse, petite mais voluptueuse et bien nantie dans le domaine mammaire. « Le type même de la *jewish princess* qu'il disait tant détester. Mais elle portait toujours des vêtements très moulants et serrés, et des décolletés à rendre aveugle. »

Après tout cela, deux ou trois choses restaient évidentes : Norkin avait effectivement été très intime avec Goodis, à une certaine période, et sans doute autant qu'on pouvait l'être. Sa femme Ruth était restée amie avec Goodis bien après que les deux hommes se furent perdus de vue. Ruth était à l'enterrement. Norkin était resté à Los Angeles. Plus important peut-être : Norkin n'avait manifestement pas lu les livres de Goodis, ou bien mal ; ou il avait fait comme presque tous ses amis et s'était arrêté aux premiers. Il n'est pas le seul dans ce cas ; en fait seul Wendkos semble avoir une connaissance à peu près correcte des romans de Goodis.

Mais Norkin semblait peut-être un peu trop pressé d'accentuer les côtés excentriques de Goodis, tout comme il choisissait de ne pas

1. Allusion au rôle d'impuissant/mutilé que joue T. Power dans l'adaptation du roman de Hemingway.

voir les passages sensuels et « charnels » de ses romans. Il n'empêche que tout ça me donnait bougrement envie d'aller à Philadelphie. Mais auparavant il fallait retourner suivre les petits papiers de la Warner, essayer de se faire une idée du professionnel avant d'aller déterminer si l'homme privé était aussi mystifiant et olibrius que Norkin semblait le dire. Or, il a l'air d'avoir plutôt servi de straight man[1] à ses employeurs et au monde fou, fou, fou de la Warner.

1. Faire-valoir.

5

Memo from Jerry Wald

Je ne suis pas Dashiell Hammett…

Goodis interviewé.

Wald était à New York en décembre 1946 et janvier 1947, et c'est peut-être pour cette raison que le dossier *Dark Passage* est si révélateur de ses méthodes de travail et des problèmes soulevés par le film : Wald avait dû déléguer ses pouvoirs à Collier Young, autre producteur du studio (et mari d'Ida Lupino), et au monteur du film David Weisbart. L'apport de Young est complètement négligeable, purement administratif. Wald n'était pas le genre à laisser son os à un autre, et même durant son absence il tenait solidement les rênes, de l'autre bout du pays. De San Francisco, Weisbart lui envoyait des rapports quotidiens sur les rushes et les incidents de tournage. Dans une lettre de félicitation, Wald le remercie et lui dit que « c'était exactement comme d'être en premières lignes ». Il faut dire que les rapports de Weisbart [1] n'apportent que de bonnes nouvelles dans le style : « Doug Kennedy dans la scène du détective est vraiment *very super-excellent* », « Lenny Bremen va faire crouler de rire toute la salle, j'en suis sûr, avec sa scène du guichet dans la gare routière. Super-excellent », « Moorehead et Bogart semblent se stimuler mutuellement et leur jeu est tout bonnement merveilleux ».

Ces deux dernières hyperboles sont un peu moins absurdes que les autres. C'est bien finalement Moorehead qui se taille la part de la lionne et vole le film. Elle est irrésistible, surtout dans la scène où Bogart vient la voir dans son appartement avec sa nouvelle tête et lui fait du gringue à travers la porte. Wald était pourtant plein d'appréhension au départ : en préproduction il demande à Helen Turpin, la maquilleuse, s'il n'y a pas moyen de rendre Agnes

1. Weisbart devait devenir producteur par la suite, notamment de *La Fureur de vivre.*

Moorehead un peu moins garce et surtout plus attrayante que dans le test qu'il vient de voir. Mais à la fin du tournage il finira par lui envoyer une vraie lettre de fan pleine de bulles et d'écume, dans ce style horripilant qui lui est propre. Les compliments, pour une fois, sont amplement justifiés.

Wald était moins heureux avec Bacall. Bogart et Bacall étaient descendus au Mark Hopkins. Delmer Daves au Sir Francis Drake Hotel, en bas de la colline. Dans une lettre de bienvenue, Wald demande à Bacall de ne pas trop dévaliser les antiquaires et lui laisser quelques étains parce qu'il les collectionne lui aussi. Mais à Daves il fait part de ses inquiétudes au sujet de l'actrice. « Surtout pas de sandales, ni de chaussures à talons plats. Toujours des talons hauts quand c'est possible. Sinon elle a l'air d'un tas. » Trilling et Wald étaient effectivement loin d'être satisfaits des tests qu'ils avaient vus de Bacall. Wald complimente Helen Turpin d'avoir « enfin trouvé une coiffure qui lui adoucit un peu le visage. L'absence de rouge sur la lèvre inférieure aide aussi énormément à faire oublier cette partie un peu trop proéminente de son visage ». Wald avait raison de s'en faire, mais il n'a pas complètement sauvé les meubles : Bacall est loin d'être en beauté dans le film. Sa garde-robe et ses pied-de-poule sont d'une grande laideur. Elle n'est bien qu'en peignoir, et à la fin dans la scène au téléphone.

Mais il n'était pas question pour Wald de renoncer à la locomotive à laquelle il voulait attacher son wagonnet. Wald était une véritable dynamo, mais son plus grand talent était encore celui du copiage, ou plus précisément il sombrait dans une manie communément répandue à Hollywood, celle de la surenchère. C'est parce qu'il avait vu le succès de *Assurance sur la mort* qu'il avait tout d'un coup ordonné d'utiliser le flash-back et la voix off pour narrer l'histoire de Mildred Pierce, qui est pourtant la seule histoire linéaire de James Cain. Catherine Turney, qui faisait l'adaptation, devait quitter le projet pour protester contre l'absurdité d'un pareil chamboulement chronologique, et surtout contre sa gratuité (c'est pour ça qu'on a dû inventer un meurtre au début du film de Curtiz). Ce coup-ci, Wald lorgnait bien évidemment du côté de Hawks, avec un petit coup de *Casablanca* en prime. Il avait même fait projeter *le Port de l'angoisse* à Daves avant de l'envoyer tourner à San Francisco, expressément pour répertorier les trucs de caméra employés par

Hickox et Hawks qui rendent le couple Bogart-Bacall si rayonnant. Et pour plus de sûreté il s'était aussi adjugé les services de Hickox pour photographier *Dark Passage.* Dans une lettre, il complimente celui-ci sur la qualité de ses intérieurs qui sont « aussi bons que ce qu'on aurait pu faire ici au studio ». La plus grande partie du film a été tournée en décors naturels, à part les évidentes transparences utilisées dans quelques scènes sur Market Street. Il est tout de même fascinant d'observer la minutie que Wald apportait à son travail ; sa vigilance un peu tuante. Et de noter les trivialités et forces extérieures auxquelles il lui fallait finalement se soumettre. Je ne parle même pas des premiers barrages imbéciles et objections des censeurs du Breen Office, qui devaient obligatoirement, et par routine, approuver un script avant qu'il puisse être tourné. Il s'agit là d'un petit jeu exténuant mais auquel Wald était particulièrement expert ; petit jeu des objections et suggestions qui affectaient pratiquement tous les films à cette époque. Mais ce sont les petits détails et l'autocensure du studio et des divers services qui devaient être encore plus minants : pas le droit de dire *Studebaker,* alors on dira *jallopy* (tacot) ; ce qui fait quand même nettement moins rêver... Est-ce qu'il faut obtenir l'autorisation préalable de King's Features pour pouvoir utiliser ce restaurant populaire que Daves a repéré sur Post Street ? Il se trouve que Harry's Wagon Beanery a en enseigne une immense effigie de Wimpy, le rival de Popeye auprès d'Olive Oyl dans la bande de Segar. Dans le doute, mieux vaut encore changer de café... Et mieux vaut sucrer aussi la réplique « je suis un fan de Boris Karloff », postillonnante plaisanterie que doit faire Bogart quand il se voit avec ses bandelettes ; c'est du moins ce que conseille fortement le service légal : « Depuis que Chico Marx a fait tout ce foin et nous a collé un procès quand on a mentionné son nom dans un de nos films sans lui demander l'autorisation, notre politique est de ne plus prendre de risques dans ce domaine. » Et le Research Department conseille vivement de faire changer la ville de Benson en Benton, « parce qu'il y a un Benson en Arizona, et un imprimeur qui verrait peut-être d'un sale œil qu'il soit dit sur tous les écrans de l'Amérique que l'imprimeur de Benson, Arizona, est la meilleure cheville pour se procurer des faux papiers et passer au Mexique ».

Wald pique une rage folle en voyant les croquis du décorateur pour la *cantina* de la fin, là où Bogart attend Bacall et la retrouve finalement. « Ça ressemble à un décor de la Metro et à tout moment on s'attend à voir le numéro musical commencer, avec les filles et les plumes et les cariocas. Est-ce qu'on ne pourrait pas avoir ça en *plus petit* ? Obtenir l'*atmosphère,* et non la *taille* ? » Mais les instructions viennent d'en haut : c'est Trilling qui a insisté pour faire changer la *cantina* en night-club. « Le gouvernement mexicain est tout le temps sur notre dos, ou à pleurer dans le giron du ministère des Affaires étrangères dès qu'ils voient une mouche ou du linge sale dans une scène censée représenter leur beau pays. De plus, si on les heurte là-dessus, cela pourrait affecter les ventes là-bas. »

La plus grande défaite demeure la musique. On se souvient peut-être de la lettre de Jack Diamond, le génie qui suggérait les surimpressions sur le front de Bogart et qui commentait que tous ces disques de Basie « donneraient un sacré rythme » au film. Dans le roman de Goodis, la musique du Count joue effectivement un grand rôle ; pas pour le rythme bien sûr, mais pour l'atmosphère. La musique de Basie rapproche Parry et Irene. Et elle trahit aussi la présence de Parry dans l'appartement d'Irene quand Madge vient tirer la sonnette ; c'est un des meilleurs moments du livre (beaucoup de tension), encore qu'il n'y ait que Goodis pour discerner un galop de cow-boy dans *Shorty George* (« Shorty George avait rassemblé ses troupeaux et chevauchait vers le ranch »). Il y a aussi la scène précédente quand Parry découvre avec plaisir les disques de la collection d'Irene : « Ils étaient très nombreux les disques de Basie. C'étaient les meilleurs, ceux qu'il aimait. Il y avait *Every Tub, Swinging the Blues* et *Texas Shuffle.* Il y avait *John's Idea, Lester Leaps In* et *Out the Window.* »

Pour quelqu'un qui soi-disant n'aimait pas trop le jazz et chantait seulement *How High the Moon* sous la douche, Goodis ne se défend pas trop mal. « *Texas Shuffle* éveillait toujours en lui la vision d'innombrables troupeaux de bœufs galopant dans la plaine immense du Texas. » Encore une fois, il faut s'appeler Goodis pour faire pareille association ; un peu monsieur Lange et son Arizona Bill. Mais peut-être que l'association venait en fait de ce disque qu'il avait dans sa collection, aux dires d'un ami. Il s'appelait *Stampede* et la pochette représentait un troupeau de vaches. Toujours est-il que Basie crée tout un climat dans ce roman. Basie, plus la description minutieuse et luxurieuse des serviettes-éponges et des vêtements neufs que fournit Irene à Parry, c'est un peu tout le début de *l'Écume des jours.* Sauf que Goodis ne fait pas de mélanges ellingtoniens au pianocktail. Gin pur. Mais Wald, lui, avait d'autres idées ; et ceci dès le départ. D'abord il voulait une chanson-thème, une chanson qui reviendrait trois ou quatre fois dans le film et qui signifierait quelque chose pour les personnages. *Casablanca* était sorti trois ans avant. Dans une lettre à Lew Wasserman, de MCA Artists, il essaie d'obtenir l'autorisation d'utiliser la version Sinatra de *Someone To Watch Over Me* en faisant miroiter à Wasserman quel rôle profond jouerait la chanson dans le film : « Tout le long de l'histoire, Bogart n'arrête pas de faire des remarques sur ce disque, combien il l'aime, ce que Sinatra signifie pour des gens comme lui... Ce qu'on essaie de faire, c'est utiliser la chanson, comme *As Tears Go By* était utilisée dans *Casablanca.* Pourrions-nous nous arranger là-dessus ? »

Un peu plus tard, Wald se lamente amèrement à Delmer Daves qu'on veut lui mettre des bâtons dans les roues : « On pourrait aisément obtenir la chanson de Gershwin *Someone To Watch Over Me,* mais comme d'habitude le Music Department manigance pour nous refiler d'horribles substituts comme *I May Be Wrong, But I Think You're Wonderful.* » Daves répond que la chanson de Gershwin est peut-être un peu trop « on the nose », trop près des pensées mêmes de Bogart dans le film ; il suggère d'utiliser au contraire une version chantée par une femme pour atténuer la coïncidence un peu forcée. Il préférerait encore une autre chanson de Gershwin, *Long Ago and Far Away.* Finalement ils se retrouveront avec une version faiblarde de *Too Marvelous For Words* — même pas la version de Billie Holiday (qui ne la chantait pas encore, du moins sur disque). Le reste de la musique est à l'avenant et les disques jouent un rôle très secondaire dans l'histoire.

Le 15 janvier 1947, Weisbart écrit à Wald, toujours à New York, qu'un premier montage a été montré dans sa continuité à Trilling, Young et quelques autres au studio. Le film est long, 7 200 pieds, et devra sans doute être réduit à deux heures environ. Tout le monde semble d'accord pour dire que la longueur inusuelle du film est amplement justifiée. Le film a été tourné presque en continuité et il sera difficile de couper sans détruire quelque chose. Mais deux mois plus tard le film est jugé beaucoup trop long, surtout le début, filmé en caméra subjective, que tout le monde trouve extrêmement fatigant [1]. Wald sabre un maximum ; la scène du chirurgien esthétique en particulier est très écourtée. Et le 8 avril, Jack Warner, Trilling, Wald, Daves, Young, Goodis, Weisbart, le compositeur Franz Waxman et quelques seconds violons se retrouvent au Huntington Park Theatre, dans un faubourg Sud de Los Angeles, pour l'inévitable « sneak-preview » [2]. Début juin Bogart et Bacall demandent la permission de venir voir *Dark Passage* au studio, « bien que Betty soit momentanément suspendue ». Quatre mois plus tard, après la sortie du film, dans une interview parue le 16 septembre dans le *New York Sun,* Goodis se déclarera raisonnablement satisfait de l'adaptation de son livre. Il n'exprime aucune amertume de ne pas avoir eu l'opportunité de l'adapter lui-même alors qu'il était au studio. « En fait on me l'a proposé à l'époque, mais je faisais de la radio à New York et j'étais trop occupé. Et puis il n'est jamais bon pour un auteur d'adapter son propre roman ; le résultat est généralement désastreux. » Là, il cite deux ou trois exemples que le reporter choisit de ne pas reproduire. Mais Goodis continue avec le genre de déclaration qu'on n'entend pas souvent de la part d'un auteur : « Vous savez, je crois que Del a fait preuve de trop de respect pour le livre. »

« Je ne suis pas Dashiell Hammett, et *Dark Passage* est loin d'être *le Faucon maltais,* qui est à mon avis le meilleur mélodrame jamais fait à Hollywood. Vous pouviez prendre ce livre tel quel et le filmer scène par scène sans presque rien changer. Moi, je ne suis pas aussi bon que ça. Del s'est éloigné très peu du roman, et quand il l'a fait c'est surtout à cause des restrictions du code de production. » Goodis donne un exemple de scène qui ne pouvait pas être rendue à l'écran : celle où le lecteur pourrait fugitivement croire qu'après tout Parry a peut-être bien estourbi sa femme avec le cendrier. Quand il se rend compte qu'un détective est sur le point de monter jusqu'à la chambre où il se trouve, Parry saisit impulsivement un

1. Il avait fallu utiliser une caméra prise aux Allemands, une Arriflex — l'équivalent américain, l'Eymo, s'étant révélé beaucoup trop encombrant et difficilement portable.
2. Avant-première.

cendrier. « Et là, déclare Goodis, je passe au subjectif, j'entre dans les pensées de Parry ; il s'imagine en train d'assassiner le détective avec le cendrier. Le lecteur a le sentiment que peut-être Parry a effectivement tué sa femme et qu'il ne le sait même pas. Mais ça c'est une chose que vous ne pouvez pas indiquer au cinéma sans devenir lourd et compliqué à l'extrême, sans avoir recours au surréalisme ou au style " automatique " — ce qui passe toujours très mal à l'écran. Del a eu raison de supprimer la scène. »

C'est un point intéressant qu'il soulève ici. D'abord parce que la scène qu'il cite est un exemple de subtilité relativement rare chez lui. Il y avait la même ambivalence, la même incertitude, dans le roman de Dorothy B. Hugues, *In A Lonely Place.* Quand Nicholas Ray en a fait *le Violent* il a supprimé cette zone d'ombre et on sait que Bogart n'est pas coupable. Le drame réside ailleurs. Goodis cite aussi une autre raison pour laquelle il est heureux de ne pas avoir adapté *Dark Passage,* si tant est qu'on le lui ait réellement proposé (ce qui est fort douteux) : « Je venais de passer plusieurs années à écrire pour les pulps et les feuilletons radiophoniques — et je craignais de trop simplifier les choses dans mon script. Quand on écrit pour la radio, il faut constamment expliquer les choses, parce qu'il n'y a pas de support visuel. Quand vous écrivez pour les pulps vous prenez aussi d'autres mauvaises habitudes : rester trop longtemps avec un personnage, se confiner à lui, raconter l'histoire de son seul point de vue. C'est difficile d'écrire subjectivement, et c'est finalement très contraignant. » Ironiquement, il n'a pas l'air de se rendre compte que c'est justement cette écriture subjective, ses fameuses voix intérieures, qui caractérisent le plus ses romans et le différencient des autres auteurs de la Série Noire.

Le film fut un succès, mais le jugement de Goodis est correct : les ingrédients ont beau tous être là, *Dark Passage* est loin de faire des étincelles comme *le Port de l'Angoisse.* Il y a un peu de magie, mais pas beaucoup de vie. Le dialogue est haché, peu naturel — parfois carrément mortel quand les acteurs doivent « jouer pour la caméra ». La scène d'exposition quand Bogart va voir son copain trompettiste est interminable — et l'acteur faiblard qui joue Fellsinger n'arrange rien. Bacall, qui avait tant de présence dans ses deux films avec Bogart, n'a plus Hawks pour la diriger ni les dialogues de Furthman et Faulkner pour la délurer. Elle a beau nous refaire le coup du regard en dessous, elle fait plus songer à cette pauvre Veronica Lake qu'aux froides fournaises passées. Elle est aussi amorphe. Malgré tous les extérieurs, le film semble claustrophobe et bien trop statique. Les scènes mémorables sont bizarrement presque toutes celles avec les seconds rôles : la bouille élastique et le rictus du bouseux maître-chanteur, le chauffeur de taxi physionomiste (Richard d'Andrea), et bien sûr Moorehead qui dans l'apathie générale en deviendrait presque désirable. Quelles robes ! Et elle a les meilleurs répliques, surtout quand Bogart lui parle à travers le judas. « Oh, the fresh type, eh ? — No. Just informal [1]. »

Le manque d'inspiration et d'énergie de Delmer Daves surprend d'autant plus qu'il est généralement un metteur en scène très intéressant, voire passionnant. On a l'impression que *Dark Passage* est resté un film de producteur, même si Wald est resté largement absent du tournage. Reste évidemment le plaisir limité, et certes très personnel, de voir les personnages de Goodis évoluer dans les rues de North Beach, un quartier que j'ai habité pendant deux ans dans une autre vie ; plaisir de voir Bogart pouloper comme une chèvre sur les escaliers de Telegraph Hill où habite Irene Jansen, ou se rendre à Russian Hill où habite Madge. On voit même distinctement ma rue, Greenwich, entre les deux collines. Il faut dire aussi que les choses s'animent nettement sur la fin, quand on s'aère : la scène du type qui vend des billets pour l'autocar et la scène finale dans le club. Bogart porte son costume blanc de *Casablanca.* L'orchestre se met à jouer *Too Marvelous For Words,* Bogart lève les yeux et elle est là, épaules carrées et robe démodée même pour 1947, mais tellement plus belle que toutes ses autres tenues dans le film. Bogart se lève et ils se mettent à danser. La musique enfle. The End. Bien sûr le livre se terminait juste sur Parry au téléphone (« There's a little cafe, right on the bay... »). Et bien sûr on nous refait le coup de *la Griffe du passé* (sorti la même année — le Mexique était décidément la planque à la mode) ; mais qui saurait résister ? Certainement pas Jerry Wald, en tout cas.

1. « Mariole, eh ? — Non, mais pas à cheval sur les convenances. »

Jerry Wald à Jo Pagano — 19 novembre 1945 — Sujet : *The Unfaithful*

Cher Jo :

En commençant ce scénario pour The Unfaithful, *surtout souvenez-vous bien que notre film se passe en 1946. Comme vous et moi ne le savons que trop, la vie courante américaine est rarement reflétée dans nos films [...] Même si notre histoire est sordide, elle doit néanmoins refléter les conditions sociales de notre époque.*

[...] Si quelque producteur énergique décidait par hasard de se faire projeter The Unfaithful *dans dix ans, il devrait pouvoir être capable de se faire une idée de l'esprit qui régnait en 1946 rien qu'en voyant notre film [...] Je joins un article que j'aimerais que vous lisiez, qui décrit très précisément les sentiments du soldat qui revient du Front — amer, peut-être, mais néanmoins véridique.*

Jerry Wald à Jo Pagano — 11 février 1946 — Sujet : *The Unfaithful*

Cher Jo :

Merci infiniment pour le dernier jet de The Unfaithful. *A part quelques changements mineurs que je vais y apporter, je crois que vous avez fait un travail du tonnerre et j'apprécie beaucoup. Je réalise bien sûr que c'était une tâche ingrate et difficile de suivre de près les grandes lignes de l'original tout en changeant suffisamment d'éléments pour qu'on ne puisse pas aisément faire le rapprochement avec* The Letter [1] *[...].*

Jerry Wald.

Le 7 janvier 1947, Finlay McDermid soumet à Wald et aux intéressés une *notice of tentative writing credits* pour établir le générique de *The Unfaithful.* Les intéressés ayant participé à l'élaboration du script sont Jo Pagano, James Gunn, David Goodis et John Collier. Pagano ne travaille plus au studio. McDermid propose de mettre au générique : « SCÉNARIO DE DAVID GOODIS & JAMES GUNN, suggéré par la pièce de W. Somerset Maugham. » Les intéressés sont invités à donner leur accord ou protester par téléphone, memo ou télégramme. Wald se contente de griffonner sur la circulaire : « A-t-on vraiment besoin de donner le crédit à Maugham ? » Le 13 mars, Trilling tranche la question en écrivant de façon péremptoire à McDermid :

Vu que The Unfaithful *ne présente absolument aucune ressemblance avec* The Letter, *j'estime que nous sommes parfaitement justifiés d'oublier de mentionner Somerset Maugham au générique, et nous ne devrions surtout pas attirer son attention là-dessus. Oubliez cette histoire et mettez juste, « scénario original de untel et untel ». N'oubliez pas de rectifier le générique et prévenir le service publicité.*

1. *La Lettre :* la pièce de Somerset Maugham a été deux fois adaptée à l'écran, une fois en 1929 avec Jeanne Eagels, et en 1940 par Wyler, avec Bette Davis.

Encore une fois *The Unfaithful* est le type même du film de producteur : une situation déjà exploitée, une idée qui a déjà fait (deux fois) ses preuves auprès du public et qui sera remise au goût du jour par l'actualité brûlante (et choquante, pour l'époque) du sujet ; sujet dont on parlait partout dans les journaux. Or, les manchettes des journaux étaient la Bible de Jerry Wald. Il avait remarqué, ou on lui avait fait remarquer, tous ces faits divers, ces meurtres et ces divorces causés par le retour des soldats. Peut-on pardonner à la femme infidèle ? Doit-on pardonner ? On est loin de la rhétorique et de l'exotisme de Maugham : Ann Sheridan n'est pas « vilaine », ni « pourrie » comme Bette Davis, elle a des excuses ; après tout, c'est la guerre ! Le film eut de ce fait beaucoup de succès, ce qui semble étonnant aujourd'hui. Wald avait donc raison : le sujet seul suffisait à faire courir les foules.

The Unfaithful est pourtant un film bien assommant et franchement indigeste. Encore une fois, la faute en incombe au scénario, aux dialogues plombés, interminables et ternes ; et au style visuel empâté, sans rythme ni charme, de Vincent Sherman. Ann Sheridan, Lew Ayres, Zachary Scott, des acteurs pourtant pleins de ressort et de ressources d'habitude, ont tous l'air léthargiques et constipés. Le film ne marche absolument pas, à aucun niveau. Le milieu social utilisé est résolument bourgeois et inintéressant : avocats, architecte, femme au foyer… Le drame se réduit et se noie en parlottes ; la musique de Steiner est assommante. C'est un des rares films Warner qui m'ait jamais donné la migraine. Reste le plaisir de voir le Los Angeles de l'après-guerre et des lieux familiers, soit changés, soit démolis aujourd'hui : Westlake Park, déjà devenu McArthur Park — mais encore avec ses deux petits lacs… Hollywood & Vine et son ruban lumineux publicitaire qui donne aussi les informations… L'Ambassador Hotel, le Bradbury Building (déjà une ruche à avocats) et même Angel Flight. Pour tourner sur le Funiculaire des Anges, downtown entre Hill et Grand, cela coûtait 100 $. Le Bradbury était déjà cher et en demande, 225 $ la journée et seulement le week-end. L'Hôtel de Ville est gratuit. La maison du couple principal est en réalité celle de M. et Mme Wald, au 615 North Beverly Drive — une belle courbe bordée de cocotiers. On se demande combien coûtait la journée. *The Unfaithful* est, avec *The Burglar,* le seul film qui permette de juger un peu Goodis le scénariste. Il est bien sûr difficile de déterminer qui a fait quoi, mais les interminables parlottes, les dialogues d'exposition qui durent parfois dix minutes et toutes les scènes statiques qui empêchent le film de jamais vraiment décoller, tout ceci rappelle un peu trop les défauts du *Burglar* pour qu'on ne soit pas fortement tenté d'attribuer à Goodis une bonne part du blâme. Les vacheries sur les « divorcées joyeuses » au début du film ne sont pas sans rappeler les portraits outrés et misogynes que Goodis fait de certaines épouses abusives dans ses premiers romans, avant qu'il ne se mette au ruisseau — notamment *la Garce* et *Obsession*. Wald devait se rendre compte des problèmes de script, parce qu'il écrit à Trilling le 18 janvier : « Viens de lire la nouvelle version de *The Unfaithful* que Gunn a écrite, p. 84 à 102. Dans l'ensemble c'est bien pire que la version déjà bien nulle qu'on avait quand je suis parti [...] p. 93, le papotage de Chris est crétinisant. C'était bien meilleur dans le script original. »

Pour le reste, rien que des cauchemars de routine pour Wald, comme son alarme préfacée par ces mots inoubliables : « This hat is dangerous. Le chapeau de Sheridan est dangereux, c'est exactement ce genre de galure que Crawford portait dans *Mildred Pierce* et le public a croulé de rire là où il ne fallait pas. » Il n'empêche que tous ces tracas mineurs furent vite oubliés dans l'euphorie de la *preview* et du succès initial de *The Unfaithful*. Dans une lettre à ses parents et à son frère Herbert, Goodis décrit en détail les réactions des gros bonnets après la preview. La lettre est tapée à la machine et vaut d'être citée dans la longueur non seulement à cause du style exalté et presque extravagant employé par Goodis, mais aussi en contraste avec le mépris ou l'indifférence qu'il professait à l'égard d'Hollywood devant ses amis. Il est bien évident qu'il convient de faire la part des choses et reconnaître le ton du fiston qui a réussi et qui désire en mettre plein la vue à papa et maman — ou seulement leur faire plaisir. Il reste que non seulement il a écrit cette lettre, il l'a aussi conservée. Un cousin l'a retrouvée dans la maison de Goodis après sa mort.

Samedi
Dear Mother, Dad and Herb :
Mercredi soir on a projeté The Unfaithful, *et tous les responsables, moi y compris, ont dîné dans la salle à manger privée de Jack L. Warner. Étaient*

présents, entre autres : Michael Curtiz, Henry Blanke (5 000 $ la semaine), Steve Trilling et tous les producteurs et metteurs en scène importants du studio. Jim Gunn et moi étions aussi nerveux que des chats en chaleur parce que l'opinion de ces hommes se base sur les plus intransigeants critères de qualité cinématographique, et nous avions vraiment le trouillomètre à zéro. Après le repas, on nous a conduits en limousines au Beverly Warners, sur Wilshire, et la projection a eu lieu. Après ça on s'est tous entassés dans le bureau privé de Jack L. Warner, et voici les commentaires…

Jack L. Warner : « Absolutely terrific ! »

Henry Blanke : « C'est la meilleure chose que Warner a sorti depuis longtemps ! »

Steve Trilling : « Excellent à tous les points de vue ! »

Michael Curtiz : « Merveilleux, magnifiquement joué, dirigé et photographié… Et très bien écrit *[c'est Goodis qui souligne]. Félicitations aux scénaristes et à Sherman. »*

Jack L. Warner (encore à David Goodis) : « Goodis, bravo, congratulations ! » (Et là il m'a serré la main.)

Il y a eu encore plein d'accolades comme ça, et la vérité c'est que The Unfaithful *est vraiment un très bon film, si je puis me permettre de le dire moi-même. Naturellement tout ça m'a fait très plaisir, et Vincent Sherman, qui s'est vraiment rompu la carcasse sur ce film, était en larmes quand Jack Warner l'a félicité. A présent je travaille dur sur* Up Till Now *et, avec ce script, c'est l'Oscar que j'ai dans le point de mire. Je sais que ça paraît bête, mais à mon avis plus on vise haut mieux on réalise les choses.*

Goodis n'était peut-être pas très bon scénariste, mais il était au moins dans le ton du studio, au goût du jour, et semble avoir pratiqué sa fameuse technique de caméléon jusque dans ses memos à Jerry Wald ; et les lettres à ses parents. Il jouait encore, en tout cas, le petit jeu de l'auteur à succès : c'est l'époque où on le voit le plus dans la presse et les magazines. Pas seulement en feuilleton tout l'été 1946 dans le *Saturday Evening Post,* mais aussi dans *Collier's* en octobre, et même dans le *San Francisco Chronicle* où il analyse pour les lecteurs l'affaire du Black Dahlia, le meurtre d'une call-girl nommée Elizabeth Short, trouvée raccourcie en deux tronçons près de Los Angeles Coliseum en 1945. John Gregory Dunne devait s'en inspirer pour écrire son roman *True Confessions* (Sanglantes Confessions). Ironiquement, Short habitait au troisième étage des Alto Nido Apartments, un immeuble en haut d'Ivar Street, à trois pâtés de maisons à peine et équidistant de l'hôtel Oban et du Hollywood Tower où habitait Goodis. Dans le *Chronicle,* Goodis est présenté comme « l'auteur de *Dark Passage* » et « pendant plusieurs années un étudiant de la psychologie criminelle ». La prétendue analyse est délivrée sur un ton absurdement sérieux et faussement expert. Il a ce style épouvantable du cuistre pointilleux qu'il utilise immanquablement dans ses communications avec Wald. Cet article était peut-être une farce secrète pour Goodis, ou simplement un boulot alimentaire ; il demeure néanmoins une sorte de nadir de la criminologie pop. Quant à sa nouvelle dans *Collier's,* elle est du même calibre, mais en beaucoup plus coloré. On voit tout de suite à quoi on a affaire rien qu'en jetant un œil sur le titre, *Caravan To Tarim,* ou sur l'illustration chromo de Francis Chase qui s'étale sur deux pages : bleu indigo, caravane et dromadaires. La première phrase suffit sans doute à se faire une idée de la teneur de ce puissant loukhoum : « Tout ça était fort désagréable, la chaleur poisseuse et l'odeur des chameaux pas lavés et la saleté générale du camp bédouin. » Ou encore ce sous-titre : « La ruse de Kelney pour doubler le chef bédouin avait ses inconvénients... »

La nouvelle est parue le 26 octobre 1946, mais on sait d'où vient la caravane : directement des pulps.

6

La plus grande histoire du monde

Mais Zola l'a bien fait, lui...

Jerry Wald.

Le 12 décembre 1946, alors qu'il a fini les révisions de *The Unfaithful*, que Delmer Daves s'apprête à filmer *Dark Passage* et que Jerry Wald est à New York, Goodis adresse à ce dernier un memo-fleuve de trente-huit pages. Sujet : *Up Till Now*. Il est fascinant de noter le style de ce memo, encore plus exalté et absurdement ampoulé que les lettres à ses parents, et aussi le curieux mimétisme entre ce style et celui de Wald, que Goodis appelait parfois « The Great White Father », selon ses amis.

Dear Jerry :
Ces derniers temps, j'ai réfléchi intensément à un projet qui à mon avis pourrait donner un film extrêmement important sur un sujet qui ne l'est pas moins : l'entrée de notre civilisation dans l'ère atomique, et plus spécifiquement ces cinq dernières années en Amérique. *Comme vous le savez, j'ai écrit deux romans qui traitent de la génération présente vue d'une perspective* middle-class. *Le roman* Up Till Now, *que je vous ai remis, irradie les plus profondes implications du thème, alors que je fais un usage plus dramatique et romancé des mêmes éléments dans* The Boys From Yesterday, *que mon agent à New York a mis au courier et qui devrait arriver au studio dans quelques jours. En attendant, les idées qui se sont cristallisées dans ma tête commencent à prendre une forme celluloïd potentielle. Je voudrais donc les organiser concrètement avant de me lancer dans un traitement. Je pense qu'étant donné que l'histoire est vaste d'envergure et a un gigantesque message spirituel à télescoper, la thèse centrale doit être claire comme le cristal et grosse comme une montagne, et doit s'épanouir à partir de ça avec une rigueur et une sincérité qui devraient finalement nous donner une importante* picturization *[sic] de l'Amérique d'aujourd'hui.*

Aucun des deux romans dont parle Goodis ne se trouve dans les dossiers Warner. Aucun de ces titres n'est enregistré au bureau des copyrights à la Bibliothèque du Congrès. Goodis a pourtant essayé de vendre une version romancée du traitement qu'il a fait pour Wald, comme on le verra.

Depuis le commencement du genre humain il y a des millions d'années, les historiens ne reconnaissent que cinq âges de l'Homme : l'âge de glace, l'âge de pierre, l'âge de bronze, l'âge industriel et — finalement, le jour où on a lâché la bombe sur Hiroshima — l'âge atomique. Comme nous entrons dans cette ère aux possibilités énormes et inconnues, sommes-nous réellement sûrs de quoi que ce soit ? Avons-nous une quelconque sécurité ? Pouvons-nous raisonnablement nous construire une enclave sur laquelle fonder nos espoirs de stabilité, salut moral ou bonheur ? Est-ce que la réponse à ces problèmes de l'avenir réside en nous, dans l'esprit individuel, ou est-ce qu'il dépend entièrement de forces extérieures ?

Goodis se lance ensuite dans un panorama de la société américaine de l'après-guerre ; un constat de faillite totale. Il en tartine des pages et des pages et n'épargne aucun cliché : la nouvelle génération, le conflit entre père et fils, le mariage, la famille qui se désagrège, la Bombe... Et quelle est la réponse à toute cette noirceur et ce désespoir ? C'est là que cela devient intéressant, quand on connaît un peu Goodis.

[...] On pourrait croire que notre jeune homme se trouve confronté à des obstacles insurmontables, à la fois concrets et abstraits, et que toute solution est impossible. Mais le grand paradoxe, c'est que tout ce temps-là il a la grande solution *sous les yeux. C'est la* femme *— la gentille fille qu'il a connue toute sa vie dans sa rue [...]. Elle n'est pas vraiment jolie, ni même « intéressante » d'un point de vue bassement masculin. Ce n'est pas une sainte. Juste une fille qui travaille et rêve d'un foyer, d'enfants et de bonheur. Mais en dépit de cette « simplicité », la fille est un personnage extrêmement fort, avec une foi inébranlable en l'humanité. Sans le brillant habituel, sans la broderie ni les grands discours nobles, c'est une véritable héroïne [...]. Quand il l'épouse à la fin, quand il réalise que sa mission première dans la vie est de créer encore plus de vie et ainsi renflouer la terre, son amour pour la fille va au-delà de la romance et devient un noble idéal.*

Goodis suggère Philadelphie comme cadre de l'action, « pour obtenir un mélange de vie rurale et urbaine. Philadelphie est une ville qui malgré certains côtés cosmopolitains a néanmoins gardé une atmosphère de petite ville ». Il recommande aussi que « l'on s'envole au-dessus des théories politiques, mécaniques et sociologiques ».

Nous affirmons avec notre histoire que les maux du monde d'aujourd'hui peuvent *être guéris — non pas autour d'une table de négociation, ni par les savants, philosophes ou hommes d'état — mais bien plutôt dans l'esprit de chaque individu. Bien qu'il ne s'agisse pas à proprement parler d'une histoire religieuse, le message qu'elle contient représente la religion dans sa forme la plus pure — mettant l'accent sur le besoin d'une renaissance spirituelle dans le cœur de chacun*

— une prise de conscience radieuse et vitale des valeurs fondamentales du genre humain [...].

J'ai le regret de dire que ce salmigondis n'est pas plus lisible ni digeste en anglais qu'en français. Il est tout aussi déchaîné sur les problèmes techniques, et jette sa gourme dans un accès d'enthousiasme qui n'est peut-être pas aussi feint ou sardonique qu'on aimerait le croire :

Nous avons ici une rare opportunité d'utiliser intelligemment le cinéma « stream of consciousness ». Notre jeune homme raconte son histoire à travers une série de flash-back qui ne suivent pas nécessairement une progression mathématique, puisque la mémoire ne procède jamais par séquences chronologiques ou successives.

« Plein la vue à Jerry Wald » — c'est la première chose qui vient à l'esprit. Alain Resnais version Burbank, roll over Virginia Woolf... Mais on retombe sec en lisant la suite.

Le public doit sentir que le jeune homme est l'auteur de cette histoire — qu'il est là sur scène et nous livre son autobiographie sans apprêt, en toute honnêteté, comme un film projeté sur l'écran derrière lui.

Les personnages que propose Goodis sont aussi décevants et conventionnels : il y a la famille Crane, avec ses frères ennemis, Ralph et Johnnie. Quant à la fille, « the *big answer* » comme il l'appelle, c'est « une divorcée de 25 ans, ni ange ni déesse, travailleuse, avec des rêves dans les yeux et de la rectitude dans la colonne vertébrale [sic]. Il y a quelque chose de sanitaire dans l'air autour d'elle... ». Il l'appelle Ruth (tiens donc). Par contraste Blanche est une « blonde péroxydée bien en chair qui vit dans le quartier. Elle a beaucoup de feu en elle et possède le don de la répartie. Agréable à regarder, sensuelle, maligne, elle est le type même de l'opportuniste et de la manipulatrice ». Le reste de ce cast of characters se lit un peu comme un jeu de massacre, mais on reconnaît parfois les ombres qui peuplent tous les romans de Goodis.

Cassady	*Contremaître de Ralph. Adore commander les autres, mais dans son cœur c'est un lâche et dans sa tête il y a très peu de matière grise.*

Carroway	*Son extérieur affable et amical masque la fournaise de ses convictions politiques qui fait rage à l'intérieur. C'est un communiste, un agitateur et organisateur extrêmement habile.*
The Chief	*Grand et maigre, visage impénétrable, leader d'une organisation fasciste. Plus une machine qu'un être humain. 33 ans et déplumé.*
The Chairman	*Leader d'un groupe communiste, la quarantaine, autoritaire mais manque de tact et de diplomatie. Communiste au sens fanatique du terme, sa religion est le* Manifeste du parti communiste.
Ken	*Un des gars du quartier. Long comme un jour sans pain, à 34 ans c'est déjà un raté complet. Musicien frustré, il continue d'écrire des chansons qui n'ont aucune chance d'être publiées et continue de parler du voyage en Floride qu'il ne fera jamais.*
George	*Plutôt terne d'extérieur et personnalité, il est honnête, ne hait personne, et de temps à autre il en sort une bien bonne.*
Dippy	*34 ans, mélange improbable de folie, métaphysique, yeux noirs perdus dans un visage hâve et pâle, cheveux plaqués en arrière avec de l'eau et un talent prononcé pour trouver une poule avec qui sortir à l'improviste.*

Il est difficile de déterminer à quel point Goodis était sérieux dans tout ça. A la lumière de ce que la plupart de ses amis m'ont dit de lui, on serait tenté de prendre ça comme une énorme farce qu'il faisait à Wald et au monde. Ou peut-être Goodis était-il comme Nathanael West quand il s'est retrouvé à la mine (lui c'était encore plus la mine, puisqu'il travaillait pour Republic) : parachuté dans cette usine à rêves il se sentait soudainement libéré et n'hésitait pas à en rajouter à la pelle, croyant sincèrement que c'était ce qu'on attendait de lui. Mais ce n'est pas si simple. Ses amis les plus intimes se souviennent de quelques rares accès de sérieux chez Goodis, et les plus sensibles d'entre eux percevaient un autre homme plus secret, plus écorché, qui souffrait peut-être de ce qu'il voyait autour de lui. Sa meilleure arme contre ça était le plus souvent l'humour, la farce ou l'absurde. Mais on verra qu'il n'était pas sans velléités de sérieux ou de grandeur, surtout au début de sa carrière ; mais il aurait préféré mourir que de l'admettre devant qui que ce fût.

Quoi qu'il en soit, il avait parlé le langage de Wald dans ce long memo, et il n'est guère surprenant de constater que le projet soit vite devenu le cheval blanc de Jerry durant toute l'année 1947. Dès janvier, il est en selle, et dans un memo de sept pages il s'emballe déjà et tente d'insuffler un vent encore plus ambitieux dans la baudruche de Goodis, qui se posait pourtant déjà là dans le genre venteux et ampoulé. Wald parvient même à citer ou invoquer, dans le même souffle, les noms d'Ibsen, Steinbeck, Zola, Dickens, Dreiser, Sinclair Lewis et Trollope. Il enjoint aussi Goodis de « prendre bien garde à ne pas retomber dans le personnage habituel du genre de héros qu'on voit toujours dans les films Warner : le Garfield de *Four Daughters* ou le Garfield de *Humoresque* ».

Ce qui clochait justement avec Humoresque, *c'est qu'on avait oublié l'humour : notre histoire doit être parfois amère, bien sûr, mais elle doit aussi contenir beaucoup d'humour. Les scènes de conflit ne doivent pas se limiter à celles entre Ralph et son père ; on doit aussi avoir Ralph et la fille, Ralph et son frère, Ralph et sa mère et surtout ses amis. Votre problème c'est de présenter un type nouveau de gars amer et revenu de tout. Peut-être même que pour éviter ça on aurait intérêt à ne pas prendre Garfield ni Dane Clark, justement, mais au contraire utiliser un acteur comme Ronnie Reagan pour le rôle.*

Est-ce là l'humour dont voulait parler Wald ? On croit rêver. Mais là où il se surpasse c'est quand il passe à la pédagogie.

*Collier Young a fait une excellente suggestion : il faut qu'un de nos personnages soit complètement dégoûté de la démocratie ; qu'on l'entende se plaindre avec les mêmes arguments qu'on entend partout aujourd'hui. Il veut le changement... peut-être que le communisme est la solution... peut-être que le fascisme... Il faut bien sûr prouver à la fin qu'il a tort, mais pas seulement en parlottes. Par l'*action. *Souvenez-vous, David, que le scénariste doit par-dessus tout se préoccuper de l'aspect* dramatique *de son script, et surtout ne pas écrire comme un agitateur sur sa caisse à savon. Il doit décrire la vie de son époque, utiliser les idées de son époque. Je me souviens de ce qu'Ibsen dit de ses pièces [...].*

Souvenez-vous bien, David, que c'est vous, vous les scénaristes, qui déterminerez le progrès fait par le cinéma mondial, autant comme divertissement que comme source d'informations pour les générations à venir. C'est aux écrivains qu'il incombe de décider s'ils veulent que leurs histoires suivent de près l'énergie atomique [sic] ou s'ils veulent seulement retourner à leurs vieilles histoires éculées [...]. Si seulement vous réalisiez quel instrument privilégié vous détenez dans vos mains, si seulement vous cessiez tous d'essayer de copier le dernier succès au box-office [!]. Si seulement vous étiez prêts à vous aventurer sur des océans inconnus. Je connais les problèmes auxquels vous, les écrivains, vous heurtez sans arrêt pour caser ces histoires aventureuses qui feraient date... Mais Zola l'a bien fait, lui. Et Steinbeck et Dickens et Trollope et Dreiser et Lewis. Ils pensaient à leur époque et ont écrit sur leur époque [...].

Nous avons tous les deux la chance de travailler à la Warner, David. Je dis chance parce que je crois honnêtement que c'est un des rares studios qui pense en termes de progrès et accepte de traiter les problèmes du jour. Quand je vois les pièces qui se jouent sur Broadway, je me demande ce que le théâtre fait de notre époque. State of the Union, Born Yesterday *— de bons spectacles, certes, mais dans 20 ans les verra-t-on avec le même intérêt qui nous pousse toujours à revenir à Zola ou Dickens ? Quand on revoit des films comme* Chain Gang *ou* Nazi Spy *et certains films sortis chez Warner pendant la guerre, on se réconforte à l'idée qu'il est* possible *de faire des films qui disent quelque chose et qui soient quand même distrayants et commerciaux [...]. Zola n'a pas attendu cinquante ans que l'Affaire Dreyfus soit de la vieille histoire pour écrire dessus. Faisons la même chose pour notre époque.*

Ça au moins c'est un credo artistique — un peu surprenant pour l'auteur de *Maybe It's Love, Stars Over Broadway, Hollywood Hotel* ou *The Kid From Kokomo ;* mais en tout cas à la mesure du producteur de *Action In the North Atlantic, The Hard Way, Mildred Pierce, To the Victor, The Unfaithful, Key Largo, Clash By Night* ou *Story of Page One.*

Jusqu'en avril, Wald continue d'abreuver Goodis de memos interminables, dont une lettre de 14 pages pleine de réflexions au bromure sur le communisme, qu'il conclut en des termes immortels et sans appel : « Le communisme, j'en suis à présent convaincu, ne peut s'épanouir que lorsque l'âme est morte. » On sent bien qu'il a potassé le truc, ne serait-ce qu'à en juger par les tonnes de matériaux qu'il se fait procurer par le Research Department. Il leur demande « tout ce que vous pourrez trouver sur le *LIBÉRALISME,* la *LIBERTÉ,* le *COMMUNISME* et la *DÉMOCRATIE* ». Il se fait envoyer des pamphlets comme *la Plus Grande Histoire du monde*, par un certain Theodore Handelman. Les sous-titres suffiront à s'en faire une idée : « La moisson d'un peuple libre », ou « Les débuts de l'âge atomique ». Apparemment Wald et Goodis ont les mêmes lectures. Wald demande aussi de la documentation sur le fonctionnement d'une cellule communiste (il aurait tout aussi bien pu aller frapper à la porte du Kommissar, puisque Lawson travaillait au studio à l'époque). Il commande des livres sur les épouses de guerre, *Inside USA* par Gunther, ou *American Communism* par O'Neal.

Fin avril, Wald se sent soudain des ailes quand il lit un interview de Jack Warner qui annonce un retour aux films sur des sujets d'actualité — comme à la grande époque. Wald est désormais convaincu que *Up Till Now* va devenir son *opus magnus* chez Warner. Il songe déjà à gonfler encore un peu plus son projet et faire récrire l'histoire par un auteur prestigieux à la mesure du sujet, qui entre-temps est devenu une sorte de tableau vivant des différentes idéologies : le frère communiste, le frère fasciste, les parents et la fille entre deux sur les genoux de la Démocratie. Wald parle de son projet à tout le monde et se prend désormais pour le golden boy du studio. Le 22 avril, il écrit à Jack Warner :

Cher Jack :

Laissez-moi vous dire que ce que vous avez dit de Up Till Now *à la presse était simplement superbe. On se croirait revenus à la Warner de la grande époque, quand on pêchait nos sujets dans l'encre à peine sèche des manchettes de journaux,* when they were topical and not when they became typical. *Vous ne pouvez imaginer le coup de fouet et l'encouragement qu'ont pu ressentir les scénaristes ici à cause de votre position militante et votre détermination à faire de nouveau ce type de films. Maintenant qu'on est lancés on devrait tout de suite attaquer sur* Rebel Without a Cause. *A mon avis c'est la meilleure histoire jamais écrite sur la délinquance juvénile, et on pourrait faire des miracles avec. Puisqu'on vient de marquer un point avec ce projet* Up Till Now, *j'estime qu'on devrait foncer avec* Rebel Without a Cause.

Jerry.

Wald est décidément increvable et infatigable : non seulement il vend ici la peau de l'ours, mais il a quelque huit ans d'avance — du moins en ce qui concerne *la Fureur de vivre.* Le film ne se fera qu'en 1955, sans lui, et n'a en fait presque rien à voir avec le projet dont parle Wald : il s'agit d'un article médico-sociologique sur la délinquance que Warner avait acheté. En 1955, ils n'ont gardé que le titre. En attendant, Wald faisait tant de bruit au studio avec *Up Till Now* que Richard Brooks a fini par lui demander — par écrit — ce qu'il entendait par film militant et par « démocratie ». Le ton est assez sardonique, mais, sans relever le sarcasme, Wald lui expédie un memo de trois pages sur *Up Till Now* et sur ses ambitions, dans son inimitable style venteux-pompeux-pompant qui a bien dû faire rigoler Brooks, pourtant pas ennemi lui-même des gros sabots, à l'occasion. Wald est plus concis et cohérent dans une lettre expédiée le même jour à Art Arthur : « L'histoire qu'on essaie de faire répudie à la fois le communisme et le fascisme, et présente comme solution une démocratie régénérée. Il est capital que ce film se fasse, parce que s'il ne se faisait pas ce serait une terrible perte pour tous les mouvements libéraux de ce pays. »

De février à mai 1947, Goodis ne fera pas moins de seize versions du script ; comme ses six semaines de suspension arrivent, on l'engage à nouveau, à la semaine cette fois et à un salaire plus élevé (1 000 $). Le film doit se tourner à Boston, finalement, et Goodis va même avec Wald et Daves repérer à Boston et donner des interviews à New York. Mais pas plus tard qu'en avril, Wald et Delmer Daves avaient déjà concocté ensemble leur version à eux, non moins raide et pompeuse que celle de Goodis. En mai, Wald met Edmund North et Richard Hubler dessus, pendant que Goodis continue de peaufiner ses versions. En fait, depuis qu'il se prend pour la Conscience de Warner Bros., Wald n'a de cesse d'obtenir du Front Office qu'on lui procure un grand nom pour écrire son *opus magnus :* un dramaturge, et de New York de préférence. On fait même venir Sidney Kingsley à grands frais, on l'installe au Beverly Hills Hotel pour une semaine ; juste le temps pour lui de décliner l'offre Warner. Wald devient alors insatiable et assiège McDermid pour qu'on lui trouve son écrivain à prestige. Il suggère une liste (pendable, rétrospectivement [1]) qui comprend Emmett Lavey, Abe Polonsky, Arthur Miller, Michael Blankford, Lillian Hellman et Arthur Laurentz. On imagine fort mal ce beau monde travaillant sur une histoire qui renvoie dos à dos fascisme et communisme, mais Wald n'était pas du genre regardant. Par lettre, il courtise Laura Z. Hobson, l'auteur de *Gentleman's Agreement* (dont Kazan a fait le *Mur invisible*). Mais en vain. Le 8 mai, il va encore plus loin : il force McDermid à faire signer personnellement à Jack Warner une lettre demandant à Robert Sherwood de venir écrire son grand film sur les frères ennemis et la démocratie. McDermid s'incline, faisant tout de même laconiquement remarquer à Trilling qu'en admettant que l'éminent dramaturge, speech-writer de Roosevelt et récent chef de l'Office of War Information et Voice of America se montre intéressé — chose peu probable —, Robert E. Sherwood ne travaille qu'au forfait et il serait raisonnable de s'attendre à devoir le payer très cher, « une somme à cinq zéros et Dieu sait quel chiffre devant ».

Trilling se montre déjà beaucoup moins intéressé par le Grand Homme et on n'en parle plus. En juin, Wald écrit aux représentants Warner à Boston que *Up Till Now* a des problèmes de script et est repoussé à plus tard. Entre-temps, Delmer Daves ira en France

1. Tous ces auteurs étaient de gauche, certains communistes avoués, d'autres non.

tourner *To the Victor*[1], un script de Richard Brooks et une production Jerry Wald. Le 28 novembre 1947, Wald a finalement un script jugé filmable, signé Sam Newman. Le 23 décembre, une circulaire tombe du bureau de T.C. Wright, General Manager du studio :

NOTE A TOUS LES SERVICES :
Cessez immédiatement tout travail et toute dépense sur Up Till Now. *Ce film a été annulé temporairement.*

On ignore ce qui s'est passé au juste. Mais le grand film tant désiré par Jerry Wald n'a pas passé l'hiver. En mars 1948, le bureau du service légal rappelle seulement à Trilling que Goodis avait obtenu l'autorisation d'essayer de vendre sa version romancée à *Collier's* ou à un éditeur. Au cas où il n'y parviendrait pas, celle-ci redeviendrait propriété de Warner. Est-ce bien la peine de lui demander de signer une cession de droits ? Trilling griffonne au crayon qu'il est persuadé que Goodis ne fera pas de difficultés, vu que *Up Till Now* a été refusé par tous les éditeurs ; « mais mieux vaut s'assurer de la propriété même si nous n'avons pas la moindre intention de faire le film ».

On sent nettement qu'à ce stade tout le monde au studio en avait largement soupé du grand film sur la démocratie et l'âge atomique. Il reste que 1947 n'était pas exactement l'année propice à la controverse ni surtout aux films ne serait-ce que lointainement politiques, même « bien tempérés ». Au printemps, Jack Warner avait été un des premiers à témoigner devant le House Un-American Activities Committee à Washington. Et en octobre, J. Parnell Thomas avait remis ça avec le HUAC, de manière beaucoup plus pressante cette fois. Ce n'était que le début, bien sûr, mais une chose était sûre : Jack L. Warner n'allait pas mettre en chantier un film comme *Up Till Now* au moment même où les loups aboyaient à la porte. Il ne tenait pas à se retrouver avec un *Song of Russia* sur les bras.

Sept ans plus tard, Goodis devait exhumer sa galerie pâlichonne de *Up Till Now* et sa Famille Américaine Moyenne (moins les frères ennemis) dans son second roman pour Lion Books, *The Blonde On*

1. *Ombres sur Paris.*

the Street Corner [1]. L'histoire, si pareil terme peut s'appliquer à un roman invertébré totalement dénué d'armature dramatique ou mélodramatique, est redevenue goodisienne — ou du moins le ton. Et on est de retour à Philadelphie au lieu de Boston. La famille Crane est devenue la famille Creel, mais on retrouve Ralph le chômeur déboussolé, son père Norman (« Toute sa vie il avait travaillé de ses mains. Maintenant il était fatigué »), et la bande de bons à rien du coin de la rue, Ken, George et Dippy. « The story of men and women on the skids », clame le sous-titre de l'édition Lion ; mais en fait *The Blonde* était moins l'histoire d'hommes et de femmes dans la mouise qu'une recréation impressionniste, souvent loufoque mais néanmoins sentie, de l'ambiance dans laquelle Goodis devait avoir grandi dans les années 30. C'est peut-être ce qu'il a écrit s'approchant le plus d'une autobiographie, même si aucun des personnages du livre ne le représente vraiment (il a un peu de Ralph et un peu de Dippy, le clown de la bande). Le livre, aussi amorphe et naturaliste qu'il soit, nous donne en tout cas une idée assez précise du milieu d'où il sortait (lower middle class), du langage qui prévalait à l'époque, des expressions en usage. Dans un interview pour un journal local, Goodis a un jour déclaré qu'il évitait de mettre ses amis dans ses romans, « même s'ils étaient toujours après lui pour qu'il le fasse ». « Je veux pouvoir me détendre avec eux et non pas les observer ou les traiter comme un matériau de fiction. » Très peu de ses amis semblent avoir beaucoup lu ses romans, ayant généralement abandonné très tôt la bataille après les succès initiaux (beaucoup trouvaient en effet ce *genre de romans* indignes d'eux, ce que les Français ont peut-être peine à imaginer mais qui est tout à fait naturel et compréhensible quand on sait la façon dont ces livres étaient perçus, présentés, illustrés, et dans quels lieux d'infamie ils étaient généralement vendus). Mais si les amis dont je parle avaient lu *The Blonde on the Street Corner*, par exemple, il est à parier qu'ils se seraient reconnus en partie, ou, du moins, auraient reconnu l'olibrius qui dans la bande de North Philly disait toujours « What *is* this ? » à tout propos, comme Dippy.

1. Inédit en France.

7

Un maître du superficiel

Je m'attendais évidemment au pire en allant à Philadelphie. Randy Newman ne lui a pas encore fait un sort ni écrit de chanson désobligeante sur elle comme il l'a fait pour Baltimore ou Cleveland, mais, au hit-parade des sales coins de l'Amérique, Philadelphie n'est pas loin derrière. On n'a d'ailleurs pas attendu Newman pour débiner cette ville réputée culturellement molle et socialement rigide. Plusieurs générations de comédiens de vaudeville s'y sont employé, avant et après W. C. Fields. « Premier prix : une semaine à Philadelphie. Deuxième prix : Deux semaines à Philadelphie. » Les plaisanteries de ce genre ne se comptent plus. Récemment les films de Sylvester Stallone ont donné une image un peu plus actuelle de la ville, mais guère plus attrayante. On entrevoit les réalisations et divagations de la rénovation urbaine — dont la fameuse pince à linge, statue peut-être érigée au genre de dérision dont je parlais plus haut ; mais pour le reste, le film aurait pu avoir été tourné à Manchester. Et puis il y a ces hivers réputés effroyables, venteux et misérables. Mais il faut dire aussi que je manquais singulièrement de références — littéraires ou autres. Pour moi c'était la ville des quakers, brièvement d'Edgar Poe, et surtout celle d'un des plus grands naturalistes et paléontologues américains nommé Edward Drinker Cope, qui m'avait beaucoup préoccupé durant plus d'un an à une époque où j'avais eu la naïveté de vouloir contribuer au renouveau du Western. Je me suis d'ailleurs empressé d'aller voir sa fameuse maison sur Pine Street, celle dont les plafonds et les sols croulaient littéralement sous le poids des fossiles et fémurs de dinosaures. Mais à part ça, mon seul guide était Goodis, ce qui ne m'avançait pas beaucoup : car si Goodis trace assez soigneusement ses périmètres, on ne peut pas dire qu'il ait jamais vraiment décrit

Philadelphie — sauf peut-être dans *le Casse*. Les noms de rue sont là dans les livres, on se fait une vague idée des quartiers comme Port Richmond ou Germantown, on sent la présence constante des deux rivières, la Delaware à l'est et la Schuylkill à l'ouest, mais c'est à peu près tout. Goodis ne nous fait pas connaître Philadelphie comme Chandler Los Angeles ou Hammett San Francisco. Alors pour moi Philadelphie était plus un climat qu'une ville ; et un climat de chien : humide et chaud en été, épouvantable en hiver. Je n'étais même pas foutu de prononcer Schuylkill [1].

J'ai donc été d'autant plus surpris de trouver une ville si agréable et excitante à découvrir. Les villes excitantes aux États-Unis sont finalement peu nombreuses. Philadelphie est une des plus immédiatement accessibles, et en même temps une des plus déroutantes. J'ai studieusement évité toute la partie historique et touristique, et autres cloches de la Liberté. Je ne l'ai entrevue qu'au hasard des courses et des rendez-vous. Peut-être est-ce aussi pour cette raison que j'ai aimé la ville : j'avais des choses à y faire — ce qui fait toujours une grosse différence. Philadelphie est une ville singulière, qui aurait presque tiré avantage de sa calamiteuse décroissance démographique et économique restée à peu près constante depuis 1950. Première capitale de l'Union, et pendant un temps deuxième ville anglophone du monde après Londres, Philadelphie s'est depuis longtemps résignée à n'être plus qu'un centre régional. Et depuis le déclin des mines de charbon et de l'acier en Pennsylvanie, ce n'est même plus un centre très vital. Le premier ordinateur américain, Eniac, a été construit ici en 1945, mais Philadelphie n'a jamais su (ni même fait trop d'efforts pour) garder aucune industrie de pointe.

C'est une ville avec des rues, des vraies. Le centre-ville a gardé beaucoup de bons quartiers rénovés et aujourd'hui florissants avec des rues comme Chestnut, Pine, Walnut, Locust ou Spruce, des rues cossues et attrayantes dont les façades georgiennes rappellent immanquablement l'Angleterre. Mais les changements sont brutaux : en une rue seulement, passé South Street par exemple, on tombe sur des poches de misère bien pires que celles que j'ai vues dans aucune autre ville d'Amérique. Les rues et les façades de brique accentuent encore le côté misérable et défoncé de ces

1. Prononcé comme *School* et *Kill*.

ghettos. Une des singularités de Philadelphie, c'est que la plus grande richesse y côtoie la plus grande misère : certaines des plus grandes fortunes d'Amérique résident à Philadelphie depuis deux siècles, dans les propriétés cachées le long de City Avenue ou dans les quartiers exclusifs comme Chestnut Hill, au nord de Fairmount Park. Le Philadelphia Cricket Club de St-Martins n'est pas tellement loin des rues miséreuses de Germantown où une des plus grandes activités du dimanche semble être le commerce ouvert des enjoliveurs volés ailleurs : une sorte de bénin marché aux voleurs avec d'innombrables étals aux trésors chromés.

Philadelphie est aussi la ville où les riches jouent à tous ces jeux qui ne se pratiquent nulle part ailleurs dans le pays, ou très peu, comme l'aviron, le cricket — sans parler du polo. C'est la High Society, avec ou sans Grace Kelly ; celle qu'on ne voit jamais quand on visite, parce que l'argent à Philadelphie se doit d'être invisible, l'ostentation étant la pire des disgrâces sociales. Je m'en apercevrai bien vite en rencontrant un à un les amis de Goodis, qui sont presque tous issus de familles aisées, même si aucun ne pourrait être à proprement parler qualifié de « Mainliner ». Dans *la Garce*, on apprend ce que c'est qu'un Mainliner. Ironiquement cela veut dire un junkie, un drogué, en argot de police. Mais, à Philadelphie, cela désigne les gens de la haute, ceux qui habitent au-delà de City Avenue ou de Township Line Road. La famille de Grace Kelly faisait partie des Mainliners, comme celles qui envoient leurs filles à Bryn Mawr. Il y a très peu de Mainliners dans les romans de Goodis, à part le Leonard Halvery de *la Garce* (« the blond and beefy chunk of uptown heir », « le joueur de football, le joueur de polo... les courses de hors-bord dans le New Jersey... Montana Saddle... ») ; en général les Mainliners des livres de Goodis ne sont là que pour se faire cambrioler.

Paul Wendkos avait généreusement prévenu Leonard Cobrin de mon arrivée et m'avait donné le numéro de celui qui, à son avis, était « un grand ami de David, et l'homme le plus drôle que je connaisse ». Au téléphone, Cobrin avait la même voix que Wendkos, les mêmes inflexions cultivées, les mêmes fins de phrases traînantes, comme s'il attendait d'en entendre l'écho pour continuer. Cobrin a une grosse affaire d'immobilier à Philadelphie et est très pris dans la journée, mais il m'a aimablement proposé de passer la soirée du samedi soir avec lui. « Je dois sortir avec une dame, mais si ça ne vous dérange pas... » Dans un bar d'hôtel et devant un Tankeray old-fashioned, il m'a dit comment il avait rencontré Goodis en 1937 et était resté ami avec lui jusqu'à la fin. « Il nous rendait souvent visite, à ma femme et moi. Mon fils se souvient encore très bien de lui, parce que David jouait avec lui. Il se souvient surtout des fameuses pastilles de menthe, qui pour David semblaient être une sorte de remède universel.

« Je me souviens aussi lui avoir rendu visite à Hollywood au printemps 1947. J'avais fait toute la route en voiture, mais, bien entendu, là-bas David insistait toujours pour qu'on prenne la sienne, la Chrysler décapotable dont vous avez sans doute déjà entendu parler. Elle avait 10 ans au moins. Elle était vraiment pourrie. En plus de ça, il avait acheté ces masques à gaz dans un magasin de surplus et il vous forçait à les porter. Et vous ne savez pas où il nous a emmenés ? A un bal des infirmières, ou des secrétaires, j'ai oublié. J'avais fait toute cette route pour être à Hollywood avec le grand scénariste, et il m'emmenait au Bal des secrétaires ! J'ai dû le menacer quinze fois de ne plus jamais le revoir s'il ne m'invitait pas à déjeuner au moins une fois chez Warner. Finalement il l'a fait, la veille de mon départ... Le soir, il sortait vêtu d'un peignoir de bain bleu et d'une veste de pyjama. Avec Norkin, ils allaient chez Will Wright's Ice Creams et ils faisaient leur cinéma : au dernier moment Norkin refusait de payer pour les glaces, et David se mettait à sangloter, il suppliait à genoux... Ils attiraient les badauds... C'était un de leurs numéros ; un parmi beaucoup d'autres. »

Cobrin est un homme qui paraît encore jeune, au nez aigu comme son sourire. Il porte des lunettes fumées, aime manifestement la vie, possède un goût prononcé pour les blagues douteuses et off-color, et est un inconditionnel de Sinatra. Dans sa voiture, comme on va chercher son amie Myrna, il s'excuse et allume la radio : tous les samedis, il écoute sans faute cette émission qui ne passe que du Sinatra. Durant les publicités, il en profite pour faire le guide et me fait admirer Fairmount Park et ses routes si joliment tracées, ainsi que le musée de Philadelphie et l'attraction de la saison : la statue de Rocky encore scellée sur son socle devant les marches du musée, huit mois après la fin du tournage de *Rocky III*. On parle un peu des fils prodigues. Et des prophètes en leur pays. Philadelphie a toujours été très dure avec ses grands esprits, qu'elle n'honore jamais, ou bien trop tard. Le musée offre justement une rétrospective de l'œuvre de Thomas Eakins, celui qu'on a surnommé le Manet américain. Eakins était un peintre de Philadelphie, mais c'est ailleurs qu'il lui a fallu aller pour se faire reconnaître comme un des plus grands artistes du pays. Mais Cobrin n'est pas complètement pétri de respect et d'admiration envers sa ville : en passant devant l'Hôtel de Ville, il me montre William Penn perché là-haut sur le dôme et me sort la plaisanterie rituelle sur l'érection du grand fondateur. Le parchemin qu'il tient sous sa tunique fait effectivement une bosse assez comique et équivoque, vue sous un certain angle. Cela me donne aussi une petite idée de l'angle sous lequel Cobrin, Goodis et ses amis voyaient les choses.

On passe prendre Myrna à son appartement. Elle ressemble à Barbra Streisand, nous met *Sur la mer calmée* en sourdine et nous sert du vin sucré. Ensuite, on repart dans les rues de Philadelphie en quête d'un restaurant. Cobrin en profite pour me faire faire un petit itinéraire des endroits que Goodis fréquentait parfois.Au coin de South Broad et Walnut Street, il arrête un instant la voiture devant les marches d'un vieil hôtel de luxe, le Bellevue Stratford. « C'est là que j'ai vu David pour la première fois, en 1937. Le grand sport à l'époque c'était d'entrer aux bals du Stratford sans payer. Lui avait sa bande du Westside et ses amis, moi j'avais les miens. On courait après les mêmes filles. Mais même avant de le rencontrer, j'avais déjà entendu parler de lui ; il était déjà fameux dans la clique à Norkin. Ce soir-là il a fait un de ses fameux saignements de nez, juste là, sur ces marches… »

On passe devant l'Academy, fief de l'illustre Philadelphia Philharmonic. Cobrin indique un parking voisin : « Là c'était Pep's Bar, un autre endroit où traînait David. Et là, au coin de Spruce et Broad, il y avait le Lincoln Theater. Maintenant c'est un centre médical mais, à l'époque, c'est là que se produisaient tous les orchestres de swing, Lionel Hampton et tout ça. Et là, ce club ne s'appelait pas le Bijou, c'était le Showboat. David ne m'emmenait jamais dans ses excursions chez les Noirs ; sauf une fois, au Showboat justement. Il m'a dit que la nuit d'avant il y avait eu du grabuge à cause de lui, alors il fallait se tenir à carreau et se faire oublier. De fait, on est restés tous les deux ; personne ne semblait le connaître ni faire attention à lui. Presque tous les endroits qu'il fréquentait n'existent plus aujourd'hui. Il y avait aussi le Blue Note ; et Linton's, une cafétéria ouverte toute la nuit, sur North Broad et Spring Garden. David adorait traîner là-bas très tard, devant une tasse de café. Linton's était pourtant un endroit mal fréquenté, je crois même qu'une fois il s'est fait attaquer en sortant et fait tabasser à coups de tuyau de plomb. Il avait la tête pas mal esquintée. Mais c'est un miracle qu'il ne lui soit pas arrivé pire que ça dans sa vie, parce qu'il était tout le temps en train de faire le clown ou de faire marcher les gens : il faisait mine de se prendre le pied dans un rail de tramway juste quand un tram arrivait ; il attirait vingt, cinquante personnes avec ce truc-là. Ou alors il faisait mine d'être coincé dans la porte-tambour d'un grand magasin. Les bonnes femmes, ça les rendait folles...

« Ça pouvait aller avec ses manières à table. Il se collait toujours ces satanées cellophanes de paquets de cigarettes dans le nez, et il vous regardait d'un air parfaitement innocent. Les serveuses des fois trouvaient ça tellement dégueulasse qu'elles appelaient le proprio... Même chez lui, il avait des manies déconcertantes. Quand sa mère est morte, on est allés lui rendre visite, ma femme et moi. C'était quelques jours après l'enterrement, et il était tout seul chez lui. Son frère devait encore être à l'hôpital, pour changer. Je ne l'avais jamais vu dans un pareil état : sale, déprimé ; il se laissait manifestement aller. Finalement ma femme l'a persuadé de manger un peu, et il a consenti à se faire cuire un œuf. Pas deux, pas trois, mais UN œuf. Brouillé. Et pas moyen de lui faire accepter que ma femme lui prépare son foutu œuf. Dans la cuisine il a choisi la plus grande poêle qu'il a pu trouver ; une grosse en fonte. Ensuite il a battu son œuf dans un bol et l'a versé au milieu de cette poêle immense. On aurait dit Chaplin en train de faire cuire ses lacets dans *la Ruée vers l'or.* Et bien sûr David a mis autant de temps à manger son œuf qu'à le préparer. C'était comme un ballet, lent et exaspérant. L'image m'est restée , et chaque fois que je repense à David je revois cet œuf brouillé au milieu de la grande poêle. C'était vraiment lui : il faisait toute une histoire de rien du tout. Une cravate... Un costume... Il leur inventait une histoire, une provenance mystérieuse, ou alors il s'inventait une bonne raison pour porter justement ce vêtement-ci. David était un maître du superficiel.

« Quand le film *l'Arnaqueur* est sorti, on ne pouvait plus le tenir. Il s'est soudainement découvert un grand talent de blouseur. On faisait toutes les académies de billard, et même les arrière-salles de bars qui avaient une table. Et il jouait le jeu jusqu'au bout ; il parlait toujours d'aller mettre la pâtée à Minnesota Fats... A tel point qu'on s'est cotisé à plusieurs et un jour on lui a offert une queue de billard dévissable, avec un étui. Comme celle d'Eddie-Vite-Fait dans le film. Il était ravi, c'était évident. Mais il nous a fait promettre de ne rien dire à son frère et nous a demandé de garder la queue ; il nous la demanderait quand il voudrait s'en servir. Il avait peur de faire de la peine à Herbert ; peur de le rendre jaloux, peut-être. Déjà qu'il jouait mieux que lui... Son frère Herbert était psychotique, il avait des crises et dans ces moments-là pouvait se montrer assez violent. Autrement il était bon gars, un peu effacé, un peu terne. Mais David a toujours éprouvé une sorte de culpabilité envers lui, quelque chose de très fort. Pourquoi, ça je n'ai jamais su. On n'en parlait jamais... »

8

Under the Boardwalk

Il y a combien d'habitants à Atlantic City ?

Anna Karina,
dans *Made in USA*.

C'est dimanche à Philadelphie, et c'est un peu mortel pour qui ne connaît encore personne. J'ai des rendez-vous lundi et mardi, mais rien à faire aujourd'hui. Je décide d'aller faire une virée à Atlantic City, et peut-être pousser ensuite jusqu'à Cedarville et Nantuxent Cove au nord de Delaware Bay — en l'honneur des Avaros. Mais la qualité de la matinée semble malgré tout idéale pour aller d'abord faire un tour au cimetière. La veille j'ai appelé neuf cimetières avant de tomber sur le bon. Heureusement Goodis n'est pas un nom courant, même à Philadelphie. David Goodis repose en famille dans le Jardin des Souvenirs ; c'est ainsi que s'appelle la section du Roosevelt Memorial Park où il est enterré. Le cimetière n'est pas très vaste, coincé entre le Pennsylvania Turnpike et une autre autoroute, presque dans l'ombre du Lincoln Drive-In qui ce jour-là affiche *Garters and Lace* [1] et *Porno Hot Lunch.* Le Keystone Race Track, l'hippodrome, n'est pas très loin ; et l'American Motel, juste en face, semble propice aux rencontres illicites. Devant tant d'ironique désolation, même sous le soleil d'été, je repense brusquement à la tombe de Chandler, sur cet infâme coteau à la sortie de San Diego ; près d'une autoroute lui aussi, et au milieu des mobile-homes. Laideur américaine très appropriée, peut-être, même si Chandler avait expressément demandé à être incinéré (sans doute parce que toute sa vie il a été un voisin irascible ; on l'a néanmoins enterré, et à San Diego, ville qu'il détestait).

Goodis au moins est en famille. Il y a même un banc de pierre marqué GOODIS pour bien souligner les pénates. Ses parents, William Goodis et Mollie Halpern Goodis, se partagent une plaque

1. *Jarretières et Dentelle.*

en bronze bordée de lierre, ornée d'une petite étoile de David à gauche et d'un candélabre à sept branches à droite. Les deux frères ont une tombe identique : mêmes plaques, mêmes étoiles de David, mêmes bordures de lierre, et mêmes inscriptions en yiddish et en anglais : « Beloved son and brother », DAVID L. GOODIS, 1917-1967. HERBERT GOODIS, 1923-1971. Le père est mort en 1963, la mère en 1966. Presque tous ensemble. La tombe d'un petit frère, Jérôme, mort à trois ans d'une méningite, ne se trouve pas avec le clan.

Les Philadelphiens ne disent jamais « la plage », ni même « Atlantic City ». Ils disent toujours « the Shore ». Et ils prennent presque toujours l'Expressway. Moi je me suis fait une fête de rester sur le Black Horse Pike, la vieille route 322 — à cause du *Casse* bien sûr. C'est sur le pike que Harbin et ses deux nerveux congénères foncent dans la nuit et sous la pluie dans une Chevrolet orange ; avec les émeraudes. Et c'est sur le pike que cet abruti de Dohmer tire une balle en pleine figure du flic bonnasse qui les arrête pour excès de vitesse. C'est une des rares bonnes scènes du film aussi, stridente et nerveuse — hystérique, presque. La route, elle, est plate et inintéressante. On se croirait quelque part dans le Devon, et certainement pas en train de traverser l'« aisselle de l'Amérique », comme on surnomme toujours le New Jersey. Le terrain est sablonneux, les pins rares et maigres. Le paysage n'est ni agricole ni industriel ; seulement sauvage. Un peu avant d'atteindre Atlantic City, on traverse des zones marécageuses comme celles qu'on voit dans *The Burglar*. Harbin et Baylock sont planqués dans une cabane au milieu des roseaux. Ils sont près de l'eau et ont besoin d'un bateau.

Bien sûr Atlantic City n'a plus le côté suranné et cradingue qui plaisait sans doute à Goodis. Depuis quelques années la ville fait la pige à Las Vegas, mais on ne peut pas dire que le face-lift soit très heureux. L'Ocean City, le vénérable hôtel de *King of Marvin Gardens,* est devenu un casino. Il est poudré et enjolivé comme une vieille poule. Comme tous les autres, d'ailleurs, le long de Pacific Avenue et du Boardwalk : le Claridge, le Resort, tous affublés des fards du Nevada. La banderole à l'entrée de la ville clame en très gros : ATLANTIC CITY, PLAYGROUND OF THE WORLD ; mais ce n'est qu'un Reno ensablé. Il n'y a que du côté de Virginia Avenue, au nord, que je retrouve un peu l'Atlantic City de Goodis ;

Goodis avec ses parents ; avec son frère Herbert, 1939.
Avec la rédaction du Temple University News en 1938 (milieu, au deuxième rang). (Coll. de l'auteur. D.R.)
En Laurel et Hardy avec son cousin Edwin Sherman (Goodis est à gauche). (Coll. de l'auteur. D.R.)

PHILADELPHIE

Le Red Baron, en piqué sur la plage d'Atlantic City, circa 1947. (Coll. de l'auteur. D.R.)

Avec Allan Norkin (à droite), 1947. (Coll. de l'auteur. D.R.)
Party chez Monroe Schwartz, circa 1951. (Coll. de l'auteur. D.R.)
En conversation avec Monroe Schwartz (à droite) et Joe Shor. (Coll. de l'auteur. D.R.)

ATLANTIC CITY

Goodis, « paperback writer ». (Coll. de l'auteur. D.R.)

PHILADELPHIE

1942-1946 : « Cinq millions de mots en cinq ans. » (Coll. de l'auteur. D.R.)

NEW YORK

Bar mitzvah chez les Fried, années 60. Dick Levy (les yeux fermés), et Goodis à droite. (Coll. de l'auteur. D.R.)
Goodis chez Monroe Schwartz en 1965. Sandy Schwartz, Allan Norkin, David Goodis. (Coll. de l'auteur. D.R.)
Goodis dancing the limbo. Grayson Hall derrière lui. (Coll. de l'auteur. D.R.)

PHILADELPHIE

Photo publicité Warner Bros., à l'époque de *Dark Passage,* en 1946. Bogart, Goodis, Bacall. (Photo International Museum of Photography / Georges Eastman House.)

Goodis dans sa chambre en 1963, au 6305 North 11th Street. (Photo Lawrence Kanevsky.)
La tombe de Goodis au Roosevelt Memorial Cemetery, juillet 1982. (Coll. de l'auteur. D.R.)

PHILADELPHIE

les hôtels et les pensions y sont restés minables d'une façon honorable : terrasses couvertes, chambres venteuses, magasins de souvenirs croquignols et désuets mais pas encore fabriqués en Corée. Une des deux jetées, Steel Pier, est fermée d'accès depuis l'année dernière. La structure croulait et a finalement été condamnée, me dit un flic quand il me voit enjamber la rambarde. Je lui demande si c'est bien de là que sautait la bonne femme avec son cheval, et il me dit que oui. Trente ans, ça a duré : tous les jours, parfois même plusieurs fois par jour, une femme sautait à cheval dans la mer d'une tourelle de plus de quinze mètres. Il y a eu plusieurs chevaux ; et plusieurs femmes. L'une d'elles était même aveugle, ce qui n'est peut-être pas un désavantage quand on fait ce métier. Dans le film de Wendkos on la voit fugitivement au bout de la jetée, sauter avec son cheval. Steel Pier et Million Dollar Pier étaient les deux arcades principales. En plus des machines à sous et des attractions, il y avait les pistes de danse, les entraîneuses, taxi-girls et les orchestres de swing de passage. Aujourd'hui seule Million Dollar Pier subsiste, et les attractions datent toutes des années cinquante. Il y a en particulier un train-fantôme incroyablement primitif et suranné, tout en contre-plaqué et astroturf. Tombes et squelettes semblent tous avoir été peints par un mongolien. J'étais le seul client.

Dans le film, Wendkos et Goodis n'ont pas pu résister à se faire la Dame de Shangai. On a droit à la poursuite dans la « funhouse », palais des horreurs et palais des glaces, malheureusement pas très bien faite. La fin du livre était pourtant si belle : bagarre sur le sable, sous les planches, la nuit. Gladden tue Charley, le flic véreux. Les gens ont entendu le coup de feu. Des formes s'agitent sur les planches, se penchent vers la plage obscure. Des formes « comme en céramique » se précipitent sur les escaliers d'accès. Gladden et Harbin courent ensemble vers la mer, passent les rouleaux en plongeant en dessous, se déshabillent et nagent droit devant eux en s'éloignant du rivage. Le dernier paragraphe est écourté et salopé dans la traduction française et ne rend pas très bien justice à la beauté ni au rythme de cette fin :

Il se dit qu'il était trop tard, qu'il ne pouvait plus rien pour elle à présent. Ils étaient très très profond dans l'eau et il s'aperçut qu'il n'avait plus d'air dans les poumons. Il se dit qu'il avait intérêt à remonter dare-dare à la surface. Mais, à ce moment précis, il aperçut les bras de Gladden tendus vers lui, et c'était de Gladden qu'il s'agissait, de l'enfant de Gerald, et il n'y avait qu'une chose à faire, la chose honorable. Il s'enfonça encore un peu plus pour atteindre Gladden ; il tenta de la soulever, de toutes ses forces, lui et elle dans l'eau mais sans y parvenir, et ils coulèrent ensemble tous les deux.

C'est un de ces passages brillants comme il en a parfois, une ou deux pages d'écriture soutenue — unique. Mais ces moments sont rares ; trop rares. Toujours est-il que cette scène finale, comme celle où son héros se trouve entraîné par un rouleau, ou comme celle qui ouvre *la Pêche aux Avaros,* sont de toute évidence écrites par quelqu'un qui a pris la tasse au moins une fois dans sa vie ; qui connaît la panique de la noyade. Plusieurs de ses amis m'ont dit que Goodis était bon nageur et adorait Atlantic City, mais aussi qu'il était toujours à lancer des défis idiots et impossibles. Il est très possible qu'il se soit trouvé en difficulté plus d'une fois.

Je n'avais pas relu ni vu *The Burglar* avant de venir à Atlantic City. C'est donc un hasard assez étrange qui m'a amené sur la plage à dix heures du soir. J'essayais seulement de fuir un moment les néons et les gueuleries des boutiques et casinos du Boardwalk. Le sable n'était pas totalement obscur, et l'écume rayait périodiquement le noir de la mer, renvoyant les illuminations des planches et ses lumières de bastringue. En revenant sur les planches, je suis tombé sur un kiosque où jouait une petite formation de swing. Il y avait des gens sur des chaises, tous vieux et épuisés, très gris sous la lumière. Avant ce moment recueilli, j'étais tout de même allé manger des fruits de mer dans un de ces vénérables établissements aux murs rutilants et carrelés comme ceux d'une poissonnerie. Les clams à l'étuvée étaient énormes et pas très bons ; vaguement obscènes. Le bavoir à homard m'a quand même ramené à la case départ et rappelé que Marvin Gardens n'était que l'équivalent américain de la rue de la Paix ou de la rue de Vaugirard du « board » de leur jeu de Monopoly. Un jeu qui n'en valait finalement jamais la chandelle. Goodis parle rarement de bouffe dans ses romans, et je le regrette. J'aurais bien aimé pouvoir allier le pèlerinage gastronomique à mon petit chemin de croix. Pour marquer le coup j'ai quand même consciencieusement essayé la black-bean soup, avec des oignons crus dessus ; et la snapper soup, en me demandant vaguement d'où venaient les tortues.

Je dois avouer ici que mes préférences en ce qui concerne les romans de Goodis dépendent presque toutes d'éblouissements de jeunesse, justifiés ou non. N'ayant pas trop aimé *le Casse* à l'époque, il m'est très difficile aujourd'hui d'y trouver beaucoup de charme. Je sais seulement que c'est le roman favori de beaucoup d'aficionados de Goodis, en particulier d'Arnold Hano, son directeur de collection chez Lion Books, qui considère le livre comme un roman d'action de première bourre. Moi je n'ai jamais vu ce que Truffaut pouvait bien lui trouver, par exemple. Il a déclaré plusieurs fois avoir eu l'intention de faire un remake du *Burglar,* peu après *Tirez sur le pianiste !* Mais les droits appartenaient à Columbia et ils étaient probablement inabordables. Dans l'interview télévisée, déjà plusieurs fois citée, Truffaut dit qu'il adorait le livre, « parce qu'alors là l'élément poétique de la Série Noire dont je parlais tout à l'heure était complètement évident. Il y a un jeune garçon qui s'échappe d'une maison de correction et qui se réfugie chez un vieil homme. Il y a ce passage que j'aime beaucoup où il dit : " Je demandai à ce vieillard quel était son métier ; il me répondit : *J'entre dans les maisons, je suis cambrioleur " ».* C'est en effet assez beau ; mais le plus beau c'est peut-être que ce passage n'existe ni dans le roman ni dans le film, du moins pas formulé ainsi. Il n'existe que dans la mémoire d'un lecteur. Et c'est peut-être ça, finalement, « l'effet Goodis » (comme disent les journalistes) ; on n'en retient qu'un souvenir, pas toujours juste, mais qui ne vous lâche jamais vraiment. Que cette seule phrase ait donné envie à Truffaut d'adapter *le Casse* n'est guère étonnant : c'est bien dans sa manière d'avoir besoin d'incongruités arbitraires comme celle-ci pour y bâtir ses châteaux de sable. Mais qu'il soit resté accroché sur une phrase du livre qui n'existe pas est à mon avis encore bien plus beau, et en dit bien plus long sur Goodis et tout le cinéma que s'en font les Français.

« Il y avait déjà eu un film joli que j'aimais bien, celui de Paul Wendkos, poursuit Truffaut. Mais il y avait tout de même une erreur de casting fantastique sur le personnage de la jeune femme... » Cest un miséricordieux euphémisme : Jane Mansfield n'a rien du personnage falot et maladif décrit dans le roman. La seule seconde de vérité est peut-être quand elle demande : « Tu me crois idiote, peut-être bien ? » Mais elle est loin d'être la plus mauvaise :

l'acteur qui joue le bilieux Baylock devait avoir au moins trois ans de Petit Théâtre derrière lui quand il a fait le film. Il se croit encore manifestement sur les planches (en fait il n'arrive même pas jusqu'à celles d'Atlantic City, il se fait buter avant). Le grand escogriffe qui joue l'autre complice n'est pas mal, tout comme Dan Dureya — qui a l'air plus râpé et décoloré qu'un dessus de lit de motel. Martha Vickers est désolante. Même en short ou en corsaires, elle n'est pas prête de faire oublier la petite sœur vicieuse du *Grand Sommeil.* En fait c'est elle qui aurait dû jouer le rôle de Gladden, et Mansfield celui de la poule qui séduit Harbin. Qu'importe : l'extrême faiblesse de la distribution ne rend que plus flagrantes les fautes de Wendkos et Goodis, mais n'en est pas responsable. Les vrais fautifs sont Wendkos à cause de ses ambitions un brin prétentieuses peut-être — et en tout cas mal réalisées ; et Goodis à cause de ses dialogues interminables et ses flash-back hilarants tout droit tirés de *The Twilight Zone.* La mise en scène de Wendkos était peut-être audacieuse en 1957, mais elle ne supporte guère la revoyure aujourd'hui. Son film est plein de fausses bonnes idées : les actualités du pré-générique (mal réalisé), l'atmosphère claustrophobe des longues scènes d'intérieur, etc. Wendkos a beau essayer d'alléger tout ça par une abusive ou amusante gymnastique de caméra (il filme du plafond, ou du fond d'un coffre dévalisé), toutes ces scènes d'intérieur restent très influencées par le style télé new-yorkais des années 50, la fameuse école *Kitchen Sink* qui nous a donné, pour le meilleur mais surtout pour le pire, des gens assommants comme Delbert Mann, ou Paddy Chayevsky.

Pourtant dès qu'on sort de la planque et qu'on prend la route, le film s'anime un peu ; Wendkos a manifestement conscience de faire son morceau de bravoure dans les deux dernières bobines. Il reste que Goodis semble encore plus responsable ; il aurait dû se souvenir de ce qu'il disait des auteurs adaptant leurs romans dans son interview à propos de *Dark Passage* et de Delmer Daves. Voulant sans doute échapper à une transcription trop littérale de son roman, Goodis s'en éloigne parfois assez inutilement, comme ce début du film qui se veut humoristique mais qui n'est que lourdingue (Sister Sarah et sa satire des charlatans de ce genre). Et puis il y a la nature soporifique des dialogues, le côté statique et congestionné du film qui rappellent avec un peu trop d'acuité les longueurs de *The*

Unfaithful. Il m'a été donné de voir *The Burglar* et *Nightfall* le même soir dans un living-room de West Hollywood, chez un particulier qui en possède des copies 16 mm. Voir le film de Tourneur après celui de Wendkos était un peu comme ces réclames Alka-Seltzer à la télévision américaine : Poum, poum, what a relief it is ! *Nightfall* date pourtant de 1956, une année d'écart seulement, mais son solide classicisme offre un contraste criant avec les audaces foireuses du *Burglar.* C'était pourtant un film aussi grandement fauché que celui des entrepreneurs de Philadelphie : une production Copa, la petite compagnie que Ted Richmond avait en association avec Tyrone Power et qui bénéficiait d'une distribution Columbia mais aussi d'un budget nécessairement limité. Ceci voulait surtout dire pas d'acteurs chers, et on transposait l'action de New York à Los Angeles. Les scènes du Wyoming ont été filmées au pied des Eastern Sierras près d'Independence — à quatre heures d'Hollywood et non à Jackson Hole comme on le dit dans le film.

C'était l'époque où Sterling Silliphant était encore l'excellent et prolixe scénariste qui signait les meilleurs épisodes de *Route 66, Naked City* ou *The Lineup,* tous ces feuilletons télé qui servaient de pépinière aux futurs metteurs en scène d'Hollywood comme Siegel ou Peckinpah. Silliphant n'était pas encore devenu, comme on l'a surnommé plus tard, « la machine à écrire la plus chère du métier ». La plus pompeuse aussi. Les rares critiques qui ont écrit sur *Nightfall* font toujours le rapprochement entre ce film et *la Griffe du passé*, sans doute à cause de Tourneur, de la structure en flash-back et aussi parce qu'une bonne portion des deux films bénéficie de glorieux extérieurs tournés dans les Sierras (le patelin de *la Griffe du passé* était Bridgeport, entre Independence et Tahoe). Mais si ce film rappelle quelque chose finalement, c'est avant tout David Goodis et le climat de ses livres : consciemment ou non les auteurs ont retrouvé cette qualité de mauvais rêve qu'avait le roman ; les méchants apparaissent et réapparaissent aux moments les moins probables sans aucun souci de plausibilité dans l'intrigue — comme dans un cauchemar dont on n'arrive pas à se sortir. Et c'est bien ce qui arrive à Vanning, justement. Il y a aussi cette même coupure très nette entre les scènes de ville et le dénouement final à la campagne ; comme dans *Tirez sur le pianiste !* la fin se déroule dans la neige. Contre toute attente, Aldo Ray est très bien dans le rôle de

Vanning — plus goodisien que Bogart, par exemple, et presque aussi parfait qu'Aznavour. Il est bien sûr difficile d'imaginer des crayons et des pinceaux d'illustrateur commercial dans la grosse patte de cet athlète de football bombardé acteur et bourreau des cœurs par Harry Cohn (et par le plus grand des hasards). Mais son manque d'expression même, sa voix cassée et son physique banal conviennent parfaitement au rôle de Vanning ; il a ce côté *éteint* de presque tous les personnages de Goodis.

Tout le long du film, Silliphant fait ce que Delmer Daves aurait peut-être dû faire davantage sur *Dark Passage* (selon Goodis) : il invente constamment des petits trucs pour accélérer le mouvement, change certaines scènes pour les rendre plus jouables, et invente toute la fin (avec le chasse-neige) pour des raisons visuelles et pugilistiques que Goodis aurait sûrement approuvées. En fait, au lieu de dénaturer l'histoire de Goodis et ses personnages, ces petites inventions les renforcent : dans le restaurant italien, la fille a une raison plus plausible d'adresser la parole à Vanning. Elle a oublié son sac à main et a besoin de lui pour payer son martini-gin. Le dialogue est souvent drôle, avec des répliques plus mémorables que celles de Goodis. « Ces deux-là ressemblent à des serre-livres dépareillés », dit la fille en apercevant les tueurs. Ou ce petit échange d'amoureux dans le car quand la fille voit Vanning avec sa barbe de deux jours : « Je suis contente de ne pas être obligée d'affronter ça tous les matins. » Et il répond : « C'est pourtant ce que tu vas faire à partir de maintenant. » De la même façon, Silliphant et Tourneur améliorent considérablement le tandem de malfrats, selon une formule que Silliphant devait perfectionner par la suite pour Don Siegel dans *The Lineup* avec son duo de tueurs qui préfigurent Lee Marvin et Clu Gulager dans *A bout portant.* C'est la fameuse formule de « la Tête et les Jambes » : dans *The Lineup,* Eli Wallach est le psychopathe qui aime faire mal avant de tuer, comme « Red » dans *Nightfall.* Comme « Doc », l'autre tueur de *The Lineup* (ironiquement joué par un acteur patronyme, Robert Keith), Brian Keith joue un personnage plus contemplatif et plus philosophe. Il ne se salit jamais les mains et se contente de regarder son partenaire faire le boulot d'un air généralement désapprobateur. Il aime bien causer entre les passages à tabac ; il est finalement plus sadique que son acolyte, mais c'est une perversité intellectuelle.

Évidemment Brian Keith est admirable d'un bout à l'autre du film, comme dans presque tout ce que fait cet acteur méconnu.

Le film est aussi un régal pour qui habite Los Angeles ou en connaît la triviale archéologie : reconnaître au passage les kiosques à journaux (ceux de Las Palmas et Cahuenga), les bars comme le Firefly sur Vine Street ou des restaurants comme Fallati's ou Micelli's — établissements guère fréquentés de nos jours mais qui subsistent tout de même. Amusant aussi de constater que lorsque l'on passe à la reconstitution en studio du même restaurant italien, le kiosque à journaux est soudainement passé à côté et non en face, comme dans la réalité ; mais c'est la scène où les deux méchants apparaissent, après l'enchantement de la rencontre dans le restaurant. Une scène qui appartient au rêve, ou au cauchemar ; que la réalité décroche juste à ce moment-là vient renforcer cette impression finalement. C'est un de ces rares exemples où les aléas d'une production fauchée œuvrent dans le bon sens. Complètement fortuit, peut-être bien ; mais le vrai talent de Tourneur et Silliphant est justement de faire tant avec si peu. Ils font par exemple un usage saisissant des pompes à pétrole de La Cienega et Ladera Heights ; un usage *pratique,* ce qui est finalement la raison pour laquelle leur film marche si bien, quand ceux écrits par Goodis marchent si mal. C'est-à-dire moins de parlottes, plus d'idées visuelles et surtout de *bonnes* idées visuelles qui n'ont rien à voir avec le cinéma que Goodis fait dans ses romans, ses zoom-souvenirs, ses couleurs ou formes mnémotechniques, ses dialogues intérieurs, voix-off, fade-in, fade-out. De toute cette mise en scène de pacotille, seule cette voix intérieure colle vraiment à la page. Ironiquement c'est ce qui est généralement le plus mal rendu à l'écran ; seul Truffaut a su en faire bon usage.

Une autre bonne idée de Goodis est reprise dans le film, peut-être pas avec suffisamment d'emphase : c'est celle du voyeurisme, de la surveillance, de l'omniprésence d'une Agence supérieure qui sait tout. C'est une notion paranoïaque qui imprègne évidemment tous les films marquants des années 50 : le FBI n'est jamais bien loin. Dans ce cas précis, il s'agit d'un enquêteur chargé de retrouver l'argent pour la compagnie d'assurances, mais l'effet reste le même : celui du bocal. Vanning est de l'autre côté de la vitre (fenêtre, portière, jumelles) et on l'observe en train de se dépêtrer de tous ses ennuis pour des raisons qui le dépassent. C'est le schéma de *la Mort aux trousses* et d'à peu près tous les films d'Hitchcock. La notion de voyeurisme, de personnage sous surveillance, apporte une tension toujours très efficace au cinéma : *Chinatown* en reste l'exemple le plus triomphant. C'est aussi une notion presque toujours présente chez Goodis, mais rarement exploitée ou aussi bien réalisée que dans *La nuit tombe.* Les scènes d'intimité conjugale entre l'enquêteur et sa femme, leurs confidences et doutes sur l'oreiller, font plus qu'offrir un contraste entre le réconfort et la complicité domestiques et la solitude affolante de Vanning : elles représentent aussi une sorte d'anomalie pour Goodis. *La nuit tombe,* peut-être son meilleur roman, est le seul de ses livres où le point de vue soit travaillé à peu près logiquement. C'est presque la seule fois que Goodis semble se soucier tant soit peu d'un problème technique aussi élémentaire pour tout romancier sérieux. Même un écrivain comme James Cain, qui est le prototype du romancier « populaire » et qui a toujours souffert de cet opprobre auprès des critiques en dépit de son succès public phénoménal, s'en tenait méticuleusement aux règles de la narration qui régissent toute fiction un peu sérieuse. Ce problème du point de vue le rendait même souvent maboul. Cain voulait toujours savoir qui racontait quoi, et il allait même plus loin : il était incapable de commencer à écrire une fiction avant d'avoir trouvé non seulement un narrateur mais aussi une raison valable et plausible pour ce narrateur de prendre la peine de raconter son histoire. C'est une obsession chez Cain, un excès un peu futile qui le conduit souvent à des trucages bien maladroits (genre confessions dans un décor de chambre à gaz, ou journaux intimes) ; mais c'est une obsession qui trahit bien ses débuts : Cain vient du journalisme et a une sainte horreur de tout ce qui n'est pas plausible, explicable, vérifiable. Goodis, par contre, dont l'*alma mater* serait plutôt la radio et les pulps, ne s'embarrasse pas exactement de vraisemblance ni d'intégrité artistique. *La nuit tombe*, peut-être avec *Retreat From Oblivion* (son premier roman), est un des rares livres où l'on sent chez lui une volonté de bien écrire — ou plus exactement d'écrire « sérieusement ».

Il est aussi possible, bien sûr, que tout ceci ne soit qu'une heureuse trouvaille — complètement fortuite. Le reste de ses livres montre bien que Goodis ne s'est jamais vraiment débarrassé des facilités de style que se permettent presque tous les pulpwriters ; ceux qui écrivent au mot, à la quantité et à la commande. Goodis est un primitif qui ne s'est jamais vraiment donné le temps d'apprendre à écrire — comme il n'a jamais appris à taper à la machine (il tapait avec deux doigts). Le succès commercial est venu trop vite, presque du premier coup. D'où l'inégalité affligeante de la plupart de ses livres ; d'où aussi, peut-être, son caractère unique et attachant. Voilà un homme dont les livres sont grevés des pires poncifs et conventions romanesques, mais dont les meilleurs passages viennent des moments où il violente et bafoue toutes les règles, même celles de son vénal métier — la façon dont il joue des couleurs, par exemple, touche parfois à l'aberration. Et juste au moment où on se persuade que Goodis écrit décidément comme un décorateur ou un accessoiriste, on bascule dans un monde étrange fait de poncifs et d'idées reçues — mais fait avec tellement de risible constance qu'il ne peut s'agir que de quelque chose d'autre, quelque chose de plus. Est-ce bien un hasard si le cinéma semble ne jamais devoir le laisser tranquille, s'il a tenté à ce point les metteurs en scène, de Truffaut à Beineix (vingt ans après) en passant par Tourneur ?

Dans le meilleur des cas, ces cinéastes ont grandement amélioré les romans adaptés, d'abord parce que l'écriture laisse souvent à désirer, mais aussi parce que tous les éléments sont là : embryonnaires ou mal réalisés, mais disponibles. Silliphant et Tourneur n'ont fait que s'en servir pour leur film, mais sans servilité : ils inventent par exemple toute une séquence, celle de la présentation de mode chez Robinson's. Ils ont fait d'Ann Bancroft un mannequin et nous offrent une scène hitchcockienne très excitante sur les terrasses bétonnées de Robinson's et du Berverly Hilton (tout neuf, en 1956). Il faut voir Bancroft fausser compagnie aux deux tueurs, courir en hauts talons et création de Jean-Louis... Bancroft n'est certes pas le choix idéal pour jouer la mystérieuse et miséricordieuse Martha (devenue Marie dans le script) ; mais quand au bout de cette course éperdue elle saute dans le taxi avec Vanning et lui dit seulement froidement : « Tu es l'homme le plus demandé que je connaisse », personne ne songerait à se plaindre. Contrairement au *Cambrioleur, Nightfall* n'a pas bénéficié d'une sortie en salles à l'époque et est resté inédit en France jusqu'à un récent passage à la télévision. Le film de Tourneur mérite pourtant plus d'être vu et revu que ce *Burglar,* qui décidément ne casse rien. Il m'est difficile de vraiment saisir ce qui attire tant les cinéastes dans les romans de Goodis, si ce n'est peut-être qu'il leur fournit des *moments forts* — des scènes et des situations extrêmes qu'ils n'auraient peut-être pas osé écrire, ou inclure, dans un scénario original.

9

Black & Tan Fantasy

Dick Levy se définit lui-même comme compositeur et « musicien de jazz manqué ». Il habite une rue très goodisienne, derrière la prison désaffectée, dans ce qu'on appelle à Philadelphie une « row-house » ; les briques de la rue et des façades contiguës ne sont interrompues que par les perrons de pierre. Le quartier est encore très mélangé, racialement et économiquement, mais on sent qu'il s'en faudrait d'un rien pour qu'il connaisse la même redorure que les quartiers chics downtown. Dick Levy a organisé à mon intention une petite réunion du souvenir avec un autre compositeur et artiste de ses amis, Paul Garabedian, qui était à l'école avec Goodis du temps de Logan, quand il habitait encore dans la 10e Rue. L'accueil est chaleureux, l'hospitalité impeccable et généreuse, mais aussi étrangement solennelle. Dick est un homme essentiellement sérieux et semble tenir énormément à ce que justice soit rendue à la mémoire de David. Je finirai par comprendre que pour les deux hommes présents ce soir, comme pour une autre amie de Goodis que je verrai plus tard (ils se connaissent tous), mon arrivée et mon projet de livre a déclenché quelque chose chez eux : pas simplement les souvenirs attendris d'usage, mais une sorte d'admiration et de regret rétrospectifs à l'égard de leur ami David. C'est Jane Fried, l'amie en question, qui devait d'ailleurs le mieux formuler ce qu'ils ressentaient tous : « Il faut que vous compreniez qu'on était tous très jeunes ; on ne comprenait pas toujours à quel point David était un être exceptionnel. Il faisait juste partie de nos frasques de jeunesse. Ce n'est que maintenant, avec le temps, et aussi quand on se rend compte que vous les Français avez perçu confusément cette brillance et cette solitude chez David Goodis, ce n'est que maintenant qu'on réalise qu'il était peut-être l'être le plus unique, le moins conventionnel, qu'on ait connu de toute notre vie. Mais à l'époque on le considérait seulement comme le sempiternel " ami de la famille", que tout le monde adorait, bien sûr, mais qu'on ne prenait pas forcément au sérieux... »

L'autre chose qui semble unir ce cercle d'amis que je devais rencontrer peu à peu, c'est l'animosité qu'ils conservent tous à l'égard de la famille de Goodis, ou plutôt du fameux oncle dont j'entendrai beaucoup parler, William Goodis — qui était en réalité un cousin, et l'un des deux exécuteurs testamentaires nommés par Goodis. C'est William Goodis qui s'était par exemple occupé des funérailles, et il semble qu'il n'ait tenu compte que de la famille, ignorant ou voulant ignorer que les amis de Goodis viendraient en si grand nombre. Dick, Jane et Paul se souviennent tous de cette scène pénible. Herbert, le frère, qui était interné à l'époque, était présent mais apparemment bourré de sédatifs. Le salon funéraire que William Goodis avait choisi chez Rosenberg's & Raphael Sachs (une des nombreuses entreprises de pompes funèbres sur North Broad) était bien trop petit, et les amis, se sentant clairement exclus, étaient allés attendre le cortège un peu plus loin à l'Oaklane Diner, un café sur Broad tout près de la maison de Goodis. J'étais déjà familier avec l'Oaklane Diner bien avant que l'on m'en parle, l'ayant déjà repéré et photographié lors de mon excursion à la maison de la 11e ; c'est le genre d'établissement complètement irrésistible pour moi, tout en courbes et lignes fonctionnelles, rutilantes et fleurant bon les années 1940, le genre de wagon-restaurant comme il y en a encore tant sur cette partie de la Côte Est ; c'est une attraction d'autant plus fâcheuse que le café et la boustifaille de l'Oaklane sont presque plus redoutables que les serveuses à moustaches qui vont pourtant si bien avec le cadre : la même amabilité et invincibilité qu'un destroyer.

Rétrospectivement, et en en sachant aujourd'hui beaucoup plus que Dick ou Jane sur la famille de Goodis et sur ses vies gigognes qu'il tenait si farouchement et si méticuleusement séparées, je pense qu'il est fort possible que l'oncle ait été sincère, ou sincèrement ignorant : tout comme les amis de David ne semblent généralement pas avoir une idée très claire ou très juste de l'importance que sa famille avait pour Goodis, l'oncle devait être loin de se douter qu'il avait tant d'amis, et qu'ils viendraient en si grand nombre présenter leurs respects. Il n'empêche que Dick, Jane et d'autres encore semblaient partager ma curiosité et m'ont encouragé à chercher plus avant, suggérant par exemple d'essayer de retrouver le testament de David. En un sens, je le sentais bien, il était toujours resté une énigme pour eux. Il y avait son argent, d'abord. Qu'est-ce qu'il en faisait ? Combien en avait-il ? Qu'était devenue la fortune ? Même de son vivant c'était devenu un sujet de plaisanterie parmi les amis, et Goodis ne faisait assurément rien pour atténuer leur curiosité. Et puis il y avait Herbert et sa mort quelques années après celle de son frère, dans des conditions sordides, peu claires et pour le moins déplorables. Toutes des questions sans réponse qui semblaient intéresser les amis autant que moi.

Paul Garabedian est un compositeur, pianiste, chef d'orchestre ; c'est aussi un mime qui a écrit plusieurs pièces en un acte. Il ressemble à Daniel Ivernel : même tête de sculpteur-paysan, même lèvre bourrue. Il était à la Cooke Junior High School avec Goodis, quand celui-ci habitait encore Logan dans la 10e Rue. Il se souvient de David comme d'un môme agressif, bagarreur, même ; toujours en train de chercher à être le chef, malgré sa taille chétive... déjà en train de compenser... Dick Levy, lui, ne l'a rencontré que beaucoup plus tard, vers 1946 ou 1947. A cette époque, Dick était pianiste au CR Club, un club privé qui dépendait de Palombo's, un night-club connu pour sa clientèle soi-disant mafioso sur les bords. Dick, qui a été pendant un temps l'élève de Willie « The Lion » Smith, n'a pas poursuivi cette carrière de musicien de jazz. Il est devenu compositeur. Ce n'est pas au CR Club que David et Dick ont fait connaissance, encore qu'ils auraient pu. Dick habitait toujours chez ses parents, uptown, et c'est un ami commun qui avait amené David dans la propriété familiale (le père de Dick était un des principaux actionnaires de CBS et co-fondateur du réseau de télévision, avec William Paley).

« Je dois dire que David a fait grande impression à mes parents. Je le revois encore arriver dans l'allée en grand équipage dans son infâme décapotable. Elle était peinte, si j'ose employer le terme, en une espèce de noir terne ; et il avait de gros pare-chocs en aluminium, comme ceux qu'ont les taxis dans les grandes villes, ou les dépanneuses... Mes parents n'en revenaient pas. Ils n'avaient encore jamais vu pareille caravane à leur porte ; ni pareil excentrique, du reste. Mais David était à l'aise partout, et dans tous les milieux. Il avait le don de se fondre dans n'importe quel environnement, se montrer homme du monde aux manières impeccables, ou causer aux ouvriers dans les bars ou les cafétérias, ou aux musiciens noirs dans les clubs. David était un passionné de jazz, et c'est un peu ce qui nous liait. Il avait des disques chez lui, mais il n'était pas vraiment ce qu'on appellerait un collectionneur ; il n'était pas assez méticuleux ni maniaque pour ça. On allait souvent dans sa cave le soir, une espèce de sous-sol chez lui qu'il avait vaguement aménagé et qu'ils appelaient la " rec'room", son frère et lui ; pour " recreation", je suppose. Chacun amenait ses disques, et David sortait son kazoo, ou ce qui lui servait de kazoo — généralement un peigne et du papier à cigarette ; et il jouait sur les disques. C'est peut-être pour cette raison qu'il s'intéressait surtout au saxo-ténor. Bien sûr il adorait Basie, principalement la grande période swing de l'avant-guerre et surtout les morceaux up-tempo, tout ce qui balançait fort — ce qu'on appelait le jump à l'époque. C'était la grande époque de l'orchestre de Count Basie, quand Herschel Evans était au ténor avec Lester Young. Evans venait du Texas ; il avait un style très solide et ébouriffant qui contrastait avec celui de Lester Young. David préférait nettement Herschel Evans, mais il n'était pas le seul dans ce cas-là à l'époque : Basie rencontrait beaucoup de résistance, même parmi ses propres musiciens qui n'aimaient pas la façon de jouer de Lester. Son style était trop neuf, trop différent.

« David aimait aussi énormément Lionel Hampton, surtout quand il jouait en petites formations. Il adorait ce morceau, *Shuffling at the Hollywood,* avec un solo de Chew Berry. C'était un disque RCA Victor, je me souviens, avec Cozy Cole et Clydie Hart. Il y avait aussi *Central Avenue Breakdown,* toujours Hampton mais avec une autre formation... Nat Cole était au piano sur celui-là... »

Pour le reste on peut sans doute raisonnablement se référer aux disques déjà mentionnés à propos de *Cauchemar*. Il est à noter aussi que Goodis avait plusieurs autres amis dans la chanson ou la radio, dont un avec qui il aurait essayé de composer des chansons à une époque — un certain Morty Krause. J'entendrai souvent parler de Krause, parfois comme du « Fat Man ». Ce pianiste et compositeur de chansons (également « avocat ») excitait d'autant plus ma curiosité qu'il était une des rares personnes à avoir connu Goodis, et même partagé un appartement avec lui, quand celui-ci était à New York pendant la guerre — une courte période de « bohème » qui reste malheureusement difficile à documenter. Au début de mes recherches, j'ai bien retrouvé la trace du fameux Fat Man et même brièvement parlé avec lui au téléphone. Il était devenu acheteur pour une chaîne de restaurants de poisson, Sea Shanties. Il m'a promis de me faire une cassette, mais rien n'est jamais arrivé. Quand j'ai voulu le relancer plus tard, sa femme m'a appris qu'il était à l'hôpital dans un état grave. L'autre connaissance de Goodis appartenant de près ou de loin au monde du show-business était Ed Felbin, qui sous le nom de Frank Ford était assez connu dans la région comme annonceur, disk-jockey et publicitaire ; il devait plus tard avoir son propre talk-show, et devenir associé dans une chaîne de théâtres spécialisés dans les comédies musicales estivales, Valley Forge Music Fair. Il est aujourd'hui marié à un juge de Philadelphie.

Si on retrouve dans beaucoup des romans de Goodis sa préoccupation et son goût pour la musique, le seul écho de ces activités de jeunesse se trouve dans *The Blonde on the Street Corner,* un « roman » fantomatique et assez unique dans la production de Goodis, mais qui semble bien être une sorte de portrait impressionniste d'une certaine période de sa vie, avant le succès de *Dark Passage,* et des amis qu'il fréquentait à ce moment-là. Ralph Creel, le héros presque rendu maboul par l'inaction, la frustration et un horizon social complètement bouché (cela se passe en 1936), écrit des paroles de chansons que son pote Ken met en musique. Ni l'un ni l'autre ne semble trop y croire, même si Ken parle toujours de filer en Floride pour placer ses chansons. Si le roman — et sa noirceur — reste complètement superficiel, c'est peut-être ce que Goodis nous a laissé de plus personnel. Les frasques et les farces idiotes de Dippy, le clown de la bande, rappellent trop celles que les amis de Goodis adorent tant vous raconter pour qu'il puisse s'agir d'une coïncidence. Il fallait bien au moins deux personnages pour rendre un peu la personnalité de Goodis : Ralph fait le pendant à Dippy, depuis son pessimisme à couper au couteau, son intérêt pour la boxe et le pugilat en tout genre, jusqu'à sa situation familiale et ses habitudes hygiéniques.

Il serait bien sûr assez futile de pousser trop loin les parallèles. Les personnages esquissés dans *The Blonde* sont aussi des personnages de ciné, provenant d'un projet de film Warner avorté. Goodis ne se révélait que par reflets et par petits bouts. Comme presque tous les amis à qui j'ai pu parler, Dick Levy reconnaît qu'il y avait tout un pan de sa vie que David ne révélait jamais. « Certaines facettes de sa personnalité restaient cachées ; on sentait par exemple qu'il était sérieux et discipliné dans son travail, mais il n'en faisait jamais grand cas et n'en parlait jamais. Il était par contre très généreux dans ses encouragements envers les débutants ou les autres artistes ; il trouvait toujours quelque chose de bien dans ce qu'on lui montrait. Mais il était impossible à cerner vraiment. Même avec ses meilleurs amis, il gardait ses distances. C'était toujours lui qui vous appelait quand il voulait sortir ; jamais le contraire. Quand on l'appelait chez lui sa mère faisait invariablement le barrage et répondait toujours : “ David travaille. ” Pour vous donner une idée, je me souviens d'une fois où on était en train de le charrier à propos de son argent ; Stan Cooper était là, et je ne sais plus qui encore. Finalement David nous a regardés droit dans les yeux et nous a dit très sérieusement : “ Okay, les gars, je vais vous dire exactement combien j'ai, puisque ça a l'air de vous obséder à ce point ; voudrais surtout pas qu'on dise que j'ai des secrets pour mes amis... ” Et il nous annonce une somme comme, oh je ne sais plus, 30 000 $ peut-être. Mais sans rire ni rien. C'était sa façon détournée de dire qu'on ne saurait jamais. Le sujet était clos. Bien sûr, ce devait être infiniment plus que ça.

« Je ne l'ai entendu parler sérieusement qu'une seule fois, et c'était à propos des Noirs. Le racisme était une question qui lui tenait énormément à cœur, je crois, et plus qu'il ne le laissait paraître. Et ça n'a rien à voir avec la mode : quand le mouvement pour les droits civiques a commencé à faire du bruit, David n'a pas participé. Il en souffrait, je crois, personnellement ; il pratiquait une politique personnelle, pas sociale ni militante. Un jour il m'a dit qu'il ne pouvait pas comprendre un monde qui tolérait le racisme ; un monde comme ça n'avait pas d'avenir. Connaissant mon homme, j'attendais la pirouette ou la plaisanterie qui n'allait pas manquer de suivre cette réflexion. Mais ce coup-ci il était sérieux ; et infiniment triste. C'est la seule fois que je l'ai vu sérieux de toute ma vie. »

C'était probablement après son voyage aux Caraïbes, une rare trouée dans sa vie casanière : son séjour à Kingston et Haïti semble l'avoir assez marqué. Pour ses amis les plus superficiels, il n'en avait ramené que des histoires de vaudou et rodomontades d'usage. Mais Goodis avait été aussi profondément choqué par la misère qu'il avait vu là-bas et la condition des Noirs — à tel point qu'il en a fait la matière de son roman de 1955, *The Wounded and the Slain* (Descente aux Enfers). C'est un livre peu caractéristique pour Goodis, et presque le seul dans lequel la question soit abordée (avec, fugacement, *la Lune dans le caniveau*). C'est avec ce roman que Goodis atteint les limites de la bizarrerie, et, par soubressauts, de la grandeur aussi. Tous les thèmes présents dans ses autres livres sont ici exacerbés et prennent une dimension quasi hallucinante ; tout le masochisme foncier mais généralement latent qui sous-tend ses romans remonte ici à la surface comme dans un lavabo bouché. C'est un roman authentiquement aberrant et personnel — dans les limites et conventions criardes de la commercialité. L'écriture est à l'avenant. Une autre notion familière se trouve amplifiée dans *Descente aux Enfers,* celle du *slumming,* de l'encanaillement dans les bas-fonds. Déjà dans *la Lune dans le caniveau,* on voyait un de ces riches glandeurs d'uptown goûter les délices de la perdition et de l'abjection : Newton Channing préfère boire son whisky à une table bancale de Dugan's Den en compagnie de poufiasses avinées, plutôt que chez lui dans son quartier chic, mais si morne, et la maison familiale avec sa pelouse et son garage à deux voitures. Dans *Descente aux Enfers,* on trouve cet échange, entre Winnie, la grosse Noire derrière le comptoir d'un bouiboui, et James Bevan qui est venu se perdre dans ce bas-fond de Kingston entre Queen, Harbour et Barry Street :

Winnie *Why you not go back to hotel, where you...*
Bevan *... Where I belong ?*
Winnie *Yes. Dat is your place, mon. Dat is your category.*

Mais vers la fin Winnie change d'avis sur Bevan, ou du moins sur sa sincérité. Elle explique aux autres, qui veulent lui faire la peau : « Il est des nôtres. Sa peau est blanche mais ça fait rien. Il essaie de réparer, et il est des nôtres... »

Bien sûr il faut faire la part du fantasme, et cette profession de foi va de pair avec l'existentialisme de pacotille qui larde le roman tout comme son sensationnalisme un peu étonnant. Goodis fait ici véritablement les poubelles de la psyché : tout y passe, de la frigidité au viol en passant par le masochisme le plus sommaire et les « kicks » les plus « kinky ». On aimerait évidemment pouvoir réduire l'énigme Goodis au freudisme primaire qu'on trouve généralement tartiné dans ses romans. Rien n'est aussi simple, bien sûr, mais il ne faudrait pas non plus ignorer complètement les signaux qu'il nous offre. David Goodis, dans ses romans, ne se livre que par petits bouts, à petit feu — comme il faisait pour ses amis.

De man is trying to make repairs, and he is one of us...

Le bureau d'enregistrement des testaments à l'Hôtel de Ville de Philadelphie se trouve dans la salle 185. Sur le verre dépoli de la porte on peut encore lire ACCOUNTS AND RECORD ROOM, mais la peinture dorée est sérieusement écaillée. Derrière le comptoir, la bonne femme ressemble exactement à l'idée que je me suis toujours faite de Connie Sachs, la Mémoire du Cirque et soviétologue surnommée Mother Russia dans les romans de Le Carré. Elle est vieille et bossue, mais avec encore beaucoup de ressort. Sans trop d'espoir, et amplement conscient des tracasseries et obstacles bureaucratiques d'usage, je lui demande tout de même — et avec aplomb — quelles sont les formalités à remplir pour consulter ou obtenir une copie du testament 180 de la série 219-1967. Sans un mot, elle s'en va fouiller dans un de ses longs classeurs et revient avec une bobine de micro-film. « Ramène-le quand t'auras fini si ça te fait rien mon poussin. J'ai plus mes jambes de jeune fille... » Et là-dessus, elle m'indique une machine à projection d'un geste vague et noyé. J'ai du mal à m'en remettre. Une bureaucrate qui ne se prend pas pour saint Pierre et qui vous appelle « hon ». Tout n'est donc pas complètement pourri dans la République.

Ce n'est pas tout à fait du viol de sépulture ou de l'abus de confiance : ce document est public, après tout. Et il est essentiel pour essayer de comprendre ce que Goodis faisait de son argent, pourquoi il y tenait tant et ce qu'il voulait en faire. Sans compter la maison ni ses biens personnels, sa fortune se chiffrait à 221 271 $ et

49 cents. Un peu moins d'un quart de million de dollars. C'est, en tout cas, la fortune déclarée par ses exécuteurs testamentaires dans l'inventaire à la fin du document. Goodis avait fait rédiger ce testament en septembre 1966, moins de quatre mois seulement avant sa mort, ce qui donne une idée de la condition physique et mentale dans laquelle il se trouvait après la mort de sa mère et à cause de ses troubles personnels. Les dispositions qu'il prend dans ce document, surtout celles à l'égard de son frère Herbert, sont également révélatrices de l'appréhension qu'il ressentait à l'idée de laisser Herbert se débrouiller tout seul : non seulement il lui lègue tous ses effets personnels — livres, disques, vêtements, voitures (!) et polices d'assurance — et la plus grosse partie de la succession, mais il donne aussi des instructions très précises et malheureusement très clairvoyantes à son égard. Les exécuteurs doivent verser à Herbert les revenus rapportés par le capital « au moins quatre fois l'an », et il laisse à leur discrétion le soin de consacrer à son bien-être et à ses loisirs « la portion dudit capital qu'ils jugeront nécessaire ». Autrement dit, il donne tout à son frère, mais surtout il le place sous tutelle. Dans un chapitre séparé, il précise même que, si dans l'opinion des exécuteurs « un des bénéficiaires était jugé pour des raisons d'incapacité physique ou mentale incapable d'utiliser convenablement les paiements versés », l'argent devrait alors être consacré au « bien-être, entretient, santé et éducation du bénéficiaire ».

Il lègue aussi la somme de 30 000 $ à « la fidèle employée de la famille, Camelia Edmunds ». En cas de décès d'Herbert, ou si celui-ci mourait avant lui, le capital serait alors distribué comme suit : la moitié à Camelia Edmunds, ou à ses descendants si elle est déjà décédée ; ou, s'il n'y avait pas de descendant, au Philadelphia United Fund. Il lègue aussi 5 000 $ à son cousin Edwin Sherman, le membre de la famille avec qui il était le plus intime (et qui devait m'aider énormément par la suite). Tout le reste allait au Philadelphia United Fund. J'ai d'abord cru qu'il s'agissait d'une association au profit des Noirs, mais en fait c'est une organisation « parapluie » connue aujourd'hui comme l'United Way, qui chapeaute et subventionne toute une variété d'organisations charitables sans préférence religieuse, raciale, sociale ou autres. Les exécuteurs testamentaires nommés par Goodis sont deux cousins à lui, Samuel et William

Goodis, et la Girard Trust Bank est désignée comme agence fiduciaire. Samuel Goodis était avocat, partenaire dans une firme aujourd'hui dissoute (Goodis, Greenfield, Narin & Mann). Il est mort en 1969. William Goodis, bien que lui aussi attorney at law, n'a jamais exercé ; ce qui n'est pas rare du tout à Philadelphie. Son nom figurait encore dans l'annuaire du téléphone à l'adresse indiquée dans le testament, 2101 Walnut Street. La Girard Bank avait refusé d'administrer la succession littéraire de David Goodis.

L'inventaire présenté par les cousins Goodis est encore plus utile et révélateur : David avait trois comptes en banque en ville, dont un contenant plus de 5 000 $, et 10 000 $ dans une caisse d'épargne, la Philadelphia Saving Fund Society. C'est surtout remarquable et curieux en raison des taux d'intérêts, franchement ridicules pour des sommes pareilles. Goodis était peut-être du genre écureuil, mais ses investissements n'indiquent pas vraiment une réelle passion pour le gain. Il a par contre beaucoup de titres, dont 1 500 actions de l'American Telephone & Telegraph qui sont estimées à la bagatelle de 81 937 $. Il a acheté beaucoup de ces actions durant sa période faste à Hollywood — sans doute avec ce qu'il économisait sur ses costumes et ses loyers chez Norkin. Mais même avant ça, entre 1942 et 1944 — ses années de pulps et radio —, il accumulait les Bons du Trésor ; pour près de 2 000 $. Sa retraite et son assurance-vie de la Writers Guild of America lui rapportent 435 $. Ses droits littéraires sont estimés (très conservativement) à 5 000 $. Cet inventaire indique aussi que Goodis prêtait de l'argent à ses parents, et qu'à la mort de Mollie Goodis sa part de l'héritage (70 %) se montait à 98 222 $.

Quand j'ai fait part de mes découvertes à Jane Fried, elle est partie d'un rire indulgent, de ce beau rire de gorge dont elle joue si bien : « Oh, ce devait être *tellement* plus que ça. Vous savez bien ce que c'est avec les successions. S'il fallait tout déclarer... »

10

Vous comprenez, « Surrogate » ?

Jane Fried m'avait donné rendez-vous chez elle à quatre heures. « Mon mari joue au tennis. On pourra causer tranquilles. » Ils habitent dans Penn Valley à l'ouest du Schuylkill Expressway ; techniquement Mainliners. L'appartement est clair et agréable, spacieux, avec de bonnes toiles et aquarelles aux murs. Le genre d'appartement que Goodis aurait aimé décrire dans un de ses livres, sinon habiter. Les Fried sont souvent en France. Pour affaires ou pour Roland-Garros. Fried est constructeur de baffles et matériel haute-fidélité assez sophistiqué qui, jusque très récemment encore, se vendait très bien en France. Jane Fried a connu Goodis par son frère, qui était à l'école avec lui. C'était aussi une grande amie de Ruth. Elle a connu David presque toute sa vie, mais c'est surtout vers la fin qu'ils furent vraiment proches. C'est de cette période noire qu'elle m'a surtout parlé. Elle avait, de toute évidence, beaucoup de tendresse et d'affection pour Goodis.

Jane Fried est une femme très attrayante qui devait être une vraie beauté étant jeune — ce que confirmeront les photos de famille qu'elle me montrera par la suite. Elle a un rire magnifique, du genre que l'on qualifie de « smoky » dans les romans de gare, et une belle voix simple et mondaine à la fois. Elle m'a installé dans un fauteuil devant un verre de vin blanc et une terrine de pâté de foie de volaille. Elle a été se verser un verre de quelque chose d'incolore (et, je présume, sans odeur) ; elle a allumé une cigarette interdite, me faisant promettre de ne rien dire. Ensuite elle a rejeté la tête en arrière avec un sourire attendri : « Quand je pense à David, je le revois toujours à cette table au Barclay...

« Un jour il me téléphone. Il y a longtemps qu'on ne s'est pas vus et il veut m'inviter à déjeuner. Je dis d'accord, mais en ville parce que je travaille. “ Où veux-tu aller ? ” Et moi pour le faire marcher je lui dis froidement “ au Barclay ”. C’est un restaurant très chic dans un grand hôtel sur Rittenhouse Square, et vous savez sans doute déjà qu’avec David il n’y avait jamais moyen de manger dans un endroit correct, il vous emmenait toujours dans d’infâmes gargotes. Mais à ma grande surprise il me dit : “ D’accord, s’il faut un déjeuner au Barclay pour avoir le plaisir de ta compagnie, allons-y pour le Barclay. ” Et j’ai beau lui dire que je le faisais marcher, il n’en démord pas, rendez-vous au Barclay. J’arrive là-bas sans trop savoir à quoi m’attendre — avec lui on ne savait jamais. Mais le repas se passe sans un accroc, sans une extravagance, et il se conduit comme l’homme le plus sophistiqué du monde... Je n’en revenais pas. Ensuite on est allés s’asseoir sur un banc dans le square et on a bavardé pendant des heures. C’est comme ça que j’aime me souvenir de David, assis à cette table au Barclay... Le plus souvent c’était l’inverse. Il était tout le temps en train de vous lancer des défis. Il me téléphonait et me disait : “ Okay, si t’as assez de cran, on va à Atlantic City ensemble ! ” Bien sûr on n’y allait jamais...

« Une autre fois... c’était juste après la sortie du *Pianiste* ici. Il m’appelle un matin. Aznavour donnait un concert à New York et il y avait une réception après, à laquelle David était invité. Est-ce que j’aimerais l’accompagner ? Je lui dis absolument, je serais ravie. Il dit : “ Okay, on prendra ma voiture. ” Et je dis : “ Pas question. ” Jamais ! Hors de question pour moi de monter sur le Jersey Turnpike dans sa cochonnerie. Ce n’était plus la Chrysler à cette époque ; il en avait finalement changé, mais celle-là était presque pire, si c’est possible. Je lui dis : “ David, mon mari est en Europe, il faut que je sois rentrée à l’heure pour le départ de la bonne, je ne peux pas me permettre d’être en panne toute la nuit dans ta voiture sur le Turnpike. Prenons le train. Prenons ma voiture. Un taxi, je ne sais pas ! ” “ Non, non, elle marche impeccable ma voiture. ” Deux heures plus tard, il rappelle triomphant : “ Okay, maintenant on peut y aller : j’ai lavé ma voiture et j’ai mis plein de désinfectant dedans. Tu ne cours aucun risque ! ” C’était David tout craché, ça : le roi du cosmétique. Ça allait bien avec le linoléum qu’il avait mis en guise de capote sur sa première voiture.

« Bien sûr nous ne sommes jamais allés à cette réception pour

Aznavour... Mais il faisait grand cas de sa prétendue amitié avec Truffaut. Une fois, comme on s'apprêtait à partir en Europe, mon mari et moi, il nous a donné son numéro et nous a demandé d'appeler Truffaut de sa part. Comme si on allait appeler comme ça François Truffaut ! Même à l'époque il était très célèbre... Mais je ne sais toujours pas si David avait la naïveté de croire ça, ou s'il me faisait marcher... Je crois qu'il aimait bien l'adaptation de *Down There,* dont ils ont fait le *Pianiste.* Du moins je ne me rappelle pas qu'il en ait jamais dit du mal. Il était assez primitif comme écrivain, et je crois que c'était très important pour lui, inconsciemment bien sûr, de dépeindre dans ses livres et ses histoires tout un monde ou un genre de vie auquel il ne connaissait rien, finalement — toute cette brutalité, ces histoires sordides, ce côté dur-de-dur, macho-man, qu'il n'était pas du tout dans la vie. Il se défoulait dans ses romans. » (Et elle fait bien sentir qu'elle utilise le terme freudien intentionnellement.)

Quand je lui fais part de ce que j'ai trouvé dans le testament, elle devient véhémente : « Toutes ces précautions, toutes ces provisions qu'il avait prises pour que son frère ne soit pas laissé à lui-même, et voilà le résultat. Herbert est mort quelques années après David. Il est mort de faim, tout seul, pas très loin de l'asile d'où on l'avait relâché à Norristown — dans le nord de la ville. Qu'il ait été délaissé comme ça, sans tutelle alors qu'il y avait tant d'argent pour assurer au moins sa sécurité et son confort matériel, c'est une véritable honte. Cet oncle, là, le William Goodis, ne s'est jamais trop soucié de la succession. On a un ami que vous devriez aller voir — il habite en Floride maintenant, il s'appelle Monroe Schwartz. Il connaissait David aussi. Un jour il est allé trouver l'oncle avec l'idée d'établir une sorte de David Goodis Fund, une bourse d'études à la Temple University pour aider les étudiants en journalisme (David avait fait une licence de journalisme). Oh là là, ça s'est très mal passé ; c'est tout juste si l'oncle n'a pas jeté Monroe dehors ! »

Une bourse d'études. On a échappé de peu à un singulier parallèle avec un écrivain presque aussi tordu que Goodis et tout aussi mystérieux : Cornell Woolrich. On sait que celui-ci a légué sa fortune à Columbia University, sous forme d'un fond pour écrivains débutants ou nécessiteux.

Quand je demande à Jane Fried si elle connaissait la bonne, elle me regarde d'un air malicieux et devance ma prochaine question. « Oui, oui, Camelia Edmunds était grosse et noire... C'est ça que vous vouliez savoir, n'est-ce pas ? David et ses grosses Noires ! Il en parlait librement à tellement de gens (sauf bien sûr à sa mère) qu'on pourrait presque prendre ça pour un bobard de plus, un fantasme avec lequel il faisait marcher tout le monde. Mais je suis persuadée que c'était réel, cette attraction qu'il avait pour les grosses femmes. Une fois il s'est rendu de Philadelphie à Hollywood en Greyhound. Vous vous rendez compte ? Qui en 1942, ou 1946, allait en Californie en autocar ? Ruth Wendkos recevait des lettres de lui presque tous les jours durant sa traversée du pays. Des pages et des pages, qu'il écrivait dans le bus ; des pages lyriques et extravagantes vantant les charmes de la grosse Noire assise à côté de lui... Peut-être que Paul pourrait retrouver ces lettres, encore que j'en doute. C'est dommage, parce que ce devait être autrement mieux que ses romans !

« Mais ça ce sont les femmes qui l'excitaient physiquement, du moins à ce qu'il prétendait. Il avait aussi de grands amours romantiques ou platoniques — pour ne pas dire épiques. Il tombait régulièrement amoureux fou de femmes de son milieu qui n'étaient ni noires ni obèses. J'en connais deux qui vivent actuellement en Californie mais dont je ne vous donnerai pas les noms. Une en particulier, qui le rendait vraiment misérable et lui en a fait voir de toutes les couleurs : elle était svelte et sexy, assez chic ; pas du tout le genre de femmes qu'il prétendait trouver attirantes. En fait toutes ces femmes qu'il prétendait adorer, il les aimait de loin, il n'avait finalement que peu de rapports avec elles. Plus elles était inaccessibles et plus il y tenait. Ça aussi je suppose que ça faisait partie de sa vie rêvée, au même titre que sa vie nocturne et ses prétendues expéditions dans les bas-fonds. Je crois qu'il fréquentait effectivement ces endroits-là, mais pas pour se “ documenter ” ou trouver l'atmosphère pour ses livres. Beaucoup de ses romans se passent dans le ruisseau au milieu des clochards, mais quand on lit d'un peu près on n'est pas exactement renversé par l'authenticité du monde qu'il décrit. C'est plus un monde imaginaire qu'autre chose. Alors s'il allait vraiment chez les Noirs et se faisait passer pour un Créole nommé Al Duval, c'était pour des raisons plus profondes, plus personnelles ; et non pas professionnelles. »

Jane Fried n'a jamais connu Elaine, la femme à laquelle Goodis fut brièvement marié. Mais David lui en parlait parfois. « Je crois que c'est vers 1942 ou 1943 qu'il s'est marié. D'après ce qu'il en disait elle n'était pas du tout le genre de femme qu'on se serait attendu à le voir épouser. Il la décrivait comme une " Jewish Princess ", très conventionnelle, exigeante et très chic. Je ne sais trop ce qu'elle faisait mais cela avait un rapport avec la mode. En tout cas, ce fut un fiasco complet. Elle l'a plaqué vite fait ; sans doute qu'elle le trouvait trop fantasque, pas assez mûr. Elle est partie à New York. Il allait périodiquement à New York pour essayer de se réconcilier avec elle. Elle travaillait chez Hattie Carnegie, une maison de couture très huppée, et elle était mortifiée qu'il vienne comme ça la relancer au magasin, habillé comme il l'était. On vous a sans doute déjà parlé de ses habitudes vestimentaires, ses bretelles et tout ça... Elaine ne voulait surtout pas le voir chez Hattie Carnegie ! Et David le faisait exprès, il s'y rendait encore plus déguenillé, remontait son col pour avoir l'air encore plus minable et miséreux, et il campait devant la vitrine ou la porte de Hattie Carnegie !

« Je n'ai jamais connu son frère Herbert, seulement ce que David m'en disait... Il y avait eu un grave incident une fois, avec le laitier. David se montrait extrêmement protecteur à son égard. Il s'occupait aussi beaucoup de sa mère, surtout après la mort de son père. Je crois que c'était ça ses vraies racines : sa famille. C'était ça qui comptait plus que tout le reste. Quand sa mère est morte, il s'est retrouvé complètement perdu. Brisé. Il avait des problèmes de santé, cardiaques, je crois bien. Mais il était surtout gravement déprimé. Ses parents n'étaient plus là et il se retrouvait LIBRE tout d'un coup. Presque toute sa vie, il avait vécu avec eux dans leur maison, à part les trois ans à Hollywood et peut-être durant son mariage. Rien ne le retenait à Philadelphie que sa famille ; pourquoi serait-il resté autrement ? Il n'y avait rien pour lui à Philadelphie. Il n'était même pas célèbre, les gens ne savaient pas ce qu'il faisait, qui il était. Il se confinait à un cercle d'amis quand il voulait sortir, mais pour le reste le vrai centre de sa vie c'était sa famille. La période la plus noire de sa vie, là où je l'ai senti le plus seul, c'est après la mort de son père en 1963. C'est à ce moment qu'on s'est le plus fréquentés. Il était adorable avec moi ; il m'appelait souvent au téléphone et on parlait pendant des heures et des heures. On sentait qu'il avait besoin de causer. Norkin était en Californie. Monroe et Stan je ne sais où. Alors quand sa mère est morte un peu plus tard, il n'a pas pu tenir le coup. Il aurait pu partir, fermer la maison et la vendre. Herbert était interné à cette époque, je crois. Au lieu de ça, il est resté tout seul dans cette maison, au milieu de meubles qui n'étaient même pas les siens. Il n'a jamais pu couper le cordon. Il allait vraiment mal à cette époque. Et puis il y avait cette histoire de plagiat. Il était complètement obsédé par ça, ne parlait plus que de ça. Il s'était mis dans l'idée que ce feuilleton de télévision, *le Fugitif,* était pompé sur *Dark Passage.* Il téléphonait, tout excité : " T'as vu l'épisode de ce soir ? Non mais t'as vu ? " Il est allé au moins trois fois à New York consulter son avocat, et en 1965 je crois qu'il a déposé plainte contre les producteurs du feuilleton et contre le réseau qui le diffusait. J'ignore ce qui est arrivé ensuite. Mais il en devenait maboul. Une fois il s'est même fait interner dans un hôpital psychiatrique, sur les conseils de son analyste. Il m'a appelée de là-bas. J'ai décidé qu'il était très important de réunir tous ses amis et d'aller le voir là-bas pour lui remonter le moral. Toute une expédition !

« Je n'ai finalement réussi qu'à amener Dick, Monroe et Stan Cooper. C'était l'époque où Stan ne sortait jamais sans son chapeau de cow-boy sur la tête, un truc gigantesque. Si vous voulez mon avis c'est lui qui était marteau, pas David. Enfin bref, on a trouvé David dans la " social room ". Moi je commence par les banalités d'usage, vous savez : " Darling, poor darling, qu'est-ce qu'on peut faire pour toi ? " Mais Stan m'interrompt aussitôt et fait à David d'un ton péremptoire, " Bon, ça va comme ça ; David retourne à ta chambre, prends tes affaires, on va t'aider à t'échapper d'ici. " Et là moi je craque, parce que je sais que Stan est parfaitement capable de faire un coup pareil — et c'est moi qui ai amené ce maniaque ! On est là, chez les dingues, et cet escogriffe en Stetson n'arrête pas de dire à David qu'il va le sortir d'ici, et lui trouver une " suitcaser ", comme il dit. Dans leur jargon de célibataires ou d'anciens célibataires, ça veut dire une fille qui reste chez vous jusqu'à ce que vous la mettiez dehors ; pas exactement une prostituée, plutôt une femme entretenue. D'où la " valise ". Et Stan n'arrêtait pas de dire : " on va te trouver un appartement, une fille, et tu vas retourner chez les vivants, get on with the happy people. " C'était sa phrase : " get on with the happy people "... Tout à fait choisi, pour quelqu'un qui s'est fait sauter la cervelle un peu plus tard... Stan avait une grosse affaire qui marchait bien, une fabrique d'uniformes industriels, et un night-club. Mais il avait un grain. Finalement c'est David qui a dû le calmer ! Il nous a raconté des histoires à mourir de rire sur les autres pensionnaires. Il y avait une bonne femme qui n'arrêtait pas de le tanner et qui voulait à tout prix lui raconter sa vie. Et David finissait toujours par lui dire : " Si je vous l'ai pas dit cent fois je le répète : je ne suis PAS Norman Vincent Peale ! " Peale était un prêcheur charlatan de l'époque, qui exhortait tout le monde à " penser positivement ".

« Il ne travaillait pratiquement plus : lui qui était pourtant si discipliné à ce sujet... Il en était même drôle. Si, par exemple, il avait décidé qu'il devait travailler cinq heures par jour, il s'y tenait rigoureusement. Il montait dans sa chambre comme quelqu'un va à l'usine ; c'est tout juste s'il ne pointait pas. Une heure ou deux le matin, ensuite il déjeunait et mangeait ce que sa mère lui avait préparé, ensuite il faisait un petit somme, ensuite il travaillait plusieurs heures en fin d'après-midi. Sa mère veillait et gardait jalousement sa tranquillité. Quand on téléphonait, c'était toujours " David travaille ". Même quand ce n'était pas le cas. Il rappelait un peu plus tard. Il ne parlait jamais de son travail ; il disait seulement : " J'en ai bavé aujourd'hui ", ou : " Il faut vraiment que je finisse ce truc pour Fawcett ", mais c'était tout. Il n'exprimait jamais de regret, aucune frustration au sujet de sa carrière. Et pourtant ce devait être déprimant pour lui : n'oubliez pas qu'il a connu le succès très tôt. Il était très jeune, à peine sorti de l'école, quand son premier roman est paru. Ensuite *Dark Passage,* et Hollywood... Sa carrière a suivi la pente, n'a fait que chuter, sans interruption. A la fin, il n'écrivait plus que des livres qui paraissaient directement en livres de poches... Et pas dans les maisons les plus respectables...

« Il était calé sur un sujet : l'aviation, et surtout l'aviation de chasse allemande. Je me souviens quand mon mari était dans la Naval Air Force, David était tout le temps à lui poser des questions sur les modèles d'avions, ses expériences et aventures en vol. Et là il s'animait vraiment. Il s'y croyait ! Ces histoires d'aviation faisaient partie de son autre vie. Je crois qu'il a commencé très tôt à écrire pour les pulps, peut-être même déjà à l'école. En tout cas, je sais qu'il gagnait de l'argent avec ça quand il était encore à l'université. Inutile de dire que les mômes l'adoraient parce qu'il était comme eux : il jouait avec eux, faisait semblant, jouait au football ou faisait de l'escrime dans le salon... Il avait beaucoup d'affection pour notre fils ; il allait même le voir jouer au football dans la petite équipe. Il était passionné de sport, mais comme spectateur. Il adorait la boxe ; prétendait que son père avait été boxeur dans le temps, avant de travailler dans cette fabrique de teinture. David adorait décrire les bagarres ou les combats de boxe. Mais lui-même était doux, gentil, presque frêle. Il était attrayant, charmant... Une belle tête. J'ai bien peur que les photos ne lui rendent pas justice... »

Il y a d'abord, bien sûr, la photo de Goodis au piano. Ne pas tirer trop de conclusions sur ce pianiste, me prévient Jane : « Ça, c'était l'*autre* David, le great pretender, le clown, le hipster qui voulait vous faire croire qu'il savait jouer. Il a sa pose de dur, cigarette au coin de la bouche... Et bien sûr son fameux costume. » Costume dont j'entendrai parler, au cours de mes recherches, presque autant que de ses fameuses voitures. C'était un costume en « rayonne de Ceylan » d'une couleur rosâtre indéterminée qu'il a lui-même une fois décrite, pour un journaliste du *Philadelphia Evening Bulletin,* par une heureuse expression qui m'est restée : « Subdued lox ». D'après la couleur du saumon fumé si prisé par les Juifs américains. Sur le cliché que m'a finalement donné Jane Fried, ce serait plutôt le flash qui aurait subjugué le saumon ; *saumon tamisé ?* Les autres photos viennent d'un album que Jane a fait sur la Bar Mitzvah de son fils. On voit Goodis en veste de smoking blanc, nœud papillon, et larges pantalons qui ressemblent — sur les clichés du moins — à des pantalons de zoot-suit. Il est assis à une table, les mains sur les genoux, un petit sourire énigmatique aux lèvres. Un air lunaire qui semble dire : "Je ne suis pas ici. " Mais on le voit aussi en pleine action, danser le « limbo » et passer comme un chef vaudou sous le manche à balais. « La femme derrière lui, indique Jane, celle qui tire la langue, c'est Grayson Hall. Une actrice qui habite New York... Elle aussi connaissait David, vous devriez la rencontrer. Mais surtout vous devez parler à Monroe Schwartz ; parce que Monroe est sans doute le seul d'entre nous à tout se rappeler. Et il aura peut-être des photos ou même des lettres. Parce que Monroe garde absolument TOUT. »

Jane musarde en faisant tourner les glaçons dans son verre, qu'elle a rafraîchi deux fois déjà. « Suis-je la seule femme qui vous ait parlé de David jusqu'à présent ? C'est intéressant, ça... Ruth était la plus proche de lui ; mais à part elle, il n'avait pas beaucoup d'amies. A part ses fameux Grands Amours, bien sûr ! Il y a celle qui est en Californie et que je ne veux pas que vous voyiez, et puis... (elle part d'un rire de gorge)... il y en a une autre qui est venue un jour de Californie en visite. Un jour, il me téléphone pour m'inviter à la rencontrer et il me dit : " Oh mon Dieu, j'espère que tu vas l'adorer ! " Et bien sûr elle était horrible, absolument impossible. On n'en a pas entendu beaucoup parler après ça... Il adorait souffrir, je crois ; réellement ou en imagination. Il lui fallait toujours des amours impossibles, et il s'arrangeait pour qu'ils soient impossibles. Moi-même, je crois que j'étais ça aussi pour David : j'étais mariée, j'avais des enfants, et il était l'ami de la famille. J'étais inaccessible aussi. C'était tellement " surrogate ", tout ça ; c'était un substitut, pour lui. Vous comprenez, " surrogate " ? »

Le reste de mes journées à Philadelphie se passe à piétiner et à remuer des cendres froides. Je vais traîner sur Frankford Avenue, sous le métro aérien vétuste et grinçant. C'est un quartier prolétaire que Goodis décrit souvent, parfois sans le nommer. C'est aussi là que travaillait son père, dans une fabrique de teinture et textile nommée Globe Dyes, qui existe toujours. J'ai su plus tard qu'il était cadre, qu'il était monté de rang après des débuts très modestes. Il aurait aussi fait des investissements judicieux à la Bourse. Je descends vers Richmond et la Delaware, des rues qui longent les quais et les débarcadères et souvent décrites dans les romans : Front Street, Water Street... Dans le quartier de Kensington, un peu plus bas encore, je bois des Rolling Rock dans un petit bistrot prolo où les joueurs de softball [1] se retrouvent en fin d'après-midi avant

1. Version édulcorée du base-ball ; on joue sans crampons et avec une balle moins dure ; les règles sont adaptées au terrain et aux joueurs (femmes, enfants, etc.).

d'aller faire leur partie ; définitivement moins désuet ou désolé que Harriet's Hut ou Dugan's Den ou les Maisons de Misère que décrit généralement Goodis dans ses descentes aux enfers. Kensington est au milieu des entrepôts de brique plus ou moins désaffectés qui longent la rivière ; c'est aussi dans ce coin que se trouve la planque de Harbin et sa bande de voleurs d'émeraudes dans *le Casse.* Sauf qu'ils appellent ça The Spot. Et je suppose que Skid Row, le Marais, le Swamp, Ruxton Street et tous les noms fictifs que Goodis donne à ses enfers de pacotille se trouvent là aussi, ou plus loin. En fait, River Street se trouve encore bien plus bas, tout au bout de Delaware Avenue, passé les quartiers à touristes. River Street, c'est le quartier porto-ricain de *Sans espoir de retour*, la zone où même les paumés de Skid Row n'osent pas s'aventurer.

Je vais aussi traîner du côté des écoles : Cooke Junior High, sur la 13e et Louden, et la Simon Gratz High School — une bâtisse déprimante en brique sale au coin de Luzerne et de la 17e et qui me rappelle l'école catholique où j'ai brièvement travaillé à Liverpool, il y a longtemps. Goodis était très actif à Gratz, et apparemment très populaire. Et *quelqu'un* devait être particulièrement fier de lui, parce que tous ses trophées, tous les honneurs et articles écrits sur lui ont été préservés dans un album par quelqu'un de la famille (ou plus probablement Goodis lui-même) ; scrapbook que son cousin Edwin Sherman a trouvé chez Goodis après sa mort, et qui m'est tombé entre les mains bien plus tard. Ses carnets de notes indiquent qu'il était « excellent » en tout sauf en gym et, dans le *Year Book*, Goodis est décrit comme « a bundle of energy, a fountain of thought / Few like Dave have e'er been wrought » (un vrai paquet de nerfs, une fontaine à idées / des comme Dave on n'en fait plus). Goodis était rédacteur en chef du *Spotlight*, le journal de l'école, et membre de dix organismes sociaux, sportifs ou administratifs — dont le No Smoking Committee (!). Son ambition ? « Écrire ».

Le 11 juin 1934, la manchette du *Spotlight* clame bien gros en noir : « Plus qu'une semaine et c'est les vacances ! » Et annonce que « David Goodis émerge victorieux pour la présidence du Conseil des élèves » ! David Loeb Goodis sera donc président du Sénat l'année suivante. Sous sa direction, le *Spotlight* rafle aussi toutes sortes de prix et d'honneurs et se qualifie comme second meilleur journal scolaire de la nation. Le chemin de Goodis semblait déjà tout tracé :

il fera un an à l'Indiana University puis fera une licence de journalisme à Temple University, qui se trouve sur North Broad Street, aujourd'hui en plein quartier noir, mais à l'époque c'était un campus normal dans un quartier normal, guère différent de celui que Goodis habitait. Temple est une université sans grande réputation, presque de seconde zone. Même s'il en sort en 1938 avec un diplôme (bachelor of sciences in commerce), Goodis ne semble pas y avoir été très actif. Fini les présidences et les comités. Il fait juste partie du comité de rédaction du *Temple University News* ; il y contribue assez peu. Il donne, paraît-il, quelques cartoons pour la revue humoristique du campus *(The Owl)*, mais sous un pseudonyme. Son seul exploit notable semble d'avoir été à l'origine de la première équipe de football pour les moins de soixante kilos et d'avoir organisé un mini-championnat pour les crevettes. Si Goodis se faisait oublier à Temple, c'est évidemment qu'il écrivait déjà professionnellement : des articles sur le football pour une agence de presse, et sans doute déjà des romans. Il a souvent prétendu avoir écrit sa première histoire à 11 ans, une histoire de pilote de chasse intitulée *Pilot Crackstone, the Flyer of the World War*. Durant ses deux ans à Temple, il aurait écrit un roman intitulé *The Ignited*, qu'il aurait jeté à la chaudière un jour de découragement. Il a eu plus de chance avec *Retreat From Oblivion*, tout de suite accepté par Dutton et publié un peu avant qu'il ne quitte Temple. Toutes ces informations sont bien sûr sujettes à caution : c'est ce qu'il raconte le plus souvent sur les jaquettes de ses premiers livres ; l'habituelle biographie fantaisiste des romanciers débutants. Goodis se décrit invariablement comme un « parachutiste manqué ».

Sans trop y croire, je vais fouiller à la bibliothèque de l'université. On me recommande la salle des collections spéciales, et plus particulièrement la section « Templana » consacrée à l'histoire de Temple et son campus. Il y a justement une vitrine avec une petite exposition sur les anciens élèves qui ont fait un peu parler d'eux. Les trois premiers livres de Goodis y sont, en éditions cartonnées. Un étudiant au teint cireux coiffé d'une kipa m'explique qu'il vient de les mettre en vitrine et qu'il aimerait bien en savoir plus sur ce Goodis. Il me sort tout ce qu'il a pu trouver. Il y a un article sur lui dans le *Temple University News* du 3 octobre 1947, intitulé « De Temple à Hollywood : un chemin long et rigoureux ». La photo utilisée est la même que celle qui illustre la jaquette de *Nightfall*, sur laquelle il a l'air particulièrement replet et constipé. Sa mère est présente durant l'interview effectuée chez lui. L'auteur de l'article, Arnold Snyderman, la décrit comme « frêle et grisonnante » et visiblement très fière de son fiston. Goodis, lui, se montre étonnamment bavard sur ses habitudes de travail (bien plus qu'il ne l'était avec ses amis), même s'il est aisé de reconnaître les rodomontades habituelles.

Son premier roman, *Retreat From Oblivion*, s'est mal vendu malgré des critiques divisées. Le *San Francisco Chronicle* a appelé Goodis « le talent le plus remarquable à émerger depuis très longtemps » et a loué son « originalité, son naturalisme, son sens inné et précis pour décrire les petites vies mesquines — une vivacité irrésistible dans le détail ». Max Miller, l'auteur de *I Cover the Water Front*, avait aussi été élogieux dans sa critique. Les autres avaient soit ignoré soit descendu le roman. Après s'être essayé à la publicité — sans grand goût ni succès —, Goodis s'est concentré sur les pulps. Cinq années durant lesquelles il écrira, selon lui, « plus de cinq millions de mots ». Histoires policières, westerns, aviation, sports et aventures. A New York, il s'est également mis à écrire des programmes pour la radio, tels que *House of Mystery* et *Superman*, ainsi que *Hap Harrigan* dont il devait finir par devenir producteur associé. Ensuite ce fut *Dark Passage* et véritablement le cocotier : Hollywood. Il déclare qu'il met généralement de quatre à six mois pour écrire un roman. « Je n'écris que quand j'en ai envie. J'ai écrit mes meilleures pages quand je vivais plus ou moins en bohème, ici et à New York. Et j'essuyais tellement de refus des éditeurs que j'ai même songé à laisser tomber. Mais c'est ma mère qui m'a poussé à continuer en dépit des échecs. Elle avait foi en moi. » Goodis n'a généralement ni trame ni plan quand il se lance dans un roman (ce qui se sent souvent, pourraient dire certains détracteurs). Par contre, il écrit au moins trois jets, parfois plus. Il épure énormément « pour qu'il ne reste plus que du maigre sur la page ». « Mes études de journalisme m'ont au moins appris à écrire mes pensées clairement et simplement, sans broderie ni fioriture littéraires. » De quel genre d'écrivains ce pays a besoin, selon lui ? De gens comme Steinbeck, Wolfe, Hemingway. Mais il les respecte plus pour leur succès artistique que pour leur signification ou importance sociale.

Son credo artistique : « Mon but principal comme romancier c'est de distraire. Si je peux exprimer des choses socialement importantes sans surcharger ou faire dévier l'intrigue, okay, mais je ne veux surtout pas prêcher. » Aux écrivains débutants, il préconise de « vivre ». « Élargir ses horizons, sur tous les plans, dans tous les domaines. Plus vous vivez plus vous comprenez les gens, et plus authentiques seront vos livres. »

Il se montre déjà passablement désillusionné sur le métier de scénariste : « C'est très lassant et pénible. Vous travaillez sur un investissement de plusieurs millions de dollars, alors on ne vous laisse évidemment pas trop de liberté dans ce que vous faites, les limitations sont nombreuses, les compromis inévitables. » Il proclame pourtant, mais vaguement, que les possibilités du grand écran sont illimitées. Snyderman lui demande quelles sont ses intentions au sujet des trois romans qu'il a en réserve, puisque son quatrième livre ne sortira qu'en novembre seulement (il s'agit de *Nightfall*). Il fait sans doute allusion aux mêmes romans donc parlait Goodis dans son memo à Jerry Wald, *The Boys From Yesterday* et *Up Till Now*. L'interview prend place le même mois que les conférences de presse données par Jerry Wald à New York au sujet de son futur grand film sur la démocratie écrasant le communisme et le fascisme d'un même coup de talon. Wald, qui en quinze ans chez Warner a bien dû menacer de quitter le studio au moins vingt fois parce qu'on ne lui donnait pas assez de crédit et que son nom restait dans l'ombre, adorait vendre la peau de l'ours avant de l'avoir filmé ; il parlait souvent à la presse ou donnait secrètement des tuyaux aux chroniqueurs sur ses projets et prochains films comme pour s'assurer qu'ils deviendraient réalité. C'était une pratique qui rendait Jack Warner particulièrement furieux. A chaque indiscrétion, à chaque gaffe calculée, Warner bombardait Wald de télégrammes furibonds du genre : « Quand arrêterez-vous de donner ces histoires idiotes à la presse après avoir promis cent fois que vous ne le feriez plus ? Ne pouvez-vous pas vous empêcher de désorganiser notre Publicity Department ? Vous n'avez aucun droit de renseigner les journalistes sur le contenu de nos films, ni de nous faire du tort financièrement. Souvenez-vous : une maison divisée est une maison qui s'écroule. »

Mais Jerry ne pouvait s'en empêcher : trois mois avant le tournage, et six mois avant l'annulation définitive du projet, il divulgue que Jane Wyman, Claude Rains et Broderick Crawford seront probablement dans *Up Till Now*, et que Goodis s'est tellement passionné pour son sujet qu'il en a tiré un roman de 300 pages qu'il a terminé dans le train l'emmenant de Hollywood à Boston avec Wald. « Vous ne trouvez pas ça fort approprié d'écrire un roman sur l'Amérique en voyageant d'une côte à l'autre ? » Goodis, lui, se montre infiniment plus circonspect et lucide en ce qui concerne le fameux roman. Avec un petit sourire et un haussement d'épaules, il dit à Snyderman qu'il l'a mis de côté pour le moment et attendra sans doute quelques années pour le sortir. Et là, il a un éclair de lucidité très intéressant, quand on connaît sa carrière. « C'est peut-être juste un de ces trucs qu'un auteur se sent obligé de mettre noir sur blanc, simplement pour voir quelque chose sur le papier... Pour remplir la page. »

L'autre article sur Goodis est tiré du magazine des anciens élèves, le *Temple University Alumni Review*, et il est très curieux. D'abord il date de beaucoup plus tard, 1963, et Goodis n'apparaît plus du tout auréolé de gloire comme le Golden Boy revenant de Hollywood. La photo qui illustre l'article montre quelqu'un assis sur son bureau, le dos tourné. Seules les oreilles ourlées et la veste fripée permettent de penser qu'il s'agit de Goodis. L'article est écrit dans un style faussement hard-boiled qui contraste assez avec ce que l'auteur a à rapporter de son entretien. « Il était bon avec ses poings et rapide sur ses jambes. Il était étudiant en journalisme mais il voulait boxer. Quand il a dit ça à son père, son père lui a collé une mandale qui l'a étalé pour le compte. Il lui a dit : " Désolé, fils, je connais pas ma force. Mais c'est ce qui t'attend sur le ring. Si tu veux passer le reste de ta vie à en encaisser des comme ça, vas-y, te gêne pas. C'est à toi de voir, fils [1]. " Il publie son premier roman à 21 ans, et pendant un temps les idées et les mots lui viennent facilement. Ensuite la pompe s'assèche, le jus n'arrive plus. Il s'essaie à la publicité et travaille chez Young & Rubicam, une grande firme à

1. Cette préoccupation des jeunes Juifs pour la boxe est presque archétypale (comme leur fascination pour les Noirs et le jazz) : voir Garfield, Polansky, Schulberg et surtout cet autre natif de Philadelphie (West Oaklane, en fait) Clifford Odets. Son père voulait en faire un boxeur et était contre ses ambitions « artistiques » ; il a inversé cette situation dans *Golden Boy*.

New York. “ Très peu pour moi. ” Il est vite renvoyé. Il n’aime pas Hollywood, sauf les courses de taureaux à Tijuana… » Le reste est à l’avenant et rappelle les « biographies » fantaisistes des jaquettes de bouquins. Il prétend qu’à Warner on lui a refilé le bureau de Faulkner, au premier étage sur Olive Avenue. Mais la description qu’il donne des locaux laisse fortement penser qu’il charrie, ou qu’il s’est laissé lui-même abuser par le folklore du studio. L’article continue, de plus en plus absurde par le ton et les inexactitudes : « Il passe huit années bronzées en Californie ; ensuite le sablier s’est retourné et Goodis s’est cassé, pour la dérive : Barbade, Jamaïque, les Caraïbes, voilà des endroits pour lui. Il pouvait appareiller à l’aube, la meilleure heure, quand le soleil fait un panier sur l’horizon, comme un ballon de basket [sic]. » Ou encore : « Il passe quatre ou cinq heures tous les jours, sans faute, vissé devant sa machine, et est actuellement à l’œuvre sur “ the big one ”. Goodis refuse d’en dire plus sur son grand roman en préparation, mais se contente d’ajouter cryptiquement : “ Les meilleurs applaudissements sont encore ceux qu’on se donne à soi-même. ” »

Ma visite à la bibliothèque municipale sera, elle, beaucoup moins fructueuse : il y a juste une notice nécrologique dans le *Philadelphia Inquirer* où il est dit que son dernier film était *Please Don’t Shoot the Piano Player* (sic). L’ironie est triste, mais finalement assez exemplaire. Sinon c’est chou blanc partout, il n’y a rien pour moi à la Free Library, sinon le coup d’œil : c’est dans ce bâtiment construit par les quakers sur le Parkway que Hardin va potasser sur les émeraudes après avoir fait son casse — et au lieu de ça se fait lever par la fatale et dangereuse Della. Côté téléphone et semelle de crêpe, ce n’est pas bien fameux non plus : William Goodis ne répond pas au téléphone. Sauf une fois, une voix de femme qui me raccroche au nez dès que j’explique mes salades. Je vais quand même à l’adresse indiquée dans le testament, au 2101 Walnut Street, près de Rittenhouse Square. C’est le quartier des avocats. C’est un immeuble moderne. La porte est en verre. Il y a un Goodis au cinquième, mais quand je presse le bouton et bafouille dans le micro l’objet de ma visite, la même voix de femme m’interrompt et crachote sur l’intercom, « ALLEZ-VOUS-EN ! JE NE SAIS RIEN DE TOUTE CETTE HISTOIRE ! » Ce qui ma foi est tout à fait compréhensible. Sauf qu’elle m’a dit ça d’une voix hystérique, et avant que j’aie pu placer un mot. Ce qui vous ferait presque penser qu'il y a réellement une histoire derrière tout ce mystère.

Au dernier moment, trois heures avant de prendre l'avion pour rentrer, je me risque à chercher le nom du type qui a pris la photo de Goodis pour l'article. J'avais noté le nom. Et je m'aperçois que Philadelphie est décidément une de ces très rares villes en Amérique où les gens restent en place pratiquement toute leur vie. Lawrence Kanevski est non seulement dans l'annuaire mais chez lui, et il répond au téléphone. Un peu surpris, bien sûr, mais il se souvient bien de l'épisode. En fait, il n'est pas près d'oublier ça : il semble que Goodis se soit montré très réticent à se laisser photographier. « Quand je suis venu pour prendre mes photos il s'est levé, s'est mis à fouiller dans un placard et en a ressorti une moustache postiche, un faux nez et des faux sourcils. Il voulait se faire photographier comme ça. On lui a dit que ça n'irait pas. Finalement je l'ai pris de dos. Il prétendait qu'on l'avait interviewé quelque temps auparavant et que le journal local avait publié sa photo ; quelqu'un dans un bar qu'il fréquentait régulièrement l'avait reconnu et avait failli lui faire la peau. Il semblait bien résolu à protéger son anonymat. Mais vous devriez essayer de parler à Phil Terranova, parce que c'est lui qui posait les questions... »

Deux coups de fil plus tard, nouveau miracle : Terranova est non seulement là, mais prêt à me rencontrer en catastrophe. Il me donne rendez-vous au Bogart, un bar d'hôtel complètement nul mais pratique. Terranova explique très vite les raisons de son empressement et de sa gracieuseté : il est journaliste, cherche désespérément à en savoir plus sur Goodis, n'arrive pas à trouver ses romans mais aurait l'intention de monter une petite maison d'édition pour rééditer tous ces romanciers négligés aux States comme Goodis ou Thompson... Bref, je finirai bien sûr par lui en apprendre plus sur mon homme qu'il n'en sait lui-même. Mais il m'éclaire tout de même sur les circonstances de l'interview qui m'avait tant intrigué — qui confirment les dires de Jane Fried sur l'état dans lequel était Goodis à l'époque. « J'ai été obligé de corser considérablement l'article, parce qu'il était assez triste à voir. Il avait l'air gris, vidé, malade. Ses cheveux commençaient à s'éclaircir et il avait l'air d'une ruine ; d'un clodo. C'est pour ça que j'ai écrit l'article dans ce style “ dur à cuire ”, un peu comme dans ses livres : parce que ce qu'il nous a dit n'était guère intéressant, ni très gai. On sentait qu'il avait envie de nous aider, parce qu'on venait de l'école et tout ça, mais en même temps c'était pénible pour lui. Visiblement le cœur n'y était pas. On a fait ça dans sa chambre, en haut sous le toit. C'était celle du milieu, une pièce grise, froide, sans aucun caractère. C'était sa chambre mais je crois que c'est là qu'il travaillait aussi. Elle faisait très " chambre de jeune homme ". C'est intéressant qu'il ait été à Gratz et ensuite à Temple : les garçons doués ou ambitieux des familles juives allaient plutôt à Central ; et ensuite à l'Université de Pennsylvanie, qui est une excellente école et assez réputée. Temple par contre avait une réputation assez médiocre. Mais vous savez, Goodis m'intéresse aujourd'hui parce que je me suis mis à ce genre de littérature ; à l'époque, c'était juste une interview de plus pour moi ; juste un boulot. Et ce petit bonhomme gris ne m'avait pas vraiment laissé beaucoup d'impression. Il avait l'air perdu dans ses pensées, faible, et triste. Très triste... »

Une heure plus tard, je sortais de Philadelphie, coincé sur le Schuylkill River Bridge avec 50 000 fans de base-ball qui sortaient du Vets Stadium. Les fans tiraient la tronche : les Phillies avaient encore perdu. Moi je me demandais seulement si j'allais atteindre l'aéroport à temps ou devoir passer une autre nuit stérile au Benjamin Franklin Motor Inn.

11

La rue

Red Rover, come over...

Comptine.

Le voyage à Philadelphie a eu des retombées. Des gens se sont mis à écrire ou téléphoner d'un peu partout : Floride, New Jersey, New York, Barcelone… Sur Wilshire Boulevard, j'ai trouvé Ted Wasserman, un expert-comptable qui a eu toutes les peines du monde à justifier le lunch que je lui offrais ; surtout qu'il était venu avec un ami à lui, un danseur de claquettes qui a fait pratiquement tous les studios, mais sur le tard. « J'étais ce qu'on appelle un " gypsy ", un danseur sans contrat. " Hoofer " c'était avant, du temps du vaudeville… » Ted Wasserman m'a quand même donné une idée assez précise de La Rue. Celle de l'enfance. La rue de Wasserman et Goodis était la 10e, dans le quartier de Logan. Goodis habitait au 4758, au niveau de Louden Street. Le quartier était presque entièrement juif à cette époque. Les maisons étaient contiguës, surplombant légèrement la rue ; six ou sept marches montaient jusqu'au porche, et un bout de pelouse recouvrait le reste du talus. « Le porche des Goodis était couvert et fermé ; le nôtre était ouvert à tous vents. Durant la Dépression, c'est à ces petites choses qu'on jugeait la richesse des gens du quartier. Pareil pour le mobilier : chez les Goodis le mobilier était assorti, ce qui était un signe d'aisance relative. Leur intérieur faisait très Europe centrale : des meubles sombres, une grosse rampe en bois… Il y avait trop de meubles, en fait, ce qui donnait une atmosphère un peu oppressante. »

Wasserman se souvient surtout des jeux : « On grimpait sur le toit des porches, qui communiquaient tous. On lançait des bombes à eau sur les gens en bas dans la rue ; ou on se coursait d'une terrasse à l'autre. » Ces détails aident à comprendre une des histoires loufoques que raconte Goodis dans la notice « biographique » qu'il fournissait à ses éditeurs : à 11 ans, ayant décidé qu'il ferait carrière dans l'aviation, il avait voulu mettre son courage à l'épreuve en sautant de la terrasse avec un parachute de fortune, en l'occurrence une vieille nappe. La bonne l'avait retenu juste à temps. Une bonne, en 1928 ? En fait ce devait être courant à l'époque, même dans les milieux modestes. Le père de Goodis avait un emploi modeste, mais il avait acheté des actions en Bourse durant les années 1920 et apparemment n'a pas tout perdu en 1929. Les Goodis étaient plus fortunés que la plupart de leurs voisins. « Le père de Goodis était aussi costaud que David était chétif. Étant môme, il avait toujours le nez dans un bouquin ; et il racontait toujours des histoires farfelues pour se rendre intéressant. » Mais Goodis jouait quand même avec les gamins de son âge, aux jeux des enfants américains de l'époque, comme « Red Rover », une version de l'Épervier.

De retour à son bureau, après le déjeuner, Wasserman a insisté pour appeler un ami à Philadelphie. Il a mis la communication sur l'intercom pour m'en faire profiter. Irv Ettinger n'en revenait pas qu'on l'appelle de Californie au sujet d'un freluquet insignifiant comme Goodis. « Ce type était cinglé, presque autant que son frère... Il était tout le temps à vous lancer des défis idiots, comme la fois à Atlantic City où il a parié qu'il se baignerait. L'eau était glacée. Il allait souvent à New York aussi, en stop, à une époque où ça ne se faisait pas du tout dans nos familles. Et il a épousé une Noire, même si ça n'a pas duré bien longtemps. Sa mère était ulcérée, pensez bien ; c'était une famille respectable, qui allait à Beth Shalom tous les samedis... David aussi allait à la synagogue tous les samedis, d'ailleurs... » Ensuite Ettinger et Wasserman se sont mis à causer du rabbin et du bon vieux temps. Bien sûr Ettinger avait pris pour argent comptant une des nombreuses histoires qui couraient sur Goodis, ou que celui-ci faisait courir sur lui-même. Elaine n'était pas noire. Elle était rousse.

Buddy Lewis n'en avait pas plus à m'apprendre sur Goodis, mais lui au moins il fait des imitations. Lewis est un comique, un habitué du « Borscht Circuit » des Catskills, aujourd'hui retiré des voitures à cause de troubles cardiaques. Dans son appartement de West Hollywood, il m'a montré un petit livre rédigé par Goodis, sur « L'homme aux mille voix » — avec des dizaines de photos montrant

Buddy Lewis en Jimmy Durante, Cagney, Edward G. Robinson ou Jimmy Stewart. Il m'a aussi donné un avis d'expert sur l'humour de Goodis. « David était un type très drôle, mais il était incapable de vous raconter une blague ; quand il s'y essayait c'était atroce. [Chose confirmée par Norkin, qui a vainement essayé d'écrire des sketches avec Goodis.] Il avait une autre sorte d'humour, très pince-sans-rire. Et ses gags n'avaient jamais de fin. Il n'arrêtait pas. Il en était même saoulant, parfois. » Buddy Lewis m'a tenu le crachoir pendant deux heures et je n'en ai pas appris plus. Mais il a quand même tenu à me faire Bogart avant que je parte. Et Jimmy Stewart. Et Eddie Robinson.

Un des numéros fournis par Wasserman s'est révélé nettement plus payant : Eddie Shils se souvenait très bien de Goodis. En fait, ils étaient voisins. Ils avaient un mur mitoyen et leurs terrasses communiquaient ; ils avaient même relié leurs chambres respectives avec un téléphone système-D. Edward Shils est aujourd'hui un éminent docteur en économie qui enseigne à la Wharton School à l'Université de Pennsylvanie. Il se souvient de Goodis très clairement mais aussi, et d'une manière plutôt rafraîchissante, sans trop d'affection ni émotion rétrospectives. « Franchement, le succès de David nous a tous beaucoup surpris, parce qu'étant môme il semblait trop superficiel, trop tête en l'air, pour arriver à quelque chose dans la vie. On avait l'impression qu'il se laissait mener par les événements, sans idée précise sur ce qu'il voulait faire. C'était un hippie avant la lettre, un libre-esprit ; mais il ne pouvait donner libre-cours à sa fantaisie que dans un monde de rêves, de fantasmes — ou alors dans ses livres. Même quand il jouait au foot, il était dans les nuages. Mais il vous faisait tout de même des coups pas possibles. Souvent c'était assez innocent, mais des fois ça tournait mal. Je me souviens une fois... C'était vers 1936 ou 1937, il devait être à Temple. Il avait déjà commencé à écrire commercialement et s'était mis dans la tête d'écrire un truc sur la guerre d'Espagne. Dans notre rue, il y avait un gars nommé Horace Karch, qui suivait David comme un petit chien. Personne n'était riche, dans notre rue, mais ce Horace était franchement pauvre ; j'ignore comment il pouvait habiter notre coin. En tout cas, David était son idole. Un jour David l'a embobiné et ils sont partis pour New York ensemble. Ils se sont mis sur Roosevelt Avenue et sont partis en stop. Et David a emmené Karch avec lui au bureau de recrutement des Brigades internationales. Pour se marrer, peut-être, ou plus probablement pour son roman, pour ses recherches. Je le vois d'ici : il devait déborder d'enthousiasme et jouer l'exalté. Mais Horace Karch, lui, s'est engagé pour de bon. David est retourné chez maman le même jour. Karch, lui, n'est jamais revenu. Il s'est fait tuer en Espagne presque en arrivant là-bas. »

Au début de *Retreat From Oblivion,* Herb Hervey marche sans but dans Harlem. Il vient de se chamailler une fois de plus avec sa femme. Et c'est là, dans Harlem, qu'il rencontre LA femme, Dorothy ; une Italienne qui travaille en usine et milite pour les gars partis se battre en Espagne contre le fascisme. Son mari, Tommy, est en Espagne dans la Légion Garibaldi. Il y a un échange intéressant entre Herb et la fille.

— *Il doit être tout jeune, alors.*
— *Qu'est-ce qui vous fait dire ça ?*
— *Oh, la plupart des gars qui vont là-bas, vous savez ; ils sont jeunes, ils veulent du frisson. J'ai un copain qui veut...*

Dorothy l'interrompt avec autorité et lui dit que son mari n'est pas en Espagne pour le pied. Hervey, qui ne suit pas la guerre ni les événements en Europe de très près, se sent un peu bête. « Cette Dorothy représentait une classe d'êtres humains quelques millions de degrés au-dessus des parasites comme lui-même, ou Jean ou le reste de la bande. Il se sentait déjà un peu gêné en sa présence. » Et il y a plusieurs chapitres décrivant Tommy en Espagne. Par contraste, Hervey a un autre ami nommé Paul, qui lui rêve d'aller jouer les mercenaires en Chine. Pour le frisson et pour l'argent.

Si les maisons de la 10e Rue se touchaient, les jardinets derrière étaient séparés par un chemin et des clôtures. Un ami de Goodis, qui préfère ne pas être cité précisément, m'a raconté que lui et David aimaient bien passer derrière le soir et reluquer la bonne d'un des voisins par sa fenêtre. « On devait avoir 14, 15 ans. Elle en avait 20. Elle était noire, comme beaucoup de domestiques à l'époque. Il aimait bien mater, David. Moi aussi, remarquez, mais lui encore plus. J'ignore si ce truc qu'il avait pour les Noirs date de cette époque. Bien plus tard, j'ai rencontré un ami commun qui prétendait que David ne pouvait être un homme qu'avec une Noire. Je ne sais pas si c'est vrai et n'ai aucun argument pour vérifier ça. C'est juste ce qui se disait sur lui. »

Plus les souvenirs et témoignages des copains s'accumulaient, plus j'entendais ces histoires truculentes ou fantasques à propos de Goodis, et plus j'avais envie de connaître l'autre côté. De toute évidence, une des clés de sa personnalité se trouvait du côté de sa famille. Et juste au moment où j'allais me résigner à accepter et entériner la face « public » de Goodis — celle qu'il voulait présenter au monde — je reçus un coup de téléphone inespéré : celui d'un lointain cousin de David qui semblait très anxieux de préserver la réputation de la famille. Bernard Shapiro est un avocat de Philadelphie, qui ajoute toujours « esquire » et « attorney at law » sur ses enveloppes et sa correspondance. Il m'a annoncé tout de go qu'il « n'y avait pas de pomme pourrie dans sa famille » et qu'il était désireux de me donner une idée plus exacte du milieu familial de David que ne pouvaient le faire ses amis. La mère de Shapiro était la sœur de celle de David, Mollie Goodis, née Halpern. En fait ce sont surtout les Halpern, le côté maternel de la famille, qui constituaient la tribu. Morris Halpern en était le patriarche. C'est lui qui était venu en Amérique en 1886 et avait fondé l'affaire familiale, une importante fabrique de meubles qui existe toujours, la Halpern Interstate Company. Les Halpern étaient originaires de Yosi en Roumanie et donc faisaient partie de la troisième vague d'immigrants juifs à Philadelphie, la moins intégrée ; les Juifs d'Europe centrale n'étant même pas acceptés socialement par les deux autres groupes juifs venus avant eux, d'Angleterre et d'Allemagne. Shapiro tenait toutes ces informations d'une courte histoire généalogique écrite par David lui-même. Il était remonté jusqu'à 1819. Morris Halpern est mort en 1954 à l'âge de 87 ans, mais durant une grande partie de la vie de David, c'est lui qui dirigeait et convoquait les réunions de famille. Parfois il louait une salle chez un traiteur ou un restaurant, pour des occasions comme Yom Kippour. La famille était très unie. Shapiro m'a répété plusieurs fois qu'elle comptait six médecins et au moins dix avocats — ce qui est effectivement beaucoup, même pour Philadelphie. David était bien sûr de toutes les réunions de famille, chaque mois tenues dans une résidence différente. « Tout le monde l'adorait parce qu'il était très amusant et excentrique — un vrai boute-en-train. Il vous sortait toujours des trucs drôles ; par exemple je crois que c'est lui qui a inventé l'expression " strictly from hunger ", qui est devenue courante depuis. Et puis on était tous fiers de lui, je crois. »

On est en droit de douter quelque peu de cette dernière affirmation. Tout comme de celle qui précède. M. Shapiro n'a peut-être jamais lu S.J. Perelman, ou jamais vu de films des Marx Brothers. Mollie Halpern Goodis était la personnalité dominante d'une couvée de onze enfants. Elle était volontaire, sophistiquée et charmante. William Goodis avait bien débuté comme coursier à la Globe Dyes Works, où il était devenu cadre. Il avait effectivement fait de la boxe étant jeune, chose qui impressionnait énormément son fils David qui toute sa vie a été un acharné du ring — et un boxeur en chambre. David était l'aîné. Il y avait eu un petit frère, Jérôme, mort à trois ans d'une méningite. Herbert n'avait jamais terminé ses études et avait de sérieux problèmes de santé : il souffrait d'asthme et de sévères dépressions. Il n'avait jamais tenu d'emploi de façon suivie — juste des petits boulots dans les entreprises familiales. David avait essayé de s'engager dans les Brigades internationales, puis dans l'armée au début de la guerre, mais il avait été jugé inapte au service à cause de ses reins, « et autre chose encore ». La mère de Goodis approuvait sa carrière d'écrivain et en était fière. Elle était très protectrice à son égard, et ils étaient très proches.

Bernard Shapiro admettait volontiers qu'il n'était pas du tout proche de David. Mais son apport devait se révéler déterminant : d'abord, il m'a mis en contact avec Edwin Sherman, un autre cousin de Goodis qui était par contre intime avec lui (celui qui est couché sur le testament). Mais il y avait aussi et surtout cet album de famille, ce scrapbook que Mme Anita Feld, une autre cousine, avait prêté à Shapiro à mon intention et qui devait faire avancer mes recherches de façon considérable. En plus de coupures de presse, articles écrits sur lui ou par lui, l'album contenait aussi des couvertures de magazines pour lesquels Goodis avait écrit de 1937 à 1945. Non seulement ils indiquaient pour quels titres de pulps

Goodis écrivait le plus fréquemment, mais aussi sous quels pseudonymes. Il y avait aussi quelques lettres. Plus tard, j'ai pu me procurer des copies de la plupart de ces matériaux qui en disaient long sur Goodis en eux-mêmes mais aussi sur le fait qu'il les avait conservés toute sa vie.

Car si, comme l'affirment Norkin, Wendkos et les autres, Goodis snobait Hollywood et n'en faisait aucun cas, pourquoi gardait-il des télégrammes de Samuel Goldwyn le remerciant de sa contribution au United Jewish Fund ou sollicitant sa présence à un dîner honorant la mémoire du major Wyngate ? Surtout que ces télégrammes ne sont même pas personnels : les secrétaires de Goldwyn devaient envoyer ça comme des circulaires ou prospectus. Il était juste sur la liste. Il y a aussi une lettre de félicitations signée par H.H. Arnold, général commandant la US Air-Force, pour sa contribution au feuilleton radiographique *Hap Harrigan of the Airways*. Lettre qui, soit dit en passant, devait infiniment plus compter pour Goodis que tous les télégrammes du Dernier Nabab. Il est peut-être utile de préciser à ce stade que le surnom donné affectueusement par ses pilotes au général Henry Arnold, bâtisseur et artisan de la force aérienne américaine, était justement « Hap ».

Reste bien sûr à déterminer qui, de Goodis ou de sa mère, gardait cet album de souvenirs. Car il y a une grande différence entre s'accrocher fièrement où sentimentalement à ses moments de triomphe, et simplement vouloir rendre ses parents heureux ou fiers de soi. Malheureusement, il ne m'a pas été possible de découvrir avec précision qui conservait l'album. Mme Feld m'a simplement dit qu'elle le tenait d'Edwin Sherman, et Edwin Sherman m'a dit qu'il l'avait trouvé chez Goodis après sa mort dans la maison où il avait vécu seul pendant deux ans. Il y avait des livres (« surtout des best-sellers »), et beaucoup de disques. Sherman n'avait aucun moyen d'en être sûr, mais il tendrait à penser que c'était David qui avait conservé cet album. Edwin Sherman vend des voitures dans le New Jersey, à Willingboro juste de l'autre côté de la Delaware. Il a été le dernier à voir Goodis avant sa mort, à l'hôpital Albert-Einstein où il était allé se faire soigner après son attaque. « Je me suis toujours senti un peu coupable à cause de cette nuit-là. J'ai été le voir le soir à l'hôpital ; il attendait qu'on lui prépare sa chambre. Je pensais qu'il se disait plus malade qu'il ne l'était en réalité. Vous savez peut-être qu'il avait tendance à tout exagérer. Il avait été comme ça toute sa vie et on ne le prenait jamais complètement au sérieux. En plus de ça ce soir-là je devais sortir avec une femme. J'avais le choix entre rester auprès de lui ou manquer mon rendez-vous. Je suis allé à mon rendez-vous. Le lendemain matin David était mort.

« Il avait effectivement beaucoup changé vers la fin de sa vie, surtout après la mort de sa mère. Il s'était coupé du reste de la famille et s'était fâché avec eux ; je crois qu'il trouvait que la famille n'avait pas traité sa mère correctement, ou quelque chose comme ça. En fait, moi, j'étais plus un ami de Herb que de David. Herbert et moi on avait le même âge. C'est incontestablement David qui était le roi de la basse-cour chez les Goodis ; c'est lui qui dominait, qui avait du succès. Herbert souffrait de schizophrénie — et aussi sans doute de vivre dans l'ombre de son frère aîné. Ce sentiment de culpabilité qu'avait David envers son frère vient probablement de là. C'était une rivalité latente, jamais exprimée. Par exemple, Herb aimait beaucoup la pêche — en rivière ou dans les canaux, surtout. Pas beaucoup en mer. Sur le tard, David s'est mis à la pêche lui aussi, sans doute pour passer un peu de temps avec son frère. Mais, comme avec tout ce qu'il entreprenait, il est rapidement devenu meilleur ; il fallait qu'il soit expert en tout. Finalement Herb en a perdu le goût pour la pêche et a laissé tomber. Pareil pour le billard à poches, même scénario ; sauf que David laissait Herb gagner de temps en temps exprès — mais Herb s'en rendait bien compte. Il y avait des crises épouvantables entre les deux frères, quand Herb devenait violent. Il y avait eu un incident avec le laitier, et depuis ce temps-là Herb était dans les mains des psychiatres. Peut-être que l'intérêt de David pour la psychanalyse et la psychologie criminelle date de cette époque, de ses contacts inévitables avec la profession. La mort de Herbert fut tragique, mais guère étonnante. Il a marché dans le bois, je crois, et s'est laissé mourir de faim. Bien sûr on n'aurait jamais dû le laisser seul sans tutelle — mais c'était tout de même une sorte de suicide.

« Les deux frères aimaient la musique, ils avaient des tas de disques, jazz et classique. David avait eu des leçons de violon étant môme. Les livres que j'ai trouvés chez lui étaient surtout des best-sellers, des grands succès commerciaux ; pas des classiques.

Mais il disait du bien des rares auteurs dont il discutait avec moi, comme Hemingway. Je crois qu'on reconnaît l'influence d'Hemingway dans *Retreat From Oblivion.* C'est peut-être fait maladroitement mais c'est présent. C'est sans doute le seul livre dans lequel on sent que David essaie d'écrire “ sérieusement ”. Après ça il s'est mis délibérément à faire du commercial. » Edwin Sherman se souvient bien de la fameuse Elaine. Ils se seraient rencontrés en Californie et c'est peut-être là-bas qu'ils se sont mariés, vers 1942. Il n'y a pas de trace d'un acte de mariage aux archives de Los Angeles Country, mais ils auraient très bien pu faire ça à Reno, Las Vegas ou Tijuana. Norkin ne se souvient de rien. Mais Goodis était effectivement en Californie au début 1942. Il a même été brièvement employé chez Universal, où il a écrit un traitement sur une histoire de John Meehan, *Destination Unknown.* Goodis n'a pas fait long feu et le script fut finalement écrit par deux scénaristes aux noms aussi incroyables que réjouissants, Lauwrence Hazard et J. Kafka. Sherman a par contre rencontré la belle Elaine à plusieurs reprises chez les Goodis. David et Elaine ont donc habité brièvement la maison familiale. Elle était rousse, attrayante et sexy, mais définitivement pas la taille ni la ligne « mannequin ». Elle avait beaucoup de poitrine et un glorieux postérieur et portait toujours des vêtements très serrés. (« David disait toujours : “ I'm an ass-man [1]. ” On parlait comme ça à l'époque. ») Bref, elle était ronde et potelée, mais pas du tout obèse. Le mariage n'avait pas duré deux ans, sans doute au grand soulagement de Mollie Goodis. « Mais sa mère était très tolérante et montrait beaucoup de compréhension pour la personnalité de son fils qui était, dirons-nous, très peu conventionnelle. David appréciait beaucoup la domesticité, et en même temps la liberté que lui offrait cet arrangement. C'était un noctambule invétéré, et il pouvait se lever tard, le petit déjeuner était quand même prêt. Je ne sortais pas avec lui, parce qu'on était très différents de tempérament. Mais une fois je me suis quand même laissé entraîner et on est allés dans un bar, où il m'a présenté deux Noires. Une pour moi et une pour lui, comme il disait. Je dois dire que j'étais mal à l'aise. Elles n'étaient ni obèses ni même grosses ; juste bien en chair. J'aurais plutôt tendance à croire toutes ces

1. « Ce qui compte pour moi, c'est le cul. »

histoires qu'il racontait sur ses exploits avec les grosses Noires. Il aimait bien le sexe. »

Goodis fumait comme un sapeur mais ne buvait que modérément, ou pas du tout. Sherman se demande toujours pourquoi Goodis n'a pas légué sa fortune spécifiquement à une organisation noire ou pour les droits civiques. « C'est une cause qui lui tenait tellement à cœur... Peut-être qu'il donnait des contributions à titre privé, ça ne m'étonnerait pas du tout... » Avant de raccrocher, Edwin Sherman m'a promis de m'envoyer la fameuse photo de Goodis avec Bacall et Bogart ; et une autre, si jamais il pouvait la retrouver, qui montrait Goodis et Sherman déguisés en Laurel et Hardy. S'IL POUVAIT LA RETROUVER !!! Durant des semaines et des semaines, j'ai surveillé ma boîte aux lettres avec tellement d'anxiété et assiduité que j'ai fini par en donner des palpitations au facteur, un alcoolique bilieux qui n'avait vraiment pas besoin de ça en plus des pastèques qu'il trimballait invariablement sous sa casquette. Finalement les photos sont arrivées. La photo de publicité Warner n'était pas celle dont avait parlé Wendkos ; pas d'excrétion nasale sur celle-là. Laurel et Hardy valent par contre leur pesant de moutarde, mais heureusement que Sherman a songé à préciser qui est qui. Les deux larrons portent des chemises à rayures et des cravates à fleurs. Oliver Goodis, sur la gauche, porte moustache, melon, et un invraisemblable pardessus. Il y a également deux instantanés plutôt flous montrant David et ses parents, photo fleurant bon les dimanches mortels de province. La mère est en manteau d'astrakan, les deux hommes engoncés dans leur pardessus. Ils portent des chapeaux identiques. L'autre photo montre David et Herbert, ce dernier faisant dix ans de plus que son frère aîné. Il se déplume déjà par-devant et a l'air d'un inspecteur des finances ou d'un instituteur à ulcère. A côté de lui, David a l'air d'un jeune noceur, avec son écharpe blanche et ses cheveux pour une fois bien peignés. Il a l'air étrangement poupon et ressemble presque à Eddy Mitchell. La photo me rappelle ce que m'écrivait un ami de Herbert, Robert Hendon, de Barcelone : « Herbert était un être extrêmement conventionnel vivant dans une perpétuelle frayeur de mal faire, de secouer la barque. Sa grande tragédie c'est qu'il n'est jamais vraiment sorti du ventre de sa mère. David et lui, c'était le jour et la nuit. »

Le jour et la nuit. De jour David Goodis, bon fils, soutien de famille et à l'occasion « personnalité » donnant des interviews. De nuit Al Duval, ou Al Dubois selon les mensonges, Créole fin de race, hipster ami des musiciens, à l'aise aussi bien avec les redhot mamas qu'avec les malfrats de seconde zone. Mais qui peut vraiment croire pareille charade ? Qui l'a vraiment vu opérer dans les bars ? Qui allait avec lui dans les bouges ? Et si Goodis n'était après tout qu'un Walter Mitty un peu exalté — et inventif ? Prenez les déclarations qu'il fait à Herbert Cohn, un reporter du *Brooklyn Daily Eagle* venu l'interviewer pour sa chronique « The Soundtrack ». On est en septembre 1947. Goodis est venu passer une semaine à Boston avec Wald et Delmer Daves. Cohn le trouve dans la Hunting Room de l'hôtel Astor, attablé devant un bol de soupe. « Je suppose, dit Goodis, qu'on pourrait me traiter d'imposteur — et en un sens on n'aurait pas tellement tort. » Cohn s'empresse bien sûr de protester ; mais n'est-ce pas bien dans la manière de Goodis de dire la vérité pour qu'on ne la croie pas ?

Cet été-là, Danny Kaye triomphe justement dans *la Vie secrète de Walter Mitty*. *Dark Passage* joue toujours au Strand, avec en prime et sur scène Victor Lombardo et son orchestre, ainsi que Borran Minevitch et ses Harmonica Rascals. Milton Berle termine son engagement au Roxy. *Autant en emporte le vent,* dans sa quatrième semaine au Criterion, remporte presque plus de succès encore qu'à sa sortie en 1939. Liz Taylor est au Warner (*Life With Father*), Jane Russel au Broadway (*le Banni*). Gene Autry amène son rodéo au Madison Square Garden, et Norman Granz son « Jazz at the Philharmonic » à l'Academy de Brooklyn. Illinois Jacquet est en tête d'affiche, avec Flip Phillips, Coleman Hawkins, Howard McGhee, Ray Brown et Helen Humes. Et David Goodis est au pinacle de sa carrière, comme on dit dans le *Daily Eagle*. Cohn s'efforce d'expliquer les curieux et « francs » propos de Goodis : « Par imposture, il veut évidemment dire la technique qu'il emploie pour trouver des personnages intéressants. Goodis passe une grande partie de son temps à se faire passer pour un malfrat de seconde zone ou un dip [pickpocket] libéré sur parole, ou un acteur dans la dèche. Vous le trouverez en train de traîner dans un de ces bars minables sur Main Street à Los Angeles, dans le quartier de Mission à San Francisco, sur le Bowery à New York ; ou, si vous êtes à Philadelphie, cherchez-le du côté du Tenderloin. Philly est son territoire véritable. C'est là qu'il a grandi, sa famille déménageant souvent en se rapprochant de plus en plus de Mainline, après des débuts dans les taudis. » N'en jetez plus... Goodis aurait fait un bon agent de presse.

« Bien sûr c'est une pratique qui n'est pas sans risques, comme en témoignent les deux ou trois cicatrices qu'il porte. En cas de coup dur il lui reste le judo ; comme la plupart des petits gabarits, il en a fait un peu. Pour lui, tous ces risques sont le prix qu'il lui faut payer pour l'authenticité de ses personnages et ses dialogues. Malgré son jeune âge, ce recours à pareilles " supercheries " n'est pas nouveau pour Goodis. C'est il y a neuf ans, pendant qu'il faisait de la roue libre et faisait semblant d'étudier à Temple University, qu'il a débuté comme auteur d'histoires d'aventures pour les pulps. En six ans, il a vendu quelque cinq millions et demi de mots à ces publications — surtout des histoires de pilotes de chasse. Bien évidemment il n'a jamais volé de sa vie — il pompait tous ses détails techniques dans des manuels d'aviation, en particulier le *Jean's Manual ;* et il brodait autour, avec son imagination vertigineuse et échevelée. Il devait s'y entendre suffisamment, puisqu'à la fin il était payé 2 cents le mot, ce qui n'est pas rien dans la fameuse Jungle de Papier. »

Ce que le Rouletabille du *Daily Eagle* oublie de dire, c'est que Goodis avait commencé à un *quart de penny* le mot. Il était plus ou moins spécialisé dans les « dod-fights » aériens et la Première Guerre mondiale. Il en connaissait un rayon sur la ligne Hindenburg, les duels héroïques et chevaleresques entre Spad et Fokker, la poche de St-Mihiel et les fiches de performances d'un Sopwith Camel comparées à celles d'un Albatros. De toute évidence, il avait la doc'. Il semble par contre avoir eu nettement plus de mal à se mettre aux Mitsubishi, Messerschmitts et autres Airacobra. Les Zéros lui donnaient des migraines, jusqu'à ce qu'il mette la main sur la documentation nécessaire, bien sûr. Vers 1941 ou 1942, les ouvrages spécialisés étaient légion. Armé du *War Wings* de David C. Cooke, n'importe quel petit malin comme Goodis pouvait de nouveau voler en toute sûreté et écrire le plus péremptoirement du monde que « le lieutenant Roy Carr faisait rugir le Pratt & Whitney de son Catalina ».

Et il avait bougrement intérêt à bien lire ses sources, parce qu'il écrivait pour une engeance qui ne plaisantait guère au sujet de la mécanique ; toute une bande de prolétaires américains amoureux du cambouis, maniaques tordus qui écrivaient à l'occasion à la rédaction pour faire sèchement remarquer que le SBC-4 a un moteur Wright « Cyclone » et non un Pratt & Whitney « Twin Wasp » comme le prétend l'ignare homoncule auteur de *Swift are the Hawks of War* dans le dernier numéro. Ou capables de tancer vertement Ray P. Shotwell pour être resté dans le vague et le flou artistique en décrivant les mitraillettes japonaises : « Les Japs ont des Nambus », précise l'excédé. Et ce sont des Oerlikon à canons courts qu'ils ont sur leurs avions. C'est parfois signé : Gazeusement vôtre, Buddy Bedell, Keansburg, New Jersey.

12

L'as des gaz

A l'époque où Goodis écrit pour *Battle Birds* ou *Popular Sports Magazine* ou *Daredevil Aces*, les pulps sont déjà en déclin. Les comic-books ont commencé à apparaître dans les kiosques et drugstores dès les années 1930, et l'immédiat après-guerre marquera le triomphe éphémère du livre de poche comme alternative aux pulps. La continuité est évidente : chaque vague est née des mêmes impératifs commerciaux ; et ces collections étaient souvent dirigées par les mêmes hommes, qui avaient presque tous commencé dans le métier comme « circulation men » pour les chaînes de distribution dans les années 1920. Ainsi Ned Pines et Leo Margulies ont fondé Popular Library après avoir passé plus de vingt ans à consolider l'empire du « Thrilling Group » à la grande époque des pulps. Thrilling était le rival de l'autre géant, Popular Publications. Quand Popular sortait un nouveau titre, comme *Thrilling Mysteries*, Thrilling sortait *Thrilling Mystery* un mois après. Et *Thrilling Adventures* et *Detective Fiction*. Goodis a écrit pour ce dernier titre, ainsi que *RAF Aces* (« True Action Stories of the Men With Wings »). Vingt ans plus tard Pines et Margulies ressortiront son roman *la Garce* dans leur collection de livres de poche, Popular Library.

Durant les années 1930 et 1940, le tarif pour les esclaves du mot s'était tacitement stabilisé autour de 1 penny. En fait, il avait baissé par rapport à la grande époque : dans les années 1920, par exemple, Max Brand obtenait 10 cents par mot. La fin de la guerre marque la mort des pulps. On voit tout d'un coup des vedettes incontestées de l'illustration lubrique et dérangée comme Earle Bergey ou Rudolph Belarski (deux des artistes les plus collectionnés aux États-Unis) se mettre à faire des couvertures de livres de poche pour Popular.

Pour le recyclage, il leur avait fallu se calmer un peu. Comme avec Hollywood, le Code était nettement plus prude après qu'avant la guerre. Bergey avait bien réussi à faire passer sa fameuse « tit cover » pour *la Vie privée d'Hélène de Troie*, mais c'était un exploit : si Hélène de Troie n'avait bénéficié de l'immunité diplomatique accordée aux Grecs et aux « classiques », il n'aurait jamais pu montrer cette paire de seins aux mamelons en indiscutable état d'érection. Mais le marché dans lequel Bergey et Belarski s'étaient fait leur infâme réputation n'existait pratiquement plus. Il n'empêche qu'entre 1938 et 1945, les quelque 200 titres encore publiés chaque semaine par les différentes maisons constituaient toujours une énorme industrie — un peu comparable aux moulins à niaiseries rendus nécessaires par la télévision aujourd'hui. Il fallait fournir.

Goodis fournissait en moyenne 300 à 500 mots par jour, ce qui nécessitait souvent des journées de huit heures. Il tapait avec deux doigts seulement, et même s'il se déclarait être « un des piverts les plus rapides du métier », c'était néanmoins un handicap qui le reléguait irrémédiablement au niveau des lambins besogneux. Philadelphie avait produit quelques géants dans la partie, de véritables Vésuve cracheurs de mots comme Baynard Kendrick, créateur du premier « defective detective » et premier président de l'association Mystery Writers of America. Le héros de Kendrick était un certain Captain Duncan Maclain qui avait la fâcheuse habitude de devenir aveugle au mauvais moment, en proie à de violentes attaques glaucomateuses. Kendrick se targue d'avoir réussi à gagner 300 $ ou 400 $ par mois durant la Dépression, « ce qui n'était pas rien ». Mais quand il s'est enfin vu ouvrir la porte des « slicks [1] » comme *Collier's* ou *American*, qui offraient entre 4 000 $ et 5 000 $ pour une nouvelle de 20 000 mots, il a quitté les pulps « sans un regret ». Il lui a quand même fallu calmer l'ardeur de son imagination pour s'ajuster à son nouveau marché de coiffeurs et ménagères ; après tout, Baynard Kendrick est l'homme qui, un jour, a écrit une nouvelle dans laquelle quelqu'un enlevait la petite culotte d'une fille avec un chalumeau… Il y avait aussi le redoutable Paul Ernst, de Bucks County, Pennsylvanie, qui vous alignait ses

1. Le contraire des « pulps ». C'étaient des magazines « respectables », sur papier glacé (« slick »).

5 000 mots en une journée. Il écrivait d'un seul jet, directement au propre, sans une rature. Il ne relisait jamais, mais vendait 90 % de ce qu'il envoyait aux éditeurs. Il faisait presque tous les numéros de *The Avenger*, mais ce n'est même pas lui qui a créé le personnage. Un des rédacteurs en chef de Smith & Smith lui a donné l'idée, le même sans doute qui a suggéré le personnage du *Shadow* à Walter Gibson.

Goodis peut donc faire figure de minus à côté de pareils Niagara. Mais il travaillait plus et se donnait plus de mal : Ernst ne travaillait que le matin, quatre jours par semaine. Goodis, lui, mettait les bouchées doubles. Il travaillait surtout pour Popular, mais aussi à l'occasion pour Fiction House (*Wings*), Thrilling ou même les éphémères et chancelants Hersey Magazines (*Flying Aces*). En 1940, il a aussi écrit pour le *Reader's Digest*, une ânerie intitulée *Picturesque Peach and Patter*. Il a un jour déclaré à Harry Harris, du *Philadelphia Bulletin*, qu'il écrivait sous sept noms différents, et parfois jusqu'à sept histoires dans le même numéro — comme c'est sûrement le cas pour *Battle Birds*. Dans le *Flying Aces* de novembre 1940, il signe *Blood For the Hawks of Hitler* par Logan C. Claybourne, et *Contract For Glory* et *The Ceiling of Hell* par David Goodis. Mais c'est surtout pour Popular qu'il fournissait le plus. Durant les années 1930, Popular avait damé le pion au géant d'alors, Smith & Smith, atteignant une circulation totale d'un demi-million d'exemplaires. L'hégémonie de Popular ne sera menacée que sur le tard, avec la concurrence des paperbacks et aussi surtout la poussée des coquins : à partir de 1937, Thrilling n'hésite plus à publier des couvertures ouvertement sadiques et érotiques. Cette vogue culminera avec Martin Goodman et son infâme collection Red Circle, sans conteste possible la collection de pulps la plus extrême et la plus haute en couleur jamais publiée aux États-Unis. Goodis n'a jamais travaillé pour Red Circle, mais il se retrouvera ironiquement édité par Martin Goodman bien plus tard dans les années 1950 : c'est Goodman qui publiait les Lion Books pour lesquels Goodis a écrit trois « originaux ». Par contraste, le grand papa de Popular Publications, Henry Steeger, n'a jamais mangé de ce pain-là. Véritables modèles de stabilité (il est resté à la même adresse sur la 42e Rue de 1930 à 1972), ses publications se reconnaissaient toujours à leur côté anodin, et au fameux logo qui rappelait parfois une tête de mort :

deux P mis dos à dos sur fond bleu, le tout entouré d'un liseré blanc.

Chez Popular, Goodis écrivait dans *Sky Raiders*, *Air War*, *Daredevil Aces*, *Army & Navy Flying Stories*, *G-Man Detective* (*No More Blame*), *The Lone Eagle* et *Super Sports* (*The Grudge Runner*). Aussi tard que 1947, alors qu'il nage dans le pactole à Hollywood, plusieurs de ses histoires sportives paraissent dans *New Sports Magazine* et *Sport Novels* : *Hell On Spikes* par Ray P. Shotwell, *Second Best Chance* par David Crewe, et *Fair Leather Champ* par Lance Kermit. Goodis touche à tout : boxe, football, base-ball ; même au golf et à l'aviron ! Lance Kermit torche *High Drive Guy* en 18 trous et un double-birdie dans *15 Sports Stories* en 1948. Et Logan C. Claybourne rame dur avec *Sink the Dream Boat*. A noter que cette dernière histoire, comme la première partie du pseudonyme, est typiquement locale : il y a plusieurs clubs d'aviron sur la Schuylkill ; le père et le frère de Grace Kelly étaient champions d'aviron et c'est un sport guère pratiqué aux États-Unis en dehors de Boston et Philadelphie. Dans *les Pieds dans les nuages*, le grossium Grogan appartient au Southern Boat Club. Goodis semble pourtant avoir préféré la boxe. Il en met partout, même dans ses histoires d'aviateurs, au mess des sous-off du 78e comme dans les vestiaires après le match de football. Quant à ses histoires de ring, on peut se faire une idée du style et de l'humour en lisant le début de *Fair Leather Champ* (déjà bien cartonné comme jeu de mots) : « Ce Sugar Burns avait dégusté tellement de coups de gant dans sa carrière qu'il en avait fini par croire définitivement qu'il était employé dans une tannerie. »

Battle Birds était un magazine entièrement consacré à l'aviation de chasse. Ses débuts remontent à 1934, quand il s'appelait encore *Dusty Ayres and His Battle Birds*. Toutes les couvertures et illustrations intérieures étaient dessinées par un nommé Fred Blakeslee, et les lecteurs étaient tellement férus de ses œuvres que la rédaction offrait parfois ses originaux en récompense pour les lettres les plus instructives ou les plus insultantes, auxquelles répondait un mécano-rédacteur imaginaire nommé « Greaseball Gabby ». Greaseball Gabby leur répondait invariablement par une bordée d'injures dans sa rubrique « In the Hangar ». C'est de loin ce qu'il y a de plus lisible aujourd'hui dans ces pages jaunies et friables — avec bien sûr les réclames pour des produits invraisemblables contre l'acné, la surdité, la pauvreté, l'obésité, la maigreur, les hémorroïdes, les puces, le bégaiement, l'asthme, les varices, les rages de dents et les infections rectales. Ma préférée est tout de même la pleine page pour la Cravate de la Victoire, « la cravate qui brille dans le noir », encore appelée « cravate couvre-feu ». « Imaginez cette splendeur en plein jour : une myriade de V pour Victoire rouges et blancs, sur un riche fond bleu marine ! Et la nuit, le Victory Code dans toute sa beauté flamboyante... Portez-la avec fierté, elle est élégante, et qui plus est : infroissable. Fini le repassage ! » Si l'on en croit Norkin sur les habitudes vestimentaires et hygiéniques de Goodis, on peut raisonnablement imaginer que notre homme ait pu envoyer ses 98 cents à Glow In The Dark Necktie Co, 207 North Michigan Avenue, Chicago, Illinois.

Dans *Dusk is for Dying*, Ray P. Shotwell bouffe du Jap au-dessus de la frontière sino-birmane, de toute l'effrayante puissance de ses Anacobra et Curtis Hawks. Les Browning du capitaine Barth assaisonnent joyeusement deux Nakajima 96 et un malchanceux Tatikawa deux-places, qui s'en vont présentement baiser les orteils du Bouddha et faire un peu de place dans le ciel birman. Dans *Flames Over China*, Lance Kermit nous montre un casse-cou texan nommé Cole en train de rayer plus de Zéros du ciel tonkinois qu'un comptable d'Hollywood de ses relevés de royalties. Cole travaille pour les Chinois en mercenaire, comme Paul dans *Retreat From Oblivion*. Il descend même un bombardier Mitsubishi avec son Curtiss P-40. Pour donner une idée de *Aces Die Hard* (par David Crewe), il suffit de citer les deux premières lignes : « A Morlancourt, et plus tard à Corbie vers le sud, les Boches étaient de nouveau sur l'offensive. C'était la fin avril 1918, et le Kaiser était aux abois... » Pour le reste, les titres parlent d'eux-mêmes : *The Thunderbolts are Coming !* par David Crewe. *Midnight Mission*, *Guns of the Sea Raiders*, *Wings of the Death Patrol* ou *The Fiftieth Mission* par David Goodis. *Traitor Wings* par Lance Kermit. *Get UpThere and Fight !* par Ray P. Shotwell, ou encore *Dites-le avec des pruneaux*, par Logan C. Claybourne.

Ironiquement les lecteurs écrivent à Greaseball Gabby pour dire que Ray P. Shotwell est bien meilleur que David Crewe. Ou l'exhortent à virer ce Claybourne s'il est incapable de comprendre qu'un pilote ne peut pas sortir en plein vol son bras du cockpit sans se le faire salement arracher. Les lecteurs de *Battle Birds* sont des clients vicelards, qui chipotent pour des riens : Buddie Bedell, de Keansburg, New Jersey, prend la défense de « monsieur Shotwell » contre les lazzis d'un certain Eugene Downing qui prétend qu'il est impossible d'équiper un Corsair avec des pontons d'hydravion. « Les Japs le font bien avec leurs Zeros Mitsubishi... » Larry Rowland rouspète parce qu'il n'a jamais entendu parler d'un avion pouvant voler 2 400 milles tout d'une traite et retourner sain et sauf, même avec des réservoirs supplémentaires. « Surtout pas un Vultee P-66... » David Beaudin, de Seattle, n'a que des compliments à faire à l'équipe mais voudrait savoir quel modèle d'avion russe a dessiné Blakeslee sur sa couverture du mois de mars. Greaseball lui répond comme à un demeuré : « C'était le IL Stormovik, patate ! » Et il devait bien rigoler en lisant la dernière suggestion de Beaudin, une rubrique qui présenterait les méritants auteurs de *Battle Birds*, avec photos et résumés biographiques. « Trop risqué, réplique Greaseball Gabby. Avec ces mecs-là on risquerait la bagarre, ils s'emmêleraient les cheveux. »

Et pour cause. Car il est bien possible qu'en plus d'avoir été Shotwell, Crewe, Kermit et Claybourne, Goodis ait été aussi Dennis George Maribeaux (qui fleure suffisamment bon le Créole), et même — pourquoi pas ? — Greaseball Gabby.

13

To Dave,
from your best friend —
Dave

Goodis était peut-être un éhonté Lindbergh en chambre quand il écrivait *Battle Birds* ou son feuilleton *Hap Harrigan,* mais il a tout de même fini par prendre son baptême de l'air dans les années 1950. C'est du moins ce que m'a révélé Monroe Schwartz dans une des nombreuses et volumineuses lettres qu'il a commencé à m'envoyer de Floride peu après mon retour sur la Côte ; des lettres de vingt pages parfois, écrites à la main, d'une prose aussi drue et touffue qu'une forêt équatoriale, et tout aussi fleurie. Ses souvenirs sont aussi d'une impressionnante précision. Les deux hommes ont fait le même genre d'études, Goodis à Temple, lui à l'Université du Michigan. « Comme pour lui, elles ne m'ont pas servi à grand-chose. En sortant de Temple il s'est mis à travailler en " free lance " dans la publicité, ensuite il est allé à New York travailler pour l'agence de Charles Reach. Dave passait peut-être pour un médiocre tâcheron à Hollywood auprès de ses employeurs et collègues, mais à Philadelphie il était tout sauf ça : il était naïf, amusant, compliqué et — je crois — assez torturé aussi. Quand j'ai été démobilisé de l'US Air Force en 1945, nous avons renoué notre amitié. Comme j'étais une véritable ruine mentalement et émotionnellement, je suis allé passer quelque temps chez David à New York — histoire d'essayer de remettre les morceaux de ma vie en place. Il habitait un lugubre rez-de-chaussée dans une " brownstone ", un de ces immeubles de pierre dans Mid-Manhattan. Le décor et l'ambiance de cet appartement étaient totalement déprimants. Durant ma première nuit chez lui, je me souviens qu'il a eu un visiteur, très tard, un gros homme qui est entré par la fenêtre. Je n'ai jamais fait sa connaissance mais il était très ami avec David. Il s'appelait Morty Krause. Je me souviens aussi d'avoir été réveillé en pleine nuit par une fille en uniforme de la WAC [1]. Le lendemain j'ai eu amplement le temps d'examiner les lieux. Sur le manteau de la cheminée vernie, qui était d'une laideur remarquable, il y avait juste une petite photo de Dave en train de se regarder dans la glace, un verre de bière à la main. Elle était dédicacée : « A Dave, de la part de ton meilleur ami — signé Dave. »

« C'est aussi le jour où le facteur a apporté une enveloppe de la Curtis Publishing Co, de Philadelphie, qui publiait le *Saturday Evening Post.* C'est, vous le savez sans doute, le magazine fondé par Ben Franklin. L'enveloppe contenait un chèque de 25 000 $ pour la publication de *Dark Passage* en feuilleton. Inutile de dire qu'avec cette somme colossale Dave et moi sommes sortis fêter ça royalement. Nous sommes d'abord allés à la Coupoule [*sic*], un restaurant fréquenté par les Européens en exil et les réfugiés de guerre. Quand ils ont amené le plat de poisson, David l'a immédiatement posé par terre et a laissé un énorme dalmatien baver dedans et en manger la moitié. A la suite de quoi nous sommes allés réellement dîner dans un des endroits favoris de Dave, chez Nedick's, un stand à hot-dogs qui n'existe peut-être plus aujourd'hui. On a arrosé le hot-dog d'un *grand* jus d'orange. Ensuite Dave a décidé de marquer le coup et continuer cette folle nuit d'extravagances en amenant sa chemise de rechange à réparer chez le blanchisseur. Il a fait retourner le col. David admirait énormément l'héroïsme, les exploits en tout genre — même s'il était le premier à se dire le dernier des trouillards. Moi j'étais une sorte de héros de guerre, pensionné et tout ça, et Dave ne se lassait jamais de m'entendre raconter mes " exploits ", comment j'avais été contraint de sauter en parachute de mon avion en flammes au-dessus du désert égyptien, ou mes raids sur El-Alamein, ou la semaine que j'ai passée accroché à un radeau au large de la Crète. Il devenait étrangement animé quand je lui racontais ça, comme s'il était lui-même en train de vivre ces aventures. Chez lui il était tranquille, taciturne, bon fils respectueux ; à l'extérieur il était Superman.

« Juste après la guerre, il s'est mis à écrire ce feuilleton, *Hap Harrigan of the Airways.* Il me demandait toujours conseil sur des détails techniques. Une fois il s'est laissé piéger par son imagination

1. Women's Army Corps.

et a placé Harrigan dans une situation telle qu'il ne pouvait plus humainement s'en sortir. Le jour où il est allé trouver le producteur pour lui annoncer que Hap allait devoir être amputé d'une jambe, celui-ci a recommandé de demander d'abord l'opinion de différents experts pour savoir comment les enfants de la nation allaient prendre la tragique nouvelle. Dave est d'abord allé voir le général " Hap " Arnold. Ensuite il est allé chercher conseil auprès d'un psychiatre très réputé, qui lui avait donné rendez-vous pour déjeuner dans un endroit très chic. Le maître d'hôtel n'était pas encore arrivé que Dave sortait déjà deux barres de chocolat et donnait le choix au psychiatre entre "amandes " ou " sans amandes ", lui demandant à brûle-pourpoint : " Croyez-vous que Hap peut vraiment perdre sa jambe ? " A la fin du déjeuner, le psychiatre fasciné lui offrait de le soigner à titre absolument gratuit.

« Chez ses parents il était très différent. Il était comme éteint. Il travaillait dans sa chambre, une pièce presque monacale. Il avait sa vieille Underwood qui faisait un raffut effroyable, posée sur une table bancale contre un mur. Il fumait constamment quand il écrivait. Il gardait toutes ses feuilles écrites dans une caisse à oranges qu'il avait dans le placard de sa chambre. Et jamais il ne discutait du travail en cours. Il n'aimait même pas parler de ce qu'il avait déjà publié. Un jour quelqu'un parlait d'un article qu'il avait lu sur *Tirez sur le pianiste !* et du thème existentiel, de l'anti-héros et tout ça ; Dave a seulement dit qu'il ne comprenait pas ce genre de comparaisons et de discussions intellectuelles. " J'ai juste essayé d'aligner une histoire, c'est tout." Mais il était très discipliné dans son travail. Il ne descendait nous retrouver au salon que quand il avait terminé. Ma femme Sandy et moi avions toujours peur de dire un mot de travers, à cause de Herbert. Un rien pouvait le provoquer. Mais généralement il restait assis là poliment, impassible, comme en transe. L'atmosphère de la maison était assez sinistre, les meubles n'avaient aucun cachet, aucun caractère — à part le piano à queue (sa mère savait jouer). Quand Dave nous rejoignait, on regardait la télévision, ou il nous offrait de nous préparer quelque chose à manger. Offre qu'on déclinait invariablement, car il était bien sûr un cuisinier exécrable, même s'il se prétendait perversement être un cordon bleu. Dave ne buvait pas, mais il fumait à l'excès ; des Camel sans filtre, même bien après l'arrivée des bouts filtres et des King Size. Il fumait aussi des Lucky Strike, mais surtout à cause de l'emballage. Il y avait ce liseré rouge pour ouvrir la cellophane du paquet. C'est comme ça qu'il a inventé le saignement de nez synthétique : il s'enfonçait ce bout de cellophane dans la narine et le laissait dépasser jusqu'à la lèvre. Ensuite il sortait son mouchoir. Il ne se lassait jamais de cette farce. »

Incidemment, Monroe Schwartz habite aujourd'hui Clearwater Beach près de Tampa en Floride, dans une maison anciennement occupée par Chic Young, le créateur de Blondie et Dagwood. Young réside aujourd'hui un peu plus bas dans la même rue dans une magnifique villa dont l'ancien propriétaire n'est autre que l'inventeur du liseré rouge à défroquer les paquets de cigarettes. Détail trivial, pour sûr ; mais pour le biographe de fond ou l'amoureux de la coïncidence poétique, c'est le genre de détail qui rend aussi heureux que la seconde tasse de café (comme dans *fort de café*).

« Dave n'avait, à ma connaissance, aucun goût pour le luxe ou les bonnes choses de la vie. Il ne s'intéressait ni à l'art, ni à la peinture, ni aux belles éditions. Pour mon mariage il m'a offert un beau livre sur " l'art assyrien ". Il connaissait mes goûts, mais ce n'était pas les siens. Sa frugalité avait quelque chose d'absurde. Il est devenu riche simplement parce qu'il se refusait à peu près tout. Par exemple, j'avais toujours des voitures de sport, qu'il considérait toujours avec le plus grand détachement, sans envie ni jalousie aucune, comme s'il n'était absolument pas concevable qu'il ait pu s'en acheter une lui aussi. Comme si cette épouvantable ruine de Chrysler était la seule chose qu'il pouvait se permettre. (Mona Wilson, une amie à nous, a un jour déclaré que son infâme véhicule aurait dû être inspecté et condamné par le Bureau de salubrité publique.) J'ai également eu, au cours des années, une succession d'avions que j'achetais avec un dentiste de mes amis nommé Shor. Le docteur Shor était un type bizarre, qui est mort jeune, en 1962. C'était un play-boy qui collectionnait les gens et les objets. Il s'intéressait aux automobiles, aux avions, à la musique de jazz, aux célébrités, aux acteurs, aux héros de guerre, aux écrivains, aux parties, voyages, restaurants et surtout aux femmes. A l'occasion, il était dentiste à Levittown, mais il n'avait pas besoin de trop se fouler : son père était devenu millionnaire en inventant la technique du “ nerve block ” pour les dentistes, l’injection de novocaïne devenue pratique courante depuis. Shor et moi avons eu des tas d’avions : d’abord un Stensin Voyager quatre places, ensuite un Beechcraft, un Swift, un Navion et pour finir un Cessna. On emmenait parfois Dave faire un tour, et il était chaque fois terrorisé. Un jour pour rire j’ai même coupé les gaz et prétendu être en difficulté. On a commencé à piquer. David ne disait rien, il était pétrifié de trouille. Une autre fois le Dr Shor avait invité chez lui un Français nommé Jean-Claude, qui était venu en Amérique avec une voiture de compétition française, une Deutsch-Bonnet, qu’il avait ramenée de Sebring. Jean-Claude nous a fait faire un tour échevelé, à Dave et à moi, sur les routes de campagne autour de Levittown, dans la D.B. »

J’ai depuis, et par le plus grand des hasards, retrouvé la trace de ce Jean-Claude. Jean-Claude Martel tient aujourd’hui un garage spécialisé dans les voitures de sport européennes, à Glendale, et s’il se souvient effectivement de Shor et Schwartz, il ne se souvient absolument pas de Goodis. Moi je me demande seulement comment on peut humainement tenir à trois dans une D.B. Qu’importe, il est certain que Goodis était irrésistiblement attiré par tous les exploits sportifs, guerriers ou autres. Comme le célèbre personnage de Thurber, il rêvait — parfois tout debout et dans la salle à manger de ses hôtes — de marquer l’essai décisif au super-bowl, manier la rapière comme Scaramouche, ou escalader l’Anapurna. « Il a été le premier à introduire le surfing à Atlantic City et à nous initier au concept de la vague infinie. Il nous rabattait les oreilles avec la Grande Barrière en Australie, et je crois bien me souvenir qu’il avait même acheté une planche à surf. Vous pouvez être certain que c’était la plus minable et la moins chère possible, même s’il racontait à tout le monde qu’il se l’était fait faire sur mesures par Abercrombie & Fitch. Il était tout aussi intrépide en alpinisme — et pas le genre de touriste à la manque sur le Matterhorn. Avec lui c’était l’Anapurna ou rien. Il diagnostiquait d’un ton expert que si Herzog s’était gelé les doigts c’était sa faute, il n’avait qu’à s’équiper de gants électriques ; et pour conquérir l’Everest, il me recrutait comme guide Sherpa. Il voulait en faire l’ascension non pas “ parce qu’il est là ” comme l’a dit Leigh Mallory, mais “ parce que le satané truc est dans mon chemin ”. Alors dans le living-room de quelqu’un, on se mettait à sauter de crevasse en crevasse ; des fois les pitons se prenaient dans le tapis. Ou bien Dave soulevait le mouchoir qui lui servait de masque et hurlait qu'il ne restait plus d'oxygène et qu'il fallait rejoindre le camp.

« Quand il n'était pas Sir Edmund Hillary, il était le célèbre chirurgien ambidextre capable d'effectuer deux opérations simultanément sur le même patient. C'est chez un docteur à présent riche et célèbre, Arthur Kaltman, que Dave a commencé à exercer sérieusement. Son numéro était très élaboré : il se lavait les mains, mettait son masque chirurgical, allait chercher ses scalpels à la cuisine et commençait à taillader. Le jour dont je cause, il a enlevé une tumeur au cerveau et effectué une greffe encore inconnue dans le monde de la médecine. » Monroe Schwartz m'a depuis envoyé toute une série d'instantanés (en couleurs !) montrant Goodis en action, avec des légendes comme : « Stanton Cooper présentant le Barnard de Philadelphie », « Opération en cours, avec moi comme victime », ou encore « Dave après l'opération, avec Ruth Wendkos et notre hôte Nat Krengle ». Parfois, pour varier les plaisirs, il faisait la danse du sabre. « Il passait dans la chambre, nous faisait mettre le disque d'Aram Katchaturian sur le pick-up ; il bondissait alors dans le salon, avec les jambes de pantalons roulées jusqu'aux genoux, et ses fidèles bretelles. Sur la tête il avait un sac à provisions en papier avec deux trous pour les yeux. Durant la danse il taillait dedans avec un couteau à pain. Une chose qu'on a sûrement dû vous dire c'est que Dave ne supportait absolument pas d'être serré à la taille. Il portait toujours des pantalons trois fois trop grands pour lui. Il était capital que rien ne le touche à la ceinture — d'où sa prédilection pour les bretelles qui n'étaient pas exactement du dernier chic à l'époque. Mais Dave se fichait éperdument du qu'en-dira-t-on quand il sortait. Un jour à Atlantic City on était sortis ensemble avec deux filles. Il m'avait enjoint de bien me tenir parce que la sienne avait " beaucoup de classe ". Elle était vêtue de dentelle noire, des tonnes de dentelle noire de la tête aux pieds. On est allés au Chelsea, un hôtel qui n'existe plus ; pas pour prendre une chambre, bien sûr, mais pour dîner et peut-être danser. On nous a donné une table près de la piste, et c'était l'orchestre de Pupi Compo qui jouait. Pupi Compo était à cette époque LE chef d'orchestre de rumba. Pupi est venu s'asseoir à notre table et s'est mis à bavarder avec Dave en croquant des branches de céleri. La fille de Dave était très impressionnée. Vers la fin du repas, Dave est allé parler à quelqu'un qu'il connaissait deux tables plus loin, qui s'est aussitôt levé pour les toilettes. Quand il est revenu, il a donné quelque chose à Dave. Dave a attendu la fin du morceau, a disparu sous la table et ensuite s'est redressé et s'est mis à parler à la fille comme si de rien n'était. Il avait la figure et les cheveux entièrement recouverts de talc. On ne lui voyait que les yeux et les sourcils.

« Cet été-là, on avait loué cet infâme sous-sol, au mois, pour passer la saison à Atlantic City. C'est Dave qui avait insisté ; l'ambiance sordide de l'endroit semblait lui plaire. La chambre et le couloir ressemblaient à l'intérieur d'un sous-marin à cause de l'invraisemblable réseau de tuyauterie qui courait partout : chauffage, plomberie, électricité, robinets, valves. On s'est fait éjecter le jour où Dave est devenu commandant de U-boat et a effectivement mis le sous-sol en plongée. Il a inondé toute la carrée. Il avait paraît-il repéré une cible au périscope. C'est ce même été qu'il portait cet odieux costume saumon, qu'il avait dû se faire tailler dans une des voiles de la Frégate Constitution... »

Schwartz n'a jamais connu la fameuse Elaine, étant en Afrique quand Goodis s'est marié. « Je crois qu'ils se sont mariés en Californie. Quand il l'a vue pour la première fois, il se serait couché sous les roues de sa voiture en lui criant d'accepter de dîner avec lui ou de lui rouler dessus. C'est du moins ce qu'il racontait, et c'est bien le genre de chose exaltée qu'il aimait faire, surtout quand il se prétendait amoureux. Il racontait effectivement toutes ces histoires de grosses Noires, et ses incursions dans cette subculture [*sic*] étaient peut-être un peu plus que de la rigolade. Cela faisait partie de sa dépravation. Il en parlait de façon amusante avec ses amis blancs, et grâce à cet humour il pouvait faire passer ses comportements les plus outrageux. Ses affinités avec ces gens-là étaient néanmoins réelles. Il est certain que dans notre milieu, même dans notre groupe, aucun de nous n'approuvait ce genre de rapports interraciaux [Schwartz utilise vraiment le mot « miscegenation »]. Mais puisqu'il en parlait si ouvertement, ses amis avaient tendance à en rire au lieu de s'en offusquer. Chaque fois que j'entends *How High the Moon,* je pense aussitôt à Dave. C'était l'air qu'il préférait jouer sur son peigne. Notre ami Stanton Cooper possédait — entre autres choses — un night-club sur Haverford Avenue, autour de la 59e Rue dans un quartier connu sous le nom de West Philadelphia — mais en réalité c'était déjà à cette époque une sorte d'excroissance africaine, une vraie savane de brique. [Il est peut-être bon d'indiquer que Monroe Schwartz admet que, bien qu'étant démocrate et libéral, l'afflux des Noirs à Philadelphie après la guerre est la raison principale de son actuelle résidence en Floride, à Clearwater.] La boîte de Stan Cooper s'appelait le Club Harlem, et tous les grands du jazz y sont passés : Count Basie, Lionel Hampton, Ray Charles, Ellington... Un soir dans les coulisses, Stan nous a invités, Dave et moi, à rencontrer Duke Ellington. Quand on est entrés dans la loge, Ellington était assis sur une chaise en train de fumer une cigarette de marijuana. Et il avait un bas de femme très serré sur la tête, avec un nœud sur le dessus — c'était bien sûr une des méthodes utilisées pour le " conk ", pour s'applatir les cheveux et ne plus les avoir crépus. Quand Dave a vu ça, il n'a pas pu se retenir de dire : " Oh non, c'est pas vrai, pas toi, Duke ! " Duke a rigolé, tout le monde a rigolé, mais Dieu sait ce que chacun pensait à ce moment... » C'était dix ou quinze ans avant la rage du « Black is beautiful ».

Schwartz confirme que Goodis était diminué vers la fin de sa vie, mais aurait plutôt tendance à attribuer sa détérioration au sérieux passage à tabac qu'il avait subi devant Clinton's, plutôt qu'à la mort de sa mère. « Il s'est fait attaquer en sortant de la cafétéria ; il a refusé de donner son portefeuille et il a pris plusieurs coups de tuyau de plomb sur le crâne et la figure. Il a traîné ses ecchymoses longtemps après ça, et il avait un caillot de sang dans l'œil gauche. Mais il s'est effectivement fait brièvement interner pour troubles nerveux... »

A ce propos Schwartz a une amie, Shirley Herman, qui se souvient qu'après son séjour à l'hôpital, Goodis se vantait d'avoir toutes les pilules imaginables : « *uppers, downers,* il avait toute la gamme »... Goodis mentionne assez souvent les drogues dans ses romans. Ce qui ne veut évidemment rien dire : il parle de l'alcool encore plus souvent et il est pratiquement certain qu'il ne buvait pas, ou du moins jamais à l'excès. Comme beaucoup de romanciers populaires de l'époque, sa connaissance des drogues et de leurs usages est un peu légère, mais il dit en général moins de bêtises que ses collègues. Dans *Descente aux Enfers,* il parvient à conserver un cool assez remarquable en ce domaine, malgré quelques fâcheuses remarques sur le « chanvre » et les pratiques assez suicidaires des pauvres hères qui sont « en manque ». Mais il rend le lingo de l'Ile de façon plutôt saisissante, et se permet même une réflexion surprenante et assez moderne sur la légalisation de la marijuana : « Ils devraient la mettre en vente libre. Ouais, ils devraient. Mais ils ne le feront pas. Les distilleries feraient faillite. Et puis autre chose : pas moyen de mettre une taxe dessus, ni de contrôler les prix... » Parfois, comme dans *l'Allumette facile,* son argot de ruisseau fait un peu daté voire emprunté : « shine » pour nègre ; « white flame », « hotpop », « dinky dink » pour un fade. Et les pratiques des déshérités de la 8e Rue dans *Obsession* sont peut-être des niaiseries mais ne manquent assurément pas de pittoresque. Il s'y boit des cocktails ravageurs comme de la bière rehaussée d'un peu de cendres de cigarette (pour le « coup de fouet »), ou celui que se tape Darby : tabac à priser, aspirine, « poudre » diluée dans du cola... Strictly from hunger ! Dans le même livre, la cocaïne s'appelle Charlie. Et Geraldine, la femme-catalyste qui délivrera Darby de son trauma blond péroxydé (le roman se lit comme un traité du Reader's Digest sur le freudisme, ou comme un casebook), s'envoit Charlie en intraveineuse, ce qui fait mal et assurément très « low-rent ». Geraldine prévient Darby que « ça fait mal, surtout la première fois » et lui conseille plutôt de l'avaler ou de renifler. Mais Darby veut la seringue. « Tu veux que ça fasse mal, c'est ça, hein ? »

Et c'est sans doute ça la clé de presque tous les romans de Goodis, ce qui colore tous ses portraits de la déchéance et de l'abjection.

14

Retreat From Oblivion

Grâce aux bons offices de Bernard Shapiro, Robert K. Greenfield s'est montré extrêmement coopératif et s'est employé à m'éclairer, preuves à l'appui, sur les questions de succession qui me paraissaient encore douteuses. Il m'a aussi permis d'élucider la question de ce fameux procès pour plagiat que Goodis avait institué un peu avant sa mort. Greenfield, l'avocat chargé d'administrer la succession littéraire de Goodis depuis la mort de Samuel Goodis, m'a aussi confirmé que le capital avait bel et bien été distribué, à la mort de Herbert, entre Camelia Edmunds et la United Way. Seuls les droits d'auteur sont restés entiers et sont administrés par la Provident National Bank (l'institution désignée par Goodis ayant refusé la proposition qui lui était faite de servir de fiduciaire). Les royalties sont versées moitié-moitié à l'héritière de Camelia Edmunds et à l'organisation de charité.

William Goodis, l'autre cousin exécuteur testamentaire, est aujourd'hui décédé. Mais c'est lui qui s'est occupé de défendre les intérêts de David Goodis dans le procès pour plagiat contre les producteurs et distributeurs du *Fugitif*. Goodis avait à l'origine engagé les services de Leo Gitlin, un avocat de New York spécialisé dans ce genre de litiges. Il y a même dans les archives Warner une lettre de Goodis assez touchante, non tant par le contenu que par les tampons de la poste qui recouvrent l'enveloppe : « Inconnu à Burbank », « RETURN TO SENDER », « Not at Warner Bros. Studio ». Le tampon « RETOUR A L'EXPÉDITEUR » est en forme de doigt tendu, comme si son *alma mater* lui adressait un bras d'honneur pour la dernière fois. Goodis avait d'abord adressé sa lettre à Steve Trilling. Finalement une âme charitable de la mail-room a griffonné : « Décédé ». Goodis a renvoyé la lettre à Jack Warner, cette fois, l'informant de ses intentions d'attaquer United Artists Television et les producteurs du feuilleton *The Fugitive* :

> Dark Passage *est l'histoire d'un prisonnier évadé, injustement condamné pour le meurtre de sa femme. L'intrigue générale du feuilleton est sensiblement la même. Dans* D.P. *le personnage joué par Bogart se donne une fausse identité pour pouvoir rechercher le vrai coupable et prouver son innocence. Dans* The Fugitive, *David Janssen fait la même chose. Dans* D.P. *l'homme est aidé par une femme, jouée par Lauren Bacall (ironiquement nommée Irene Jenssen dans le film) ; elle était présente à son procès et est convaincue de son innocence. Dans un épisode de* The Fugitive, *Janssen est aidé par une femme présente à son procès et qui croit fermement en son innocence. Il y a d'autres similarités et je crois que ces « ressemblances » exigent absolument que l'on prenne les mesures nécessaires pour notre protection mutuelle.*

Le studio s'est contenté de lui répondre que United Artists était désormais propriétaire des vieux films Warner et des droits cinématographiques.

Les téléspectateurs français se souviennent sans doute, s'ils en ont l'âge, du feuilleton en question — qui fut un des plus populaires des années 1960 dans le monde entier. David Janssen jouait le Dr Richard Kimball, injustement accusé d'avoir tué sa femme. Tout au long des 120 épisodes d'une heure que ABC a diffusés de 1963 à 1967, Kimball recherche un mystérieux manchot qu'il croit être la clé de l'énigme et la solution à tous ses ennuis. Et durant tout ce temps, il est persécuté (comme Jean Valjean) par un inspecteur de police acharné, joué par Barry Morse. Le feuilleton était si populaire aux États-Unis que Barry Morse se voyait parfois insulté et à demi lynché dans des cafés ou cafétérias par des téléspectateurs outrés : « Pouvez pas laisser ce chic type tranquille, non ? » (Un écho assez ironique aux gags que faisaient Goodis et Norkin chez les marchands de glaces à Hollywood.) Le dernier épisode révélait l'identité du vrai coupable et Kimball était innocenté ; lorsqu'il fut diffusé en 1967, cet épisode obtint des *ratings* (indices) sans précédents pour ABC.

En février 1965, Goodis porte plainte contre Q.M. Productions [1], United Artists Television, Inc., et American Broadcasting Company, Inc., demandant un demi-million de dollars en réparations. En janvier 1968, un an après la mort de Goodis, la U.S. District

1. La compagnie de Quin Martin, encore actif.

Court for the South District of New York rend une fin de non-recevoir, mais cette décision est réformée en appel le 9 mars 1970. Apparemment U.A. Television et ABC prétendaient détenir les droits de *Dark Passage,* les ayant achetés au *Saturday Evening Post.* La cour d'appel de New York a jugé qu'en vendant les droits de publication en feuilletons, Goodis n'avait pas perdu les droits subsidiaires, en particulier ceux de l'adaptation télévisée. Malgré cette décision favorable, William Goodis renonce à poursuivre l'affaire au nom de la succession. En 1972, il consent à un arrangement à l'amiable pour la somme incroyablement dérisoire de 12 000 $. Robert K. Greenfield m'a fait remarquer qu'à son avis cette somme relativement nominale aurait été jugée totalement inacceptable « si Samuel Goodis avait été encore vivant à l'époque où cette affaire s'est résolue ». Surtout que si on lit bien le contrat de cession des droits obtenu par les « accusés » à l'issue de ce marchandage, on s'aperçoit que non seulement Goodis (ou plutôt la succession) renonce à les poursuivre pour plagiat (alors qu'il y avait apparemment raisons suffisantes, vu que leur défense n'a jamais reposé sur les similarités ou différences mais sur le fait qu'ils avaient les droits du matériau plagié), mais pour ces mêmes 12 000 dollars ils obtiennent aussi les droits d'adaptation cinématographique, de télévision et autres — remake, sequelles, etc. — de ce qui est sans doute la propriété la plus désirable et la plus monnayable de toute la succession : *Dark Passage.* Ainsi peut-on dire que, plus peut-être par négligence et incompétence que par malveillance, Goodis a été trahi dans les deux choses qui l'obsédaient et le hantaient le plus sur la fin de sa vie : le sort de son frère Herbert et la défense de ses droits sur *Dark Passage.*

Ironiquement, mes efforts de dépistage et mon projet de livre ont eu pour effet de provoquer un regain d'intérêt pour les affaires de Goodis chez Greenfield et la Scott Meredith Literary Agency, qui s'occupe de négocier les droits des romans. Ajoutez à cela le fait que Jean-Jacques Beineix était à ce moment en train de filmer son adaptation de *la Lune dans le caniveau* avec deux vedettes très connues en Amérique, que plusieurs options avaient été prises en

Europe sur divers romans et qu'une option a été prise récemment aux États-Unis sur *Down There* pour faire un remake de *Tirez sur le pianiste !* ; ceci combiné à la folle course aux inédits de la part des éditeurs français (déjà trois traductions d'inédits rien qu'en 1982), il n'en fallait pas moins pour alerter New York et Philadelphie que *quelqu'un, quelque part,* lisait et était toujours obnubilé par Goodis. Après *la Lune dans le caniveau,* il y a eu *Rue barbare,* une adaptation de *Street of the Lost* par Jean Herman et Gilles Behat, ainsi que *l'Inoubliable,* de Joël Farge, basé sur *la Pêche aux Avaros.* Goodis était peut-être mûr, après tout, pour le genre de redécouverte tardive et éphémère qu'il avait connue brièvement à l'époque du *Pianiste,* quand *Esquire* parlait de lui et de « l'anti-héros ». Goodis allait peut-être se retrouver pour deux secondes dans le colimateur volage de la grande presse, ou au moins dans des publications comme *Film Comment* ou *Vanity Fair.* Car si pour les Américains Goodis n'était qu'une sorte de Monsieur Zéro dont on ne savait rien (et ne voulait probablement rien savoir), toute l'Amérique savait en revanche, en 1982, qui était Jean-Jacques Beineix — l'auteur de *Diva,* le film étranger le plus acclamé de l'année et, qui plus est, le plus vu. En fait, on a rarement connu pareille unanimité ni succès si immédiat pour un cinéaste français dans ce pays depuis Truffaut, justement — peut-être pour les mêmes discutables raisons. Discutables, mais révélatrices aussi : encore plus que les films de la Nouvelle Vague, *Diva* rendait compte des effets (et surtout des dommages) de la culture mickey-mouse sur les Français — et les réalisateurs français.

Jonathan Silverman, de Scott Meredith, m'écrivait à ce sujet qu'il avait plusieurs fois demandé, et jusqu'ici en vain, un inventaire complet des livres de Goodis publiés ou non. Et, à son tour, Robert K. Greenfield m'avouait qu'il leur manquait les textes anglais de certains romans pourtant très connus et disponibles en France tels que *le Casse, l'Allumette facile, Sans espoir de retour* et *Street of the Lost.* De toute évidence, la succession littéraire n'avait pas été gérée avec grand soin ni vigilance, jusque récemment. C'est ainsi que *Nightfall* était tombé dans le domaine public en 1975, le copyright n'ayant pas été renouvelé à temps. Selon la loi américaine n'importe qui peut à présent rééditer *La nuit tombe* aux États-Unis sans payer de droits. Il va sans dire que depuis quelques années Greenfield et son bureau se sont efforcés de remédier aux erreurs passées, du moins pour celles encore réparables. Tous les autres copyrights ont été ainsi renouvelés à temps, et en 1980 une recherche systématique a été faite par une firme spécialisée pour inventorier et si possible localiser toutes les œuvres de Goodis. Ma correspondance avec Greenfield s'est même comiquement transformée en alliance quand j'ai été en mesure de lui fournir les textes qu'il désespérait de trouver, ou de lui signaler qu'il était inutile, par exemple, de rechercher le texte de *Somebody's Done For* s'il avait déjà celui de *The Raving Beauty,* puisqu'il s'agissait du même livre *(la Pêche aux Avaros*). Ou que *And Hope To Die* n'était que le titre anglais du film de René Clément *la Course du lièvre à travers les champs,* basé plus ou moins sur *Vendredi 13* et *la Pêche aux Avaros.* Mais sa liste de titres contenait des colles autrement plus corsées, comme *An Out For. Oscar, Hornet's Nest, Children of Flesh* (a.k.a. *Creature of the Night*), des titres déments propres à faire saliver bon nombre de malades. Comme la liste établie par la firme Trachtman, Jacobs & Beck à Philadelphie se base sur des listes partielles fournies par Greenfield, la Provident National Bank et surtout le Copyright Office à la Bibliothèque du Congrès, on imagine aisément le dédale…

Il paraît évident que Goodis ou ses éditeurs chez Lion et Fawcett donnaient parfois plusieurs titres différents au même roman. Ainsi *Cassidy's Girl* a failli être *Cassidy's Woman* ; *Down There* aurait pu être *Hornet's Nest* (le Nid de frelons), avant d'être réédité comme *Shoot the Piano Player !* Certains titres alternatifs sont plus intéressants : *Dans la peau* pour *la Lune dans le caniveau* ; *le Rôdeur* pour *Of Tender Sin* (*Obsession*). Le titre de travail pour *Street of No Return* était *The River Street Riots,* allusion aux Porto-ricains et aux émeutes raciales fomentées dans *Sans espoir de retour.* Certains titres par contre posaient moins de problèmes : *Nightfall,* après plusieurs éditions très différentes, avait été repris par Lion Books en 1953 et retitré *The Dark Chase,* pas seulement pour rappeler aux gens que Goodis était l'auteur de *Dark Passage* mais plus prosaïquement, comme me l'a dit Arnold Hano (directeur de collection chez Lion à cette époque-là), « parce qu'on avait dû s'apercevoir que “ Dark ” dans un titre faisait vendre ». N'empêche que trois ans plus tard Lion s'est dépêché de ressortir le roman sous son titre original, pour coïncider avec la sortie du film Columbia — avec en prime des photos de Bancroft et Aldo Ray pour stimuler les ventes. *Fire in the Blood* est bien évidemment *Fire in the Flesh.* A ce propos, il convient de saluer l'inspiration du traducteur français pour le nom du héros pyromane de *l'Allumette facile :* Rendre « Blazer » par « Rif » est bien sûr parfait, mais pas du tout évident. *Two Wheels to Hell* m'a donné du fil à retordre, jusqu'à ce que je découvre qui avait fait enregistrer ce titre, et à quelle date (juillet 1957). Ce n'était autre que Louis W. Kellman, le rondouillard producteur du *Burglar* et propriétaire du Newsreel Lab, sur Sansom Street à Philadelphie. Quant aux *Créatures de la nuit* et autres *Enfants de la chair,* tout ce beau monde se retrouve dans *Street of the Lost,* un roman de 1952 qui sera sans nul doute traduit en France quand vous lirez ceci, la cavalcade aux inédits et fonds de tiroirs étant ce qu'elle est. Il s'agit en tout cas d'un titre qui contient tout Goodis : *la Rue des paumés.*

Restent *Convicted, Cold Blood* et *An Out For Oscar.* Les deux derniers demeurent un mystère, s'ils existent vraiment. *Convicted* est un titre publié par Harlequin en 1954 au Canada. Harlequin est aujourd'hui un des géants du roman à l'eau de rose, mais à l'époque la compagnie n'était qu'un pâle reflet canadien de ses voisines au Sud. Il s'agit sans doute, sous un autre titre, de *Dark Passage,* le seul livre de Goodis dont le héros soit un condamné ou un bagnard. A noter aussi que malgré tout ce bois mort sur les listes fournies à Robert K. Greenfield, certains titres semblent manquer, comme ceux mentionnés par Goodis dans ses lettres et interviews : *Up Till Now* (partiellement devenu *The Blonde on the Street Corner*), *The Boys From Yesterday* ou *Brotherly Love.* Quant au « grand roman » (the big one) auquel il fait allusion dans son entretien de 1963 avec Phil Terranova, il serait difficile — et surtout cruel — d'admettre qu'il s'agisse de *la Pêche aux Avaros,* tant ce dernier roman publié après sa mort se lit comme un écho faiblard de ses livres passés, un rabâchage de formules, un phare qui n'éclaire plus, un signal qui n'émet plus.

Peut-être ne devrait-on pas trop chercher le chef-d'œuvre « brûlé » ou perdu ou seulement inédit. Il n'existe sûrement pas : sur la fin de sa vie, Goodis était lessivé. Il avait abdiqué depuis longtemps déjà, résigné à ne plus écrire que de l'alimentaire. Dans un assez bel hommage à Goodis dans le numéro d'hiver 1969 de *Sight & Sound,* William David Sherman cite une lettre que Goodis lui a écrite six mois avant sa mort.

Au début je voulais écrire de façon très solennelle et n'aborder que les grands problèmes. Mais je me suis vite rendu compte que le problème le plus important c'est encore de croûter, alors j'ai dévié de mon cours plus souvent qu'à mon tour et me suis conformé à écrire ce que voulaient les éditeurs et les chefs de publications. J'admets que c'est une faiblesse de ma part. J'aurais sans doute dû changer de boulot et me mettre à creuser des fossés ; mais comme j'étais trop fainéant pour ça... J'ai gaspillé un temps précieux, surtout à Hollywood, encore que je doive avouer m'y être bien amusé.

La tristesse de ce constat d'échec et de gâchis est insondable, non seulement parce qu'elle est d'une lucidité un peu glaçante quant à l'évaluation de son « œuvre », mais surtout parce qu'il ment sur les raisons qu'il avait d'agir ainsi : il n'a jamais été pauvre ou sans ressources, et ses éditeurs ou employeurs ne l'ont jamais forcé à écrire aux pièces ou sur mesures. En fait ses éditeurs, aussi bien chez Lion que chez Gold Medal (Fawcett), lui laissaient une paix royale. Le seul directeur de collection qui ait jamais refusé un manuscrit ou demandé des coupes ou des changements est Knox Burger quand il a pris la direction de Gold Medal tard dans les années 1960. Burger fait remarquer qu'« apparemment, il n'avait pas été habitué à ça par mon prédécesseur ». Et Arnold Hano, chez Lion, a maintes fois déclaré que le manuscrit de *The Burglar* lui était parvenu dans le courrier, même pas par l'intermédiaire d'un agent. « C'était rarissime pour nous de recevoir des manuscrits non sollicités, surtout de cette qualité. On l'a publié tel quel, sans une retouche. »

Ses éditeurs n'exerçaient aucune pression sur lui, ne le forçaient aucunement à écrire dans tel ou tel « genre ». C'est Goodis, de lui-même, qui choisissait d'écrire aux pièces, qui choisissait d'écrire pour un marché très précis. C'est lui et lui seul qui a décidé un jour de se limiter à ces livres de série B. Il en écrivait trop, pas aussi vite qu'il aurait voulu, pas aussi bien qu'il aurait dû. Les livres de Goodis sont toujours adaptés aux besoins du marché, ou à l'idée qu'il s'en fait. Et ces marchés, contrairement à ce qu'on semble penser en France, n'ont pas toujours été les mêmes. Beaucoup seraient surpris de voir, par exemple, la jaquette de *Nightfall,* ou surtout celle de *Behold This Woman,* avec leurs arcs de triomphe (Washington

Square) et leurs riches indigos. Ou plus surpris encore par les illustrations de *Dark Passage* dans le *Saturday Evening Post,* qui sont typiques des « slicks » de l'époque, mais plus proches de *Bonnes Soirées* ou de *Confidences* que d'une quelconque imagerie « polar ». Après le coup d'essai raté de *Retreat* et le succès important de *Dark Passage,* Goodis s'était ouvert un marché plus près du « roman de bonnes femmes » que d'autre chose, et n'écrivait plus que dans cette veine. Quand il s'est mis à écrire pour les livres de poche, il a changé de registre, sinon de style.

Les couvertures de ses romans pour Lion Books collent assez bien à l'idée qu'on se fait généralement de Goodis et ses romans : grisaille et meublés bon marché. Certaines des couvertures Gold Medal, par contre, en surprendraient beaucoup. Goodis percevait le marché Fawcett comme étant plus cru, plus avide de sensations que celui de Lion Books. Il a écrit ses romans les plus outrageux, les plus sadiques et les plus « érotiques » pour Gold Medal, et ne s'est mis au ruisseau que pour cette seule maison d'édition. Le côté perdition, descente aux abysses, semblait coller parfaitement avec l'idée qu'on pouvait se faire du marché Fawcett. Parce qu'il ne faut pas oublier que la façon dont ces romans étaient perçus en Amérique était radicalement différente qu'en France, où ils trouvaient une caution intellectuelle via Gallimard. Et l'écran vide des couvertures noires permettait de se faire le cinéma qu'on voulait. Les couvertures Fawcett, elles, ne permettaient aucune équivoque. La superbe couverture de *Cassidy's Girl* montre une chatte sur un drap brûlant, en combinaison, faisant des appels de fards à une grande brute en T-shirt genre Marlon Brando. On parle peut-être de Lautréamont au dos de l'édition française de *Of Tender Sin,* et l'illustration de couverture d'*Obsession* montre peut-être les ravages de l'alcool et des mauvais rêves, mais la couverture Fawcett de *Of Tender Sin,* elle, allait plus droit au but ; on y voyait une superbe blonde lascive, dépoitraillée, dont l'attitude et les jambes écartées ne laissaient aucun doute sur la teneur de l'ouvrage en question. « Plus d'un million d'exemplaires vendus », clame la réédition Dell de *Cassidy's Girl* en 1967. Mais vendus où ? A qui ? Dans les truck-stops et les bouquinistes de la nation, dans les gares de Greyhound. Moi, trois ans plus tard, je les trouvais chez les marchands de bouquins cochons de la 42e Rue à New York. C'est là que j'ai acheté mes premiers Goodis en anglais. A cette époque, les rois de l'émoustille étaient à la rue : leurs livres et leurs audaces surannées étaient non seulement soldés, mais on vous les donnait presque, par lots de cinq sous cellophane. C'était 1970, la grande époque de la poussée du hard-core. Dès la fin des années 1960, après les procès gagnés par Grove Press et les premières publications officielles d'Henry Miller, de toute l'érotica victorienne, et même avec l'avènement du cinéma porno commercial, des motels « adultes » et autes chaînes de télé-câble spécialisées, le marché des paperback writers n'existait plus. Presque toutes les maisons d'édition de poche étaient déjà vendues ou recyclées dans cette seule portion du marché qui demeure un peu viable : le roman à l'eau de rose (et — un peu — celui du western).

Je ne veux évidemment pas dire que les romans de Goodis étaient des romans porno. Mais certains de ses titres étaient presque perçus comme tels à l'époque — ou plutôt en tenaient lieu.

Trois mois à peine après la mort de Goodis, en 1967, Dell sortait une réédition d'un de ses titres les plus profitables, *Cassidy's Girl.* Avec *la pêche aux Avaros,* c'est la seule édition posthume de Goodis. Typiquement, il s'agit d'un des romans les plus brutaux et les plus crûment sensationnels de l'auteur, et la publicité pour l'édition Dell atteint presque à l'épitaphe, tant elle est près du nerf ; le slogan émoustillant s'adresse de toute évidence aux amateurs d'émotions fortes, cheap thrills, ecchymoses et moiteurs en tout genre : « ELLE PICOLAIT TROP, BAISAIT TROP — ET HAÏSSAIT JUSTE ASSEZ POUR RENDRE LES CHOSES INTÉRESSANTES... » On aimerait en rire, on aimerait croire à une trahison bassement commerciale de la part de l'éditeur. Mais cette accroche franche et simpliste est finalement assez représentative du contenu du livre ; et, comme on le verra, peut-être ce qui faisait courir David.

15.

Alimentaire, mon cher Watson

> Si j'étais idiot, je parlerais pas français.
>
> « David Goodis » à Anna Karina,
> dans *Made in USA*.

Goodis est un cas intéressant parce qu'il a écrit pour pratiquement toutes les formes de divertissement populaire, à part la bande dessinée. Il a écrit pour les pulps, la radio et le cinéma ; il a fait du feuilleton pour les dames, et du roman chaud « black and blue » pour les messieurs. Et il est doublement intéressant parce que sa carrière s'étale sur une des périodes les plus mouvantes de l'édition américaine, les vingt années entre 1939 et 1959 à peu près. Lorsqu'il publie *Retreat From Oblivion* en 1938, les choix qui s'offrent à tout écrivain sont à peu près les mêmes que dans les années 20 : on écrit dans l'espoir de se faire éditer, bien sûr, mais surtout pour s'ouvrir ainsi les vrais marchés rémunérateurs, les magazines comme *Collier's* ou le *Post* (les slicks), et Hollywood. On a vu qu'un magazine pouvait parfois payer autant pour un feuilleton qu'un grand studio hollywoodien. Dans les années 1940, l'avènement du livre de poche et de la télévision a lentement mais sûrement érodé le marché des slicks. Dès les années 50, bon nombre d'écrivains qui gagnaient leur vie en vendant leurs nouvelles aux magazines se sont retrouvés sur la paille. Des gens comme Charles Williams, Day Keene, Harold Q. Masur, Kenneth Millar et autres auteurs généralement associés à la Série Noire auraient sans doute écrit pour les magazines si le marché était resté intact. Goodis aussi sans doute. Au lieu de cela, ils ont fait les beaux jours d'une forme d'édition peu chantée, mal connue et encore plus mal documentée : les livres de poche originaux. Certains auteurs, comme W.R. Burnett, publiaient sous cette forme tout en continuant à être édités par des éditeurs « respectables ». Il ne publiait en poche que ses romans les plus typés (en particulier ses westerns) et son trop-plein. D'autres auteurs, comme James M. Cain par exemple, se voyaient littéralement plébiscités par les millions d'exemplaires vendus en édition de poche ; mais il s'agissait le plus souvent de livres déjà parus sous forme « normale ». D'autres encore ont fait pratiquement carrière à fournir le nombre de romans nécessaires, tous les mois, à la bonne marche d'une maison d'édition de poche. Il s'agissait alors de marchés déjà plus spécialisés. Les écrivains travaillaient aux pièces, et parfois même à la commande.

Goodis était de ceux-là ; mais ça n'a pas toujours été le cas. Ce n'est que récemment que les lecteurs français peuvent avoir un apercu du genre d'écrivain qu'était Goodis au début de sa carrière, avec l'édition française de *Behold This Woman* (la Garce). A cette époque, il exploitait la mine qui venait de s'ouvrir à lui avec le succès de *Dark Passage*. Mais *la Garce* est très évidemment écrit pour le marché des ménagères. C'est l'équivalent romanesque d'un « soap-opera ». C'est certainement plus proche des romans de Cain et du « conte de fée pour adulte » que de l'univers auquel on associe généralement Goodis ; celui du caniveau et des perdeurs lumpen. Le principe de ces romans c'est qu'on y rêve tout debout. On y décrit un luxe et des situations extraordinaires généralement interdits au commun des lecteurs. Dans le cas de Goodis, grand amateur de catalogues, ce genre de démarche prend des allures risibles parce que c'est toujours écrit par quelqu'un le nez collé au carreau ou à la vitrine. Puisque le luxe lui est inconnu, il réduit tout à la *paraphernalia* du luxe, c'est-à-dire à ses attributs. Puisqu'il vit lui-même dans une déprimante grisaille, il s'exalte dans *la Garce* : « C'était merveilleux de vivre dans un monde de couleurs... ».

Leonard, le bellâtre play-boy du Mainline, est un véritable catalogue ambulant. Ses préférences vestimentaires vont au bleu et à l'« english broadcloth » ; au « Montana Saddle » pour l'eau de Cologne. Son épingle à cravate est en or massif, et son costume bleu foncé en « cheviot » ressort de façon frappante contre les sièges de la voiture. Ce qui n'est guère étonnant : les coussins sont « orange et blanc », la décapotable « violet foncé ». Tout près, la rivière est « onyx »... Mais avant de décider que ce Goodis écrit décidément comme un décorateur un peu tante, il convient de faire connaissance avec la « garce » du titre français, l'absurde et terrifiante Clara. Le portrait que Goodis en fait, vache et truculent à souhait, serait ma foi fort amusant — bien qu'un brin dérangé — si on ne le soupçonnait pas fortement fait d'après sa femme Elaine. Il faut le lire pour le croire, et de préférence en anglais. Quand Goodis décrit les charmes généreux de la dominatrice, sa prose se met à saliver comme celle d'un pornographe victorien, s'excitant sur le « soft fat rich thick pink satin » qui contient la promesse d'une « delicious richness and hearty and bulging enjoyment ». Il vire tout bonnement caramel quand il parle de plaisirs protubérants, et frise le soft-core dans les moments de passion : « A ce moment Leonard vit quelque chose dans les yeux de Clara qui fit passer une épée de glace à travers son corps en feu [...] » Le paragraphe se termine par ces mots laconiques mais sans équivoque possible : « ... et l'épée fondit ».

Clara est aussi le genre de femme qui mange des chocolats, se fait payer des opales et des bijoux, et qui a une couleur pour chaque jour de la semaine. « Sa couleur pour aujourd'hui était le jaune. Quand Clara utilisait ses sels de bain " Geranium ", elle se servait ensuite de serviettes roses et plaçait une pochette rose dans son sac en lézard rouge. » Le décorateur reprend le dessus, se faisant carrément philosophe : « Il y avait cinq bocaux de sels de bain, symboles de stabilité et d'une existence rangée, équilibrée, contrôlée et ordonnée ; de grands bocaux ronds pleins de " Tiger Lily ", " Geranium ", " Violette " " Black Narcissus " et " Grass ". » On ne peut tout de même s'empêcher de sentir le courant sardonique et malicieux qui passe dans ce curieux roman. Le ton est extravagant, les détails franchement ridicules, l'histoire absurde et idiote. Et pourtant ce livre en dit finalement peut-être bien plus sur l'homme Goodis que tous ses romans de la Série Noire. Il reste que le degré d'insanité de ce livre rend franchement incrédule : les personnages n'arrêtent pas de se rencontrer dans les circonstances les plus fortuites et les plus forcées. Deux d'entre eux vont même jusqu'à *s'écraser* dans un grand crissement de pneus. Et bien sûr ces personnages se démolissent régulièrement, puisque Goodis, même dans ses romans pour dames en chaleur, ne renonce pas pour autant à son goût prononcé pour les fantaisies pugilistes.

C'est à se demander comment pareil roman a pu être accepté et publié. En fait, il l'a été plusieurs fois, et deux fois en livre de poche (Bantam en 1948 et Popular Library huit ans plus tard). Les premiers romans de Goodis ont souvent été réédités en poche : *Of*

Missing Persons, par Pocket Books, avec une couverture « peek-a-boo [1] » qui fleure bon l'époque mais qui est aussi singulièrement mensongère, vu qu'il s'agit du roman le plus terne et le moins sensuel de tous ceux de Goodis ; et *Dark Passage* par Dell, en 1948, la réédition la plus intéressante à bien des égards. Elle est curieuse d'abord parce que l'illustration de couverture n'essaie absolument pas de capitaliser sur le film Warner sorti juste un an auparavant, ni d'utiliser l'iconographie Bogart pourtant en vogue à l'époque. Il était en effet pratique courante pour les illustrateurs de livres de poche de baser les personnages de leurs couvertures sur des acteurs connus, qu'il s'agisse de composites ou d'inspirations « sublimées » ou même d'une copie conforme de photos trouvées dans les fan-magazines ou fournies par les services de publicité des studios. Les exemples abondent, mais la couverture la plus frappante et la plus curieuse est peut-être celle de Penguin et Signet du *Sanctuaire* de Faulkner : non seulement la fille est immanquablement Ida Lupino, mais elle porte la même robe au décolleté alambiqué qu'à la fin de *They Drive By Night* [2], un film Warner sorti presque huit ans avant cette édition de 1948.

La couverture Dell de *Dark Passage* représente un bagnard en fuite, extrêmement stylisé. Mais le côté vieillot de l'illustration, tout comme le manque d'agressivité des pratiques commerciales de Dell, ne devrait cependant pas surprendre, pour qui connaît un peu cette compagnie et son histoire. Dell a toujours été un peu une anomalie dans l'édition de poche, ce qui explique peut-être l'affection que les collectionneurs semblent avoir pour ces livres un peu surannés, avec leurs sigles en forme de trou de serrure et leurs dos de couverture illustrés de diagrammes et de plans colorés. Si les fameux « map-backs [3] », comme on les connaît dans le métier, semblaient si différents des autres livres de poche, c'est sans doute parce qu'ils n'étaient pas fabriqués à New York comme la quasi-totalité de la concurrence. George Delacorte éditait déjà ses collections de pulps, fan-magazines et comic-books depuis au moins vingt ans avant de fonder Dell Books. Il faisait imprimer ses *Western Romances, War Birds, Modern Screen* et autres *Donald Duck, Looney Tunes, Little*

1. Polissonne.
2. *Une femme dangereuse*, de Raoul Walsh.
3. Littéralement dos de couverture en forme de carte.

Lulu ou *Flash Gordon*, par la Western Printing & Lithographing Company, une imprimerie du Wisconsin également spécialisée dans les livres pour enfants, les cartes à jouer et les puzzles. Les livres Dell étaient non seulement imprimés à Racine dans le Wisconsin, mais ils étaient aussi conçus et réalisés là-bas. Seul le service éditorial était à New York. Une telle anomalie explique sans doute les mapbacks si chéris des amateurs : chaque livre Dell avait sa carte au dos de couverture, un de ces diagrammes montrant, en coupe, le « bungalow du major Dwight », ou l'appartement du crime. Quand l'intrigue allait trop vite ou était trop complexe, comme dans le cas des livres de Hammett, on se contentait d'une carte détaillée de North Beach avec en légende, « Sam Spade's San Francisco ». Dell a continué cette pratique jusqu'en 1951, malgré les protestations et frustrations grandissantes de l'état-major : les chefs de ventes réclamaient l'espace pour mettre des publicités, et les illustrateurs se plaignaient d'avoir à lire le foutu bouquin pour trouver les détails nécessaires à leurs diagrammes. Au dos de *Dark Passage*, il y a un plan de « l'appartement-planque d'Irène Janney » — totalement inutile bien sûr, puisqu'il ne s'y commet aucun crime et très peu d'action. Le dessinateur a quand même mis consciencieusement des disques et un pick-up.

L'avènement du livre de poche aux États-Unis a commencé en 1939 avec Pocket Books, et c'est la guerre qui, malgré les restrictions, l'a véritablement imposé dans tout le pays. Dès 1947, les « grands » étaient solidement établis et faisaient fortune. Le principe était simple : faire baisser le prix de revient de chaque livre en abaissant le coût de fabrication (matériaux bon marché et très gros tirages), sans oublier de ramener les taux de royalties de 10 % à 4 %. Résultat : un livre vendu 25 cents dans les kiosques, drugstores, gares routières et ferroviaires ou même (essai très éphémère) dans des distributeurs automatiques. On ne ressortait généralement que des romans ou des livres tombés dans le domaine public, ou des succès déjà prouvés. Inutile de dire que ce succès initial des grandes compagnies n'est pas resté très longtemps inaperçu des professionnels de la distribution et de la presse spécialisée. Ce n'est pas un hasard si, en 1949, en une seule année, se sont fondées pas moins de cinq compagnies de livres de poche ; Gold Medal, Pyramid, Graphic, Checkerbooks et Lion Books. Des collections qui sont généralement considérées comme le bas de l'échelle par les spécialistes et les collectionneurs, mais dont certaines sont beaucoup plus intéressantes pour l'amateur de littérature populaire que la plupart des collections d'autres maisons plus prestigieuses. Car ce sont ces compagnies qui, par nécessité économique, ont sinon institué du moins pratiqué ce genre peu chanté et mal connu : le livre de poche original — le roman publié pour la première fois en poche, directement en poche.

La plupart des fondateurs de ces maisons d'édition étaient des operators avec un long passé (ou passif) dans la jungle de l'édition populaire. On a déjà mentionné George Delacorte, et les fondateurs de Popular Library Ned Pines et Leo Margulies. De même, les frères Fawcett, Wilford et Roscoe, avaient fondé Fawcett Publications dès les années 20, et les affaires marchaient tellement bien qu'il leur avait fallu acheter un immeuble de vingt et un étages à New York pour contenir le personnel éditorial des quelque soixante publications produites par la compagnie — parmi lesquelles des magazines comme *True, True Confession* ou *True Police Cases*, et des comics comme *Slam Bang* ou *Captain Marvel.* Martin Goodman, avant de fonder ses Lion Books, était un intrépide patron de presse qui, dans les années 1930, s'était fait une place au soleil dans le marché déclinant des pulps avec sa compagnie Manvis Publications. Il s'était par la même occasion taillé une solide réputation de flibustier : en 1937, sa fameuse collection Red Circle, dont le logo était une balle de revolver rouge, alignait quatorze titres ; et *Mystery Tales, Uncanny Tales,* et d'autres *Real Mystery* enfonçaient toute la compétition sinon par leur inspiration du moins par leur irrépressible sensationnalisme — avec des titres comme *Satan Is My Lover* ou *Pawn of Hideous Desire*. Goodman était le cousin de Stan Lee et devait plus tard faire fortune à nouveau avec sa Magazine Management Company, qui distribuait les marvel-comics et des journaux pour messieurs comme *Stag* et *Men Only*.

Lion Books, qui devait plus tard éditer *The Burglar* et trois autres titres de Goodis, a d'ailleurs commencé sous la bannière infamante de Red Circle. Les sept premiers volumes de la collection de Goodman portent le logo Red Circle, ainsi que les numéros 12 et 13. Ces premiers titres ne reniaient en rien leurs origines : couvertures tapageuses et titres égrillards du genre *Leg Artist, Body or Soul, Hot*

Date ou *Passion In the Dust*. Pour plus de sûreté, la couverture de ce dernier titre clamait bien fort : « Gâchettes chaudes et femmes sans loi ! » Et puis brusquement, avec le volume 8, le premier à porter la tête de lion, on sent nettement une volonté de sérieux : c'est *Hungry Men*, le premier roman de l'auteur de *Thieves Like Us*, Edward Anderson — une histoire de « hobos », de vagabonds, durant la Dépression. Même si le titre pouvait prêter à confusion, le contenu ne se prêtait pas aux slogans égrillards. Et si les autres livres qui suivirent n'étaient pas tous de la même teneur, on trouvait tout de même dans le tas des choses comme *He Ran All the Way*, le roman de Sam Ross qui a donné le film avec Garfield [1], ou encore *A l'ouest rien de nouveau*. Ce brutal tournant s'explique par le changement de direction en 1950, quand Goodman a offert les rênes de Red Circle à Arnold Hano. Hano était à cette époque directeur de collection chez Bantam. Il s'était d'abord occupé des westerns ; ensuite Ian Ballantine l'avait promu au rang de general editor. « Goodman avait déjà sorti une demi-douzaine de ses saletés, et il en avait autant en attente, mais je lui ai tout de suite dit que si j'acceptais son offre la collection devait changer de genre, d'allure — et même de logo. »

J'ai retrouvé Hano, qui enseigne à l'USC et habite à Laguna Beach en haut d'un canyon dans une maison à flanc de colline qui aurait pu être construite par Kirk Douglas, l'architecte de *Liaisons secrètes*. En plus d'avoir été l'employeur, l'éditeur et parfois l'ami d'auteurs comme David Karp, Robert Bloch, Jim Thompson, Kenneth Millar ou Goodis, Hano était lui-même un paperback writer émérite, ayant près de soixante titres à sa ceinture. Il écrivait même pour les pulps « sportives » comme Goodis, et sûrement pour les mêmes titres. Il a utilisé tellement de pseudonymes différents qu'il s'y perd un peu lui-même. Il n'est pas rare de l'entendre demander à sa femme Bonnie des choses comme : « sous quel nom j'ai écrit ce roman sur Gauguin, déjà ? ». C'était *The Flesch Painter*, en 1955, sous le nom d'Al Gordon. Hano avoue que ce n'était ni par pudeur ni par coquetterie qu'il avait recours à tous ces noms de plume : c'était surtout une ruse de guerre, « pour échapper à la vigilance de ma première femme et de ses avocats... ». Il menace

1. *Menaces sur la nuit,* de John Berry.

aussi périodiquement d'écrire ses mémoires, qu'il intitulerait *The Hack* (le Tâcheron). On se demande sous quel nom.

« Le gros problème avec Lion, c'est qu'on était une des firmes les plus fauchées du métier. On payait en moyenne 1 500 $ pour un bouquin, parfois moins ; avec un tel plafond on ne pouvait évidemment pas se permettre la surenchère contre les grands comme Bantam ou Pocket. On s'est spécialisé dans le genre de romans auxquels les autres maisons ne s'intéressaient pas, ou ne s'intéressaient plus. Notre créneau, c'était le roman de guerre. Personne n'en sortait plus à l'époque, pour des raisons qui m'échappent encore ; et pourtant ils marchaient bien. On a ressorti *Number One* de Dos Passos, *Company K* de William March... Chez Bantam, j'avais voulu faire *A l'ouest rien de nouveau*, mais ils n'avaient pas voulu. En 1948 ou 1950, publier un roman pacifiste c'était un coup à se faire traiter de sale communiste. Alors j'ai sorti le livre de Remarque chez Lion. Bien sûr notre opération avait ses limites : le manque de capitaux, d'abord, et puis les couvertures, qui étaient irrémédiablement laides. Même quand le contenu était décent, les couvertures étaient vulgaires et bon marché. Avec le bouquin de Remarque, ils avaient quand même trouvé le moyen de mettre une bonne femme sur la couverture, alors qu'on ne quitte pratiquement jamais les tranchées ! On avait fait préparer une illustration qui montrait un soldat allemand mort, le nez dans la boue. Mais ils l'ont mise au dos. Ils " habillaient " les livres faibles, et déshabillaient les classiques : la couverture du *Candide* de Voltaire montrait une fille généreusement décolletée ; le lecteur était invité à suivre " les péripéties de Candide à travers la France paillarde... " Et sans doute à croire que Candide était la bonne femme ! »

Il s'agissait donc de trouver des romans inusuels, méconnus ou trop audacieux pour que les grands osent y toucher. Il est indéniable que les titres qui marchaient le mieux pour Lion ou Gold Medal étaient les romans qui tombaient dans un genre bien précis ; si le sujet était assez sensationnel ou assez défini, le lecteur moyen se souciait assez peu de savoir qui avait écrit le bouquin, ou même s'il avait seulement été publié au préalable. C'est ce qui a poussé les firmes comme Lion ou Fawcett à utiliser de plus en plus des auteurs-maison et publier des paperbacks originaux. Les genres qui se vendaient le mieux étaient les histoires de délinquance, les histoires de sexe interraciales, les histoires de lesbiennes et d'inceste. Avec ce dernier thème, Hano avait un problème. Il devait s'en remettre à son patron Martin Goodman, qui lui-même reflétait assez bien la contradiction des années 1940-1950 en matière de censure. Goodman, qui insistait toujours pour « épicer » ses couvertures, avait une frousse bleue des gros mots et des thèmes trop audacieux. Il avait une peur affreuse de se faire traiter de pornographe. « On pouvait écrire à peu près ce qu'on voulait, il nous laissait une grande liberté. Mais rien à faire pour laisser passer un gros mot. Une fois quand même j'ai réussi à passer un *shit* sans qu'il s'en aperçoive. Je n'ai pas pu m'en empêcher, je me disais que je me le devais à moi-même, pour la postérité ! Je me souviens, une fois je voulais ressortir un roman que j'aimais bien, une histoire d'inceste un peu à la D.H. Lawrence. Un chouette bouquin de sexe intitulé *Thunder Without Rain*. Mais comme il était question d'inceste, il fallait que j'en parle à Goodman. Je lui ai affirmé qu'on pouvait en vendre un million, facile ; ce qui pour Martin Goodman était un argument de taille. Mais il a quand même dit non. Alors j'ai traversé la rue et j'ai été dire la même chose aux gens de Pyramid ; ils l'ont sorti sous un autre titre, *The Shame of Mary Quinn*, et ils en ont vendu un million. L'auteur avait un de ces merveilleux noms tantouze... Clifton Cuthbert, il s'appelait ! Pyramid m'a d'ailleurs envoyé un joli chèque pour ma peine. J'ai essayé de refaire le même coup plus tard chez Lion avec d'autres romans de Clifton Cuthbert, mais aucun n'a vraiment marché. Il manquait l'inceste, je suppose... »

C'est peut-être pour cette raison que Goodis envoyait ses histoires d'inceste comme *Obsession* ou *la Lune dans le caniveau* à Fawcett au lieu de Lion. Encore que Lion ait été un véritable havre de libéralisme : des gens comme Goodis mais surtout Thompson auraient difficilement pu se permettre certaines de leurs libertés stylistiques ailleurs que chez Lion ou Gold Medal. Le contenu de certains romans de Thompson était particulièrement corsé. Mais il est certain que des talents aussi originaux et marginaux que Thompson auraient difficilement pu florir et se développer s'il n'y avait pas eu ce marché intérimaire des paperbacks. En fait, bon nombre des polars tant admirés des amateurs sont nés de ces contraintes, comme les meilleurs films hollywoodiens. C'est pour cette raison qu'il est essentiel de savoir comment ils étaient fabriqués, quels étaient ces contraintes et ces impératifs ; le moulin ne produisait pas automatiquement des chefs-d'œuvre ni même des bons livres, loin de là. Mais il est important d'avoir une idée plus précise du moulin pour éclairer un peu ces livres tant admirés et surtout expliquer pourquoi leurs auteurs sont restés dans l'obscurité si longtemps aux États-Unis. On commence seulement à s'intéresser ici à cette face cachée de l'édition et de la littérature américaine. Dans une de ses interviews télévisées, François Truffaut a essayé d'expliquer pourquoi des auteurs comme Goodis ou Charles Williams restaient dans l'obscurité dans leur pays, et le manque quasi absolu de détails biographiques sur eux, par le fait que c'est un pays immense et que les livres n'y sont pas distribués partout. En fait, il paraît indéniable que des auteurs comme Charles Williams, Day Keene ou Prathers ont été infiniment plus lus au cours des années que Styron ou Thomas Mann. La grande différence c'est que jusque très récemment les bibliothèques n'achetaient pas les livres de poche, considérés peu importants culturellement ; de même, et c'est encore plus crucial, ni les journaux ni les magazines ne se souciaient de parler de ces romans ou de ces auteurs. Totalement ignorés des critiques, ils faisaient rarement l'objet d'interviews ; d'où le manque de détails biographiques sur certains des auteurs Série Noire les plus connus. Le cas de Goodis est un peu différent, mais simplement grâce à l'épisode hollywoodien.

Le premier original publié chez Lion est sans doute *The Lustful Ape*, par Russel Gray (qui n'était autre que Bruno Fisher, un des plus prolixes du roman à la commande). Hano, lui, se revoit encore préparer le manuscrit de *Lie Down, Killer*, de Prathers : « J'avais beau couper et couper, c'était encore trop long... » Tous les romans Lion devaient faire 160 pages environ, jamais plus de 200. J'ai demandé à Hano si un tel carcan expliquait en partie les fins en queue de poisson des romans de Thompson, par exemple. « Non, il les aimait comme ça. J'avais toujours un mal de chien à lui faire changer quoi que ce soit. Il ne savait pas récrire, et je crois que s'il était incapable de corriger c'est qu'il ne savait pas ce qu'il faisait bien ; alors il ne savait pas non plus ce qu'il avait mal fait. C'était un original, un instinctif. Je l'aimais beaucoup. On n'a jamais gagné beaucoup d'argent avec lui, mais on n'en perdait pas non plus. C'est l'agent Ingrid Hallen qui nous l'avait amené, vers 1952, quand on cherchait des gens pour écrire des " originaux ". Il n'était pas beau à voir, il revenait juste d'une longue cure de désintoxication. Il avait déjà publié plusieurs livres, notamment chez Harper, mais ça faisait un moment qu'il n'avait rien fait. Il travaillait pour *Police Gazette*, je crois. Comme on faisait avec David Karp et quelques autres, on lui a donné un choix de synopsis. Jim Bryans, qui dirige Bryans Books aujourd'hui, était directeur avec moi, et il n'avait pas son pareil pour réduire Euripide, Shakespeare ou Dostoïevsky en synopsis d'un feuillet à peine. C'est comme ça que Jim Thompson a écrit *le Démon dans ma peau* ; on lui a demandé d'écrire une histoire de flic new-yorkais qui profiterait de sa position pour violer et tuer impunément. Bien sûr Jim a fait ça à sa façon, et infiniment mieux : le flic est devenu le shérif d'un petit bled du Sud. Pareil pour *Deuil dans le coton*. Après ça, quand on a vu à qui on avait affaire, on l'a laissé tranquille et il soumettait ce qu'il voulait. »

Si Hano connaissait bien Thompson et avait même fini par devenir son ami, il n'était guère en contact avec les autres auteurs qu'il publiait, comme Day Keene ou Robert Bloch. De même, il n'a jamais rencontré Goodis. Mais Hano se souvient parfaitement du jour où il a trouvé *The Burglar* dans le courrier. « Je vous prie de croire qu'on n'était guère habitués à recevoir des manuscrits non sollicités de cette tenue. On l'a publié sans rien changer. *The Burglar* m'avait tellement plu, j'avais ressorti *Nightfall* et j'attendais son prochain roman avec impatience. Imaginez ma tête quand j'ai reçu *The Blonde on the Street Corner* ! C'était tout sauf un roman policier ; en fait ce n'était même pas un roman : juste des bribes de conversations, pas d'intrigue, juste une bande d'amis qui plaisantent au coin d'une rue, dans un drugstore, dans un café. Un peu l'équivalent de *Diner*, le film. Ou *Marty*. Bref, je l'ai publié quand même, mais très peu de gens ont aimé. *Vendredi 13* était déjà beaucoup mieux, même s'il n'y a pas beaucoup d'action. Au moins les personnages sont des criminels ! A ma connaissance, Goodis n'avait pas d'agent. Peut-être qu'il voulait faire des économies... On a publié tout ce qu'il nous a envoyé. »

Quand je demande à Hano s'il a une idée sur ce qui poussait ces auteurs à n'écrire que pour les paperbacks et des firmes comme Lion ou Gold Medal, il s'étonne un peu de ma naïveté. « Dans le cas de

Thompson, je crois qu'il tenait à la liberté dont il jouissait avec nous ou chez Gold Medal. Pour Goodis, c'était son choix. Il aurait très bien pu, s'il avait voulu, publier *The Burglar* chez Doubleday ou Harper, dans une de ces séries policières. Collier avait Front Page Mysteries, Dodd, Mead & C° avait Red Badge, Lippincott avait Main Line, Simon & Schuster avait Inner Sanctum. N'importe quelle maison aurait accepté son livre. Mais vous savez combien il aurait touché comme avance ? Pas plus de 500 $. Bien sûr, il avait 10 % de royalties au lieu de 4 % chez nous, mais ça n'était important qu'en cas de grosses ventes. Nous, on payait 1 500 $ d'avance, que le bouquin se vende ou non — l'auteur avait son argent. Chez Gold Medal, c'était même bien plus avantageux que ça. J'ai écrit un roman une fois pour eux, un policier, sous le nom de Mike Heller. Ça s'appelait *So I'm a Heel*. J'ai bien dû toucher 4 000 $ avec ce truc-là ; parce que chez Fawcett ils avaient de plus gros tirages. Nous, on tirait généralement à 100 000, eux à 200 000 ou 250 000 exemplaires. Et en plus chez Fawcett, ils payaient au tirage, pas aux ventes : s'ils refaisaient un tirage, vous touchiez à nouveau 2 500 $. Certains de ces gars-là en faisaient cinq, dix dans l'année ; à force ça finissait par leur faire un revenu confortable. »

Le seul désavantage de ce genre d'édition était donc la notoriété, ou plutôt le manque de notoriété : comme ces romans « durs » ne paraissaient jamais en édition cartonnée, ils n'étaient jamais critiqués dans les journaux ou les magazines. Un des grands triomphes de Hano et de ses collègues reste la fois où le critique du *New York Times*, Anthony Haden-Guest, a parlé d'un roman de Thompson lors de sa sortie, le comparant à une tragédie grecque. (« Ça nous a fait plaisir. Mais ça n'arrivait pas souvent. ») Plus qu'une question d'ego, c'était aussi un désavantage financier certain : si vos livres n'étaient pas critiqués et restaient ignorés de l'intelligentsia et des universitaires et même des magazines populaires, vous aviez peu de chance de vendre votre roman à Hollywood. Mais Goodis avait déjà goûté à la notoriété ; il en avait déjà reçu les avantages et les « fringe benefits » (Hollywood). Sa démarche professionnelle, mis à part la question d'argent, fait donc un peu écho à la façon dont il a conduit sa vie : une volonté d'anonymat, une vie-caméléon, et un écran de fumée pour se cacher derrière. Cet anonymat relatif du paperback writer devait en fait lui convenir parfaitement. Le routier ou la ménagère qui achetait *Cassidy's Girl* et le ramenait la semaine d'après chez le bouquiniste local, un de ces « paperbacks exchanges » qu'on ne trouve que dans l'arrière-pays et l'Amérique profonde, se souciait fort peu de savoir que Goodis était l'auteur de *Dark Passage* ou du *Pianiste*. C'était un bouquin avec une femme en combinaison dessus, qui promettait des passages assez chauds et salés. C'est tout. Et Goodis fournissait exactement ça, à sa manière, bien sûr, et de façon extrêmement personnelle, mais dans un cadre rigide de conventions et de clichés. Quant aux 160 pages, la distance semblait lui convenir. Pas de queue de poisson ni de fin abrupte pour Goodis (sauf peut-être avec *Descente aux Enfers*) : en fait, avec lui, c'était le problème inverse, il n'était jamais assez long. Il y a parfois dans ses romans des pages de remplissage absolument fascinantes. Mais c'est paradoxalement dans ces passages qu'on est le plus susceptible d'entrevoir Goodis, l'homme.

Malgré les (trop) nombreux ouvrages écrits aux États-Unis sur le roman noir et les auteurs hardboiled, Geoffrey O'Brien est le seul à avoir jusqu'à présent consacré un peu de temps et d'espace à des auteurs comme Goodis ou Thompson. Privé comme tout le monde du moindre détail biographique sur Goodis, il n'en écrit pas moins sur son style et ses livres de façon pénétrante. Dans son livre *Hardboiled America, the Lurid Years of Paperbacks*, il cite un passage au début de *Cassidy's Girl* et suggère que ce pourrait être une des clés de Goodis. Cassidy est un pilote de ligne commerciale injustement accusé de négligence après un accident de vol. Traité en paria, sa réputation le suit de boulot en boulot. Finalement, il devient chauffeur d'autocar et semble y trouver un certain réconfort.

Mis à part la paye, il était émotionnellement important pour Cassidy de faire ce genre de travail. Garder ses yeux sur la route et son attention sur le volant, c'était un garde-fou qui le protégeait de la catastrophe interne aussi bien qu'externe.

O'Brien suggère qu'il en allait de même pour Goodis, sauf que c'était l'écriture qui lui servait de garde-fou ; sa machine à écrire au lieu du volant de Cassidy. « C'est précisément ce sens de l'inévitable catastrophe intérieure qui distingue ses livres de ceux des autres. On ne les lit pas pour leur style, ni pour ce qu'ils nous disent des bas quartiers de Philadelphie, mais bien plutôt pour cette impulsion imparable et indéniable qui lui fait parfois utiliser le langage avec ce qui ressemble fort à de l'hystérie... Ses meilleurs livres — *Dark Passage, Nightfall, Down There* — possèdent une poésie unique, de solitude et de peur, et même ses moindres ouvrages s'animent soudainement de bouffées de violence et d'émotion. On dirait les improvisations de quelqu'un poussé à écrire et à continuer d'écrire, se sentant forcé de remplir la page, finir l'épisode, passer au livre suivant. »

O'Brien indique bien qu'il ne s'agit pas simplement de bassesse alimentaire ou de préoccupation mercenaire : on n'a jamais mieux décrit la trouble nature de ce qui rend la prose de Goodis si unique ; son côté maladif et cathartique. Mais les rares fulgurances ne doivent pourtant pas faire oublier le remplissage et les défaillances chez Goodis, qui reste avant tout un tâcheron, un hack-writer comme le dit son ami avocat. « Hack » désigne aussi un chauffeur de taxi, en argot. Et de fait : en lisant Goodis, on entend souvent tourner le compteur.

Knox Burger, un autre directeur de collection qui a publié Goodis, a une bien moins flatteuse opinion de lui. Mais il n'est venu à Gold Medal que sur le tard, en 1959. Avant ça, il s'occupait des First Editions chez Dell, surtout les westerns. Il a aussi été rédacteur à *Collier's* dans les années 1950, et est devenu agent littéraire après avoir quitté Fawcett en 1970. S'il n'a publié qu'un seul roman de Goodis, il a au moins l'avantage sur Hano de l'avoir rencontré. On ne peut pas dire qu'il lui ait fait grande impression : « Je l'ai vu une ou deux fois à New York, quand il a apporté *Night Squad* (Les Pieds dans les nuages). Il était timide, inepte, très fils-à-sa-maman. Je n'aimais pas beaucoup ce qu'il faisait et après *Night Squad* on l'a laissé tomber ; on a dû refuser un ou deux romans. Il avait l'air mal à l'aise avec moi, surtout quand je lui ai demandé de faire des changements dans le manuscrit. De toute évidence, mon prédécesseur ne l'avait pas habitué à ça. Je remplaçais Richard Carroll [1], qui venait de mourir. William Lengell était nominalement le chef de Gold Medal, mais il ne faisait plus rien ; c'était un vieux dégueu-

1. Carroll était aussi un paperback writer, et un scénariste. Son histoire *Five Came Back* a été faite deux fois par RKO.

lasse, un peu cochon. Les trucs qu'ils avaient sortis n'étaient pas très bons, et j'ai essayé de me débarrasser du bois mort. Mais on a publié des gens très intéressants comme Charles Williams et Jim Thompson ; lui je l'aimais bien. J'ai aussi persuadé John D. McDonald de garder son personnage de Travis McGhee et d'en faire une série. Il ne voulait pas ! Finalement il m'a écouté, et il a fait fortune. On n'arrêtait pas de refaire des tirages de ses livres ; ils se vendaient sans arrêt, et je suppose qu'ils se vendent encore. A mon avis, Goodis n'était pas dans la même poule : quand je l'ai connu, je crois qu'il essayait d'être plus sérieux, de faire dans l'existentiel. C'était plus ambitieux, mais il n'avait pas assez de facilité pour mener ça à bien. Il ne pouvait jamais se rabattre sur l'intrigue, parce que ses intrigues étaient toujours très faibles.

« Du temps de mon prédécesseur Dick Carroll, Goodis s'était mis à écrire ses romans “ skid row ” pour Gold Medal. Je crois que c'était aussi une tentative pour se renouveler. Mais il n'était pas assez créatif. La pompe était à sec. »

16

L'amour en noir et bleu

Le Dr Herbert Adler, le psychiatre de Philadelphie qui a soigné Goodis dans les années noires et lui a conseillé d'entrer pour un temps dans une maison de repos, a toujours refusé de me voir ou de me parler, même avec l'autorisation de la famille. Je ne demandais que des informations factuelles telles que dates et nature de ses troubles, mais Adler a coupé court à ce pathétique subterfuge : « Si je vous en disais un tout petit peu vous sauriez le reste », a-t-il répliqué, plutôt cryptiquement. C'est dommage, parce qu'on se retrouve à nouveau encouragé à faire de la psychologie à quatre sous et de l'explication de texte abusive pour trouver ce qui le rendait si agité. Il faut dire que Goodis lui-même nous y invite, avec son freudisme de bas étage et ses petites mises en scène ; sa petite boutique aux horreurs. Il se faisait lui-même son cinéma à l'intérieur de ses pâles histoires granguignolesques ou ses drames de pavé. J'ai déjà dit comment il zoomait comme un fou dans tout *La nuit tombe* et structurait son texte à grand renfort de fondus enchaînés. Dans *La nuit tombe* ça donne des résultats plutôt heureux. Le plus souvent le procédé devient un tic presque risible. Dans *Obsession* le calepin jaune à lignes d'Al Darby devient une piste de danse luisante et nous emmène ailleurs. Tout devient toujours quelque chose d'autre dans les romans de Goodis. C'est toujours l'heure du flash-back. Dans ce même roman, il a recours à des tics cinématographiques plus grossiers et fait carrément du Tex Avery :

Au coin de la 9e et Chestnut, juste comme il atteignait l'angle, la rue se renversa. Il s'adossa contre un poteau, les yeux clos. Une douzaine de marteaux, tous en forme de points d'interrogation, se mirent à le frapper, pour ensuite devenir vingt-quatre marteaux et continuer ainsi à se multiplier. Il y avait bien trop de questions.

Ensuite les marteaux se fondent en un seul point d'interrogation et mènent tout naturellement à... une blonde platinée. Dans *Vendredi 13*, Hart contemple le diagramme que Charley leur a fait pour expliquer le fric-frac ; il le regarde si longtemps qu'il se sent comme transporté dans la villa, se voit entre les murs, au milieu des objets d'art, et, finalement, au mauvais bout du canon d'un revolver tenu par Charley. C'est le syndrome du mapback qui fait son effet !

Mais s'il a souvent recours à des procédés éculés ou répétitifs, Goodis est également capable d'écrire des pages étonnantes, fantasques, atrocement drôles ou carrément horribles — des passages qui vous restent en tête même si vous avez oublié l'histoire depuis longtemps. *Vendredi 13* est un roman plus réussi que les autres, souvent très amusant, parfois même brillant, notamment la scène dans laquelle Hart et Charley descendent à la cave pour démembrer et brûler un cadavre encombrant. Hart se demande pourquoi il n'a pas envie de vomir. « C'est ce qui se passait au fond de lui qui lui faisait vraiment peur... » Hart est absolument fasciné par l'horreur de ce qu'il voit et de ce qu'il fait, tout comme Goodis est manifestement fasciné par ce qu'il décrit. Ce n'est pas un hasard si ses meilleures pages sont toujours des scènes de passage à tabac, de bagarres ou de charcutages atroces : Whitey, l'ancien chanteur de *Sans espoir de retour*, en train de se faire écraser les cordes vocales par la grosse Bertha, ou Eddie le pianiste et Plyne le limonadier en train de se battre comme des chiffonniers dans l'arrière-cour de Harriet's Hut (Truffaut a merveilleusement bien rendu la lenteur et la maladresse presque tuantes de ce pugilat comique et atroce à la fois). Ou encore la façon dont Chet Lawrence vient à bout de Pancho, le surineur jamaïcain de *Street of the Lost* ; « la rue ne vous lâche jamais », rappelle lugubrement la couverture Gold Medal. Le combat dure deux pages, et Goodis ne nous épargne rien : « Il vit le sang gicler et en savoura la vue comme s'il avait voulu en boire [...] Il avait le pouce pressé très fort contre son autre pouce qui s'enfonçait dans le larynx de Pancho, qui écrasait les cartilages dans la gorge de Pancho [...] Pancho gisait là par terre. Le larynx détruit, le sang et les tissus bloquant la trachée, Pancho essayait de respirer, mais en vain. » *Street of the Lost*, qui aurait pu servir de support à un film de Lang (bien gris, bien dépouillé, et avec Dana Andrews), se termine comme un *M le Maudit* du pauvre, avec jugement et exécution finale : toutes les créatures et épaves de Ruxton Street se mettent à lapider Hagen, le Bluto du quartier. A grand renfort de cendriers, bouteilles, tessons, couteaux à pain, pics à glace — et un bidon de chaux-vive — ils rayent à jamais la terreur de leur rue. La terreur de leur vie.

Goodis est un peu le George Gissing du paperback, le contraire du populiste qui romance. Il a assurément payé moins cher le droit d'écrire sur le caniveau et les bas-fonds que son équivalent anglais du siècle dernier, qui après s'être fait renvoyer pour vol d'une école de droit avait vécu dans l'East End avec une prostituée, avant de se mettre à écrire ses romans à succès (quand on lui parlait d'un écrivain dont la cote montait, il demandait invariablement : « Oui, mais a-t-il jamais eu faim ? »), ses romans ont néanmoins le même horizon bouché. Les pauvres et les destitués, chez Goodis comme chez Gissing, ne sont pas des victimes admirables. Il n'y a aucune vertu ni noblesse inhérente à la pauvreté, comme chez Dickens et ses suiveurs : Skid Row est un piège, et il n'y a pas d'issue. Même si parfois ses détails sont assez fantasques pour sonner vrai, Goodis n'est certainement pas plus réaliste dans sa description des bas-fonds que dans celle qu'il donne du luxe ou du confort bourgeois (faite sur catalogue). Pour Goodis et ses personnages, Skid Row n'est pas simplement le bout de la ligne : c'est une terre en grande partie imaginaire et un enfer d'élection. Ils ont presque tous choisi la déchéance, l'alcool et les poubelles — le plus souvent pour expier. Tout comme c'est volontairement que Goodis s'est mis à écrire pour Lion ou Gold Medal, le Skid Row de l'édition.

Si Hollywood nous a toujours offert la fameuse dichotomie entre la Blonde et la Brune, l'Ange et le Démon, Goodis nous en donne une variation bien particulière : avec lui c'est souvent la Grosse et la Maigre. Elles sont souvent dans la même rue, parfois dans la même pièce, et toujours dans le même roman — comme Frieda et Myrna dans la planque de *Vendredi 13*. Parfois, il s'organise même un petit combat manichéen, comme le fameux crêpage de chignon vers la fin de *la Garce* entre la plantureuse Clara et sa belle-fille Evelyn : « Sale petite salope ! » A noter que la belle-mère abusive se sert d'un cintre pour la rosser, comme Joan Crawford dans *Mommie, Dearest* ; le roman de Goodis a d'ailleurs le même côté grand-guignol et follement crasse de ce livre et du film commercial qui en a été tiré. Great trash.

Le salut passe toujours par la Femme (la Solution, comme il l'écrit noir sur blanc dans son script pour *Up Till Now*), et la Femme est toujours aimante, frêle, fragile, précieuse, mais en même temps très forte ; comme Dorothy dans *Retreat From Oblivion*, ou Martha dans *La nuit tombe*, ou Irene dans *Dark Passage*. Mais pour atteindre ces monuments de perfection et de bonté insondables, ou simplement retrouver sa virilité, comme dans *Descente aux Enfers*, le héros doit généralement passer par l'autre femme, soit la catin au grand cœur, soit la grande prêtresse du Fais-Moi-Mal-Johnny, moins de cent kilos s'abstenir. Les romans de Goodis abondent de ces terrifiants dragons : Frieda dans *Vendredi 13*, ou Bertha dans *Sans espoir de retour*. Quand on connaît les préférences clamées bien haut par Goodis pour les femmes bien en chair ou les paquets de graisse, on n'arrête plus de relever les références et les private-jokes dans ses livres. Dans *Obsession*, un clochard qui avoue ne pas pouvoir s'empêcher de dessiner des graffitis obscènes sur les murs des chiottes d'un café se fait tancer par un autre habitué : « Pourquoi que t'apprends pas à dessiner ? Tes bonnes femmes ressemblent toujours à des éléphants... » Et le clodo répond simplement : « C'est comme ça que je les aime. » Page après page, dans *la Garce*, Goodis décrit l'attraction que présentent les formes généreuses de Clara pour George Ervin. Lui qui s'est marié à une fille qui pesait quarante-cinq kilos « et n'a jamais gagné un kilo de plus », lui qui après la mort de sa femme s'est confiné à des vieilles filles ou des veuves, des « femmes tranquilles, réservées, qui n'étaient pas nerveuses et qui ne buvaient pas trop », se prend tout à coup de passion pour Clara, une caissière qu'il repère dans un restaurant. « Il avait ce sentiment que la caissière, grosse mais merveilleusement formée, allait apporter quelque chose de nouveau et rafraîchissant, peut-être même d'excitant, dans sa vie. »

Les nombreux portraits qu'il fait de la « garce » Clara sont très ambivalents, à la fois érotiques et vicieusement, sauvagement destructeurs et revanchards. C'est d'autant plus intéressant qu'il y a de fortes chances pour que Clara (et à moindre degré Jean, dans son premier roman) ait été en grande partie inspirée de la fameuse Elaine, la femme avec laquelle Goodis a été brièvement marié. Plusieurs amis de Goodis en ont fait la suggestion. Clara est « franchement grasse », mais « n'a pourtant pas besoin de corset » (« She was rounded so smoothly, and the roundness was balanced so well »). Goodis décrit ce miracle d'abondance aérodynamique avec la même verve et le même émerveillement que lorsqu'il décrivait la grosse Noire dans l'autocar dans ses lettres à Ruth Wendkos. Comme Elaine, Clara la Garce est rousse, « d'un orange brillant, teint bien sûr, mais teint de telle manière que l'attirante audace d'une telle couleur en faisait passer l'artificialité ». Elaine m'a également été décrite par le cousin de Goodis comme ayant « ce qu'il fallait devant et derrière ». Clara s'admire devant la glace, défroissant sa robe sur la « big wide bulge » par derrière. Le devant aussi, « haut et très naturellement, se renflait de façon proéminente. Il n'y avait rien de forcé ni de mécanique là-dedans, pas besoin d'un soutien-gorge spécial ou d'une gaine à baleines. C'était quelque chose dont elle pouvait être fière [...] c'était la vraie perfection, la vraie magnificence féminine : les formes, la rondeur, l'ampleur, la solidité, la majesté ».

Frieda dans *Vendredi 13* est une « big woman », « plus solide que douce », « majestueusement moulée » : de la « graisse ronde et bien tassée » qui descend rythmiquement jusqu'à des chevilles fines et des chaussures à hauts talons. Dans *Épaves*, Mildred rend Cassidy fou de désir en lui montrant « ses seins immenses ». Et « la façon qu'ils avaient de ressortir, pointés sur lui comme des armes », n'arrange rien... Si Goodis aime s'abîmer dans les géantes comme un Baudelaire de drugstore, il semble aimer les ecchymoses au moins autant que le gras-double. Dans *Descente aux Enfers*, James Bevan va se perdre dans les pires quartiers de Kingston, et trouve finalement ce qu'il lui faut. En passant, Goodis raconte l'histoire d'un type qui lui aussi a finalement trouvé ce qu'il lui fallait, dans les clapiers de Kingston : « Elle avait la soixantaine passée, mais se peignait toujours les ongles en rouge et lui donnait autant de coups de pieds dans la figure qu'il pouvait en encaisser. Il la payait cinquante dollars. Elle ignorait qu'il avait cherché sur quatre continents avant de trouver le visage et le corps qui correspondaient à l'image qu'il avait en tête... » C'est la même théorie qu'il développait dans son « analyse » du Black Dahlia Murder Case dans le *San Francisco Chronicle*. De même Al Darby, dans *Obsession*, ne trouvera la catharsis qu'avec Geraldine, la putain droguée qu'il connaît depuis l'enfance. C'est seulement grâce à ce substitut (vous comprenez, « surrogate » ?) qu'il pourra retourner à sa femme Vivian et « être un homme ».

Il faut évidemment faire la part des choses : Goodis avait une idée assez précise du marché pour lequel il écrivait, et il se sentait sans doute obligé d'écrire « kinky [1] » et de ne pas lésiner sur le détail croustillant. Après tout, les lecteurs des bouquins Gold Medal en voulaient pour leur argent. La plupart des confrères de Goodis se plient aussi à cette exigence et tartinent leurs doses de violence et de passages sexy. Mais Goodis est bizarrement kinky, souvent plus que ses confrères — et surtout pas de la même façon. Il est, disons, très inventif dans ses détails, qui vont du cocasse à l'étrange en passant par des choses tout droit tirées du manuel. Les scènes de trauma concernant la sœur de Darby dans *Obsession* sont assez salées, plus troublantes que les passages similaires chez les autres pourvoyeurs de frissons bon marché. Il y a un invraisemblable déploiement de sado-masochisme dans *Épaves* : Mildred affole Cassidy avec ses sous-vêtements violets et le laisse pantelant, tout seul, avec son désir. Même Haney, le fier-à-bras, ne résiste pas à ce traitement. Il va même jusqu'à se confier à Cassidy : « J'ai pourtant eu des tas de femmes dans ma vie, qui m'ont apporté des tas d'ennuis, mais jamais rien qui approche ça. » Et Haney lui fait voir les griffures que Mildred lui a faites aux épaules. Après sa descente aux enfers, Bevan revient à l'hôtel, tout plaies et bosses, et retrouve sa femme Cora qui se sert de sa culotte pour panser ses blessures.

A côté de ces reines de l'amour vache, les « bonnes » héroïnes de Goodis sont plutôt pâlichonnes : soit des visions exaltées, irréelles, comme Dorothy dans *Retreat From Oblivion*, soit des créatures falotes comme Gladden dans *le Casse* (et penser que ce personnage a été joué par Jane Mansfield !), soit encore la fille dévouée, ni jolie ni vraiment sexy, mais « bonne ». Cassidy voit Doris non comme une apparition miraculée mais comme un antidote à la cruelle et sensuelle Mildred. Il la décrit presque comme un bromure :

1. Cochon.

« Cassidy saw her plainness, her mildness », « quelque chose de gentil et doux, quelque chose de *sanitaire* ». C'est la vieille idée des Romantiques qui consiste à mettre la Femme sur un piédestal, à rester en quête perpétuelle du Grand Amour Sublime, pourvu qu'on puisse aller au boxon tous les soirs.

Jane Fried m'avait donné envie d'en savoir plus sur les amies de Goodis — sur ses relations « respectables ». Grayson Hall était de celles-là, une amie de Jane et de Ruth Wendkos. C'est elle qui tire la langue derrière Goodis sur la photo qui le montre en train de danser le limbo. Grayson Hall est une actrice qui vit à New York. Elle a une voix très particulière dont on se souvient après coup. Elle a joué dans plusieurs films, dont *la Nuit de l'iguane* de Huston [1]. Elle est actuellement dans *One Life to Live*, un des soap-operas les plus populaires du pays ; un de ces feuilletons télévisés qui passent tous les après-midi. Ainsi je pouvais la regarder sur la chaîne 7 en train de jouer une horrible bonne femme qui essaie d'arnaquer un neveu et une sœur débile dans une intrigue à laquelle je ne comprenais strictement rien, juste avant de lui téléphoner chez elle. Je trouvais ça assez drôle. Son association avec Goodis tourne surtout autour d'une troupe de théâtre amateur à Philadelphie, les Neighborhood Players, dont elle et un ami commun nommé Sam Elber faisaient partie. Goodis aurait essayé — en vain — de trouver le financement de quelques pièces en un acte. Elle m'a aussi décrit Ruth Wendkos comme « une très belle blonde, mince et sexy ». C'était bien sûr avant sa maladie. « C'est vraiment elle le lien entre toutes les amitiés de David. Elle est restée proche de lui pendant, entre, et après ses mariages avec Norkin et Paul. Mais il y avait une autre femme dont il se disait amoureux fou et qui, je crois, lui en a fait baver — une fille très jeune et très attirante nommée Omi Yolin. Marvin Yolin était aussi un ami de Goodis. Ils vivent à Los Angeles. La dernière fois que je les ai vus tous les deux, c'est il y a cinq ans à un poker dans un appartement de Marina Del Rey. Ils pourraient sûrement vous en dire long sur Goodis, si jamais vous arrivez à leur mettre la main dessus ; parce qu'ils… euh… bougent pas mal. »

1. Elle joue la harpie chargée des mémées dans l'infernal autocar.

De New York, et au téléphone lui aussi, Sam Elber devait confirmer l'histoire des Neighborhood Players. C'est lui qui a entendu dire que Goodis avait basé Clara-la Garce sur sa femme Elaine — qu'il n'a jamais connue puisqu'il était en mer à l'époque, conscrit dans la Navy. D'après Elber, Goodis était 4-F parce qu'il souffrait d'un tympan crevé. Toujours d'après lui, si Goodis adorait mettre les gens en boîte ou leur faire des farces, il aimait nettement moins en être la victime, surtout en public. « Un jour dans un bar il a retiré le tabouret sur lequel j'allais m'asseoir. Je me suis cogné la tête contre le comptoir, qui heureusement était capitonné ; mais ça a quand même fait un bruit horrible. Très tard dans la soirée, j'ai envoyé un télégramme à Dave, chez lui, lui expliquant que j'avais fait une hémorragie interne et que j'étais à l'hôpital. J'indiquais le numéro de chambre et l'aile de l'hôpital. Dave s'est précipité là-bas et c'est comme ça qu'il s'est retrouvé au service des maternités, en pleine nuit. Je dois dire que cette fois il l'a bien pris, mais après ça il ne retirait plus les chaises sous les fesses des gens. Une autre fois, en Californie, il est allé aux courses de taureaux à Tijuana avec Ruth et un ami nommé Ted Brooks, dans sa fameuse décapotable. Il avait laissé une pile de chemises sur la banquette arrière, des chemises en pongé très anciennes et assez belles, mais qui s'en allaient en botte — comme tout ce qu'il portait. Brooks avait laissé une pile de chemises à lui aussi. Pendant qu'ils étaient dans l'arène quelqu'un a fendu la capote et volé les chemises de Brooks [Norkin prétend qu'il s'agissait de lui et de ses chemises]. Goodis a piqué une rage folle en constatant que le voleur n'avait même pas touché à ses merveilleuses chemises en pongé. Il a passé le reste de la journée à discourir sur les Mexicains et leur total manque de goût. » Elber se souvient aussi avoir pris une photo de Goodis avec un revolver au canon encore fumant, pour la jaquette d'un de ses livres. La photo n'a apparemment jamais été utilisée. « Il m'a répété plusieurs fois que je ne serais jamais payé pour la photo, et je lui ai répondu autant de fois que je m'en foutais éperdument. »

J'ai finalement retrouvé les Yolin. Elle travaille dans une agence immobilière et il vend des voitures. Ils « bougent » effectivement pas mal, mais se sont montrés charmants avec moi, contrairement à la réputation qu'ils semblent avoir avec le reste des amis de Goodis. Marvin Yolin a connu Goodis en 1945 à Atlantic City. Son père tenait une de ces boutiques de souvenirs qui longent les planches. Lui vendait déjà des voitures à cette époque. Il se considère l'ami qui a connu Goodis le plus intimement, autant qu'il l'était possible. « Norkin le connaissait très bien aussi, au début ; mais pas après. Paul est entré dans le cercle seulement par alliance. Tous les autres restaient dans la périphérie. Je suis le seul qui sortait avec lui et qui l'ait vu faire toutes ces choses qu'il racontait aux autres. » Omi Yolin ajoute que c'est à cause de Goodis qu'elle a rencontré et qu'elle s'est mariée avec Marvin. Goodis se disait amoureux fou d'Omi, qu'il a rencontrée en 1948. Il s'apprêtait à retourner à Hollywood, et la veille de partir il a fait une scène : il voulait l'épouser, il voulait l'emmener avec lui en Californie. Il est finalement parti seul, après une crise de larmes. « Le lendemain il téléphonait d'un bled de l'Ohio et menaçait de se jeter en voiture d'une falaise si elle n'acceptait pas de le rejoindre. Bien sûr on ne prêtait pas attention à ce qu'il disait, parce qu'il était toujours comme ça. C'était Woody Allen avant Woody Allen, toujours en train de vous parler de ses problèmes de cœur ou de fesses.

« C'était aussi le genre de mec qui se coupait des chaussures dans les sacs à main de sa mère. Enfin, pas vraiment, mais il découpait ses sacs en croco pour se faire des chaussures " wing-tips " : il collait les bouts de croco sur des chaussures blanches et ça lui faisait des chaussures deux-tons. Sa mère était toujours après moi pour que j'emmène David s'acheter quelque chose de bien. Je crois qu'il a commencé cette histoire de radinerie pour rire et qu'ensuite il s'est laissé prendre au jeu. Au début c'était une pose, ensuite il en a fait une habitude ; je crois que c'était sa façon de faire une farce au monde entier. Parce qu'il pouvait aussi se montrer incroyablement extravagant et généreux : une fois il a offert un étui à cigarettes à Omi, qui venait d'un bijoutier réputé. Une autre fois, elle venait juste d'avoir un bébé, et elle s'est mise à engueuler David parce qu'il ne lui avait même pas fait de cadeau. Il lui a donné cent dollars, ce qui il y a trente ans était réellement extravagant. Bien sûr on préfère tous raconter les autres histoires, comme la fois où je m'étais arrangé pour qu'il sorte avec cette fille, Betty. Elle voulait à toutes forces sortir avec lui parce qu'il était célèbre, avait travaillé à Hollywood et tout ça. Ses parents étaient très collet-monté, et riches. Il est arrivé pour la prendre. Il portait un costume qu'il avait teint lui-même rose saumon, des chaussures noires, des chaussettes blanches ; ses jambes de pantalons étaient bien trop courtes, mais le pire c'était encore cet abject petit nœud papillon qu'il portait, en cuir noir... »

Jerry Lewis ou David Hockney avant la lettre ? Cette histoire fait écho à une autre histoire que j'ai entendue plusieurs fois, confirmée par Yolin. En 1947, il était sorti avec une femme nommée Ruth Cosgrove, qui devait plus tard devenir Mme Milton Berle (le comédien de télévision connu par tous les Américains sous le surnom Uncle Milty). Goodis avait ramené Cosgrove chez elle. Devant la porte elle lui avait demandé d'attendre une minute. Elle était ressortie avec un tas de bibles. Là-dessus, elle avait fait cette déclaration solennelle : « Je jure que je ne sortirai jamais plus avec toi, ou t'adresserai seulement un regard DE TOUTE MA VIE ! » Marvin Yolin commente : « Il adorait ça, rendre les gens tellement en colère après lui qu'ils voulaient presque le tuer. Même chose pour sa façon de manger ; il mettait des heures à manger le moindre truc, il coupait son bacon en morceaux minuscules, il rendait les serveuses complètement folles. Souvent elles voulaient le sortir. Mais autrement, il avait des bonnes manières en public, il ne jurait jamais, ne disait pas de gros mots. Mais il vous emmenait toujours dans des coins épouvantables pour manger. Un jour il m'a emmené dans West Philadelphia parce qu'il voulait me faire essayer le meilleur restaurant de poisson qu'il connaissait. L'endroit était d'une saleté et d'une puanteur incroyables ; on ne pouvait même pas s'asseoir. En entrant, on a croisé un Noir, qui nous a dit : " Hey, man, z'allez tout de même pas bouffer ici ? " Il était comme ça, il conduisait vingt ou trente bornes rien que pour faire une farce. »

Étant dans la partie, Marvin est exceptionnellement qualifié pour parler des terribles voitures de Goodis. Même les gens qui ne se souviennent pas de Goodis se souviennent de sa voiture. Elle figure dans un roman à clés sur Hollywood intitulé *The Squirrel Cage*, par Edwin Gilbert, un roman dans lequel apparaissent aussi, sous des formes à peine déguisées, William Faulkner, Jerry Wald et Al Bezzerides. Le héros scénariste débutant est un composite, mais il ne peut y avoir eu qu'une décapotable rafistolée au fil de fer et au linoléum dans le parking en face des studios Warner (Jack Warner ne laissait pas se garer dans le périmètre ceux qu'il appelait

« Schmucks with Underwoods »). Marvin Yolin n'arrive pas à cacher son horreur en décrivant les indignités qu'il lui a fallu subir avec Goodis, d'être ainsi vu en sa compagnie et dans pareil équipage. « Il a d'abord eu une Chrysler, sa fameuse décapotable. C'était une Imperial, sedan, modèle Phaeton, et tout ce que je peux en dire c'est que quand il a voulu s'en débarrasser en 1960, il a fallu qu'il paye le type de la casse pour qu'ils acceptent de venir la prendre. Quatre ou cinq compagnies de récupération avaient déjà refusé de toucher à cette “ classique ”, comme disait David. Au lieu de remplacer la capote il avait utilisé une nappe en toile cirée et avait versé du goudron par-dessus, tout un pot de goudron liquide. L'été quand il faisait chaud le goudron fondait et vous coulait dessus. En plus de ça elle marchait très mal. Un jour on est allés ensemble à New Hope voir une exposition de vieilles voitures restaurées, à l'Armory. David est allé à un stand et s'est mis à discuter avec le type. Il voulait faire refaire son moteur. Il n'y avait que des modèles chers et anciens, des moteurs faits sur mesure. David a dit au type qu'il était prêt à dépenser 2 000 $ ou 3 000 $ pour refaire le moteur de sa Phaeton “ classique ”. Le lendemain on a fait cent bornes pour amener son épave au garage ; c'était à la campagne. Le gars était un spécialiste de la restauration, et ne travaillait que sur commande. Il a regardé la voiture de David et nous a demandé si on n'était pas un peu cinglés. Les coussins étaient crevés et réparés au sparadrap, et tout à l'avenant. Quand il s'est enfin décidé à changer de voiture, il a acheté une Chevrolet neuve, mais la meilleur marché possible. Je le sais parce qu'il l'a eue chez le marchand juste en face de ma concession. Il leur a fait retirer le siège arrière pour qu'elle coûte moins cher. C'était une Chevrolet toute noire, vraiment horrible, et le chauffage ne marchait pas. Même durant le blizzard de 1960, il a refusé d'en changer ou de la réparer, parce que ça lui aurait coûté 45 $. »

Yolin confirme aussi que Goodis se sentait coupable de la condition de son frère Herbert. Il le traînait partout avec lui quand c'était possible. « Je me souviens d'un jour de l'an, on était restés à la maison et David avait demandé s'il pouvait amener Herbie qui venait juste de sortir de l'asile. On avait invité deux ou trois amis. L'un d'eux n'a pas cessé de pleurer de la soirée parce que sa femme venait de se suicider. Et il y avait Herbie, qui avait l'air d'un robot ;

il fumait cigarette sur cigarette, n'allait nulle part sans son cendrier. Et chaque fois qu'on lui parlait, il se levait. Même à table. Il se levait et la bouffe tombait partout. Au bout d'un moment Omi en a eu plein le dos et est allée s'allonger dans sa chambre. David est venu lui taper sur l'épaule et lui demander si elle avait un bon verrou, s'il y avait un moyen de bien fermer sa porte. " Juste au cas où Herbie aurait besoin d'aller aux toilettes. " C'était son genre d'humour. Macabre. Herbie était un peu retardé, et il avait attaqué le laitier à coups de couteau. »

Marvin est convaincu que toutes les histoires que Goodis racontait à propos des grosses Noires étaient en partie vraies. Mais il est le seul à pouvoir en témoigner. Il est aussi le seul à suggérer cette nouvelle perspective qui tendrait à démentir l'image que s'en sont fait les autres amis de Goodis : celle de l'excentrique, celle du hipster à la coule qui pouvait évoluer impunément dans les clubs ou les bouges au milieu des Noirs. Marvin peut en parler, parce qu'il était souvent avec lui. « Il n'avait pas froid aux yeux, ça je dois l'admettre. Mais c'était surtout de l'inconscience. Une fois sur Ridge Avenue il a essayé d'empêcher deux Noirs de se battre. Il m'a fait arrêter la voiture, il a couru vers les deux types en retournant le revers de sa veste comme s'il avait un insigne de police. Les deux mecs s'apprêtaient vraiment à lui faire la peau quand je l'ai récupéré avec la voiture. Après ça, je lui ai dit que c'était fini, je ne voulais plus sortir avec lui. Il était trop cinglé. C'était vraiment un coup à se faire tuer tous les deux. Je l'ai vu dans des bars se faire maltraiter par des grosses bonnes femmes de 150 kilos et plus. Elles lui disaient des trucs comme « Sale petite merde de Blanc », et plus elles l'insultaient plus il rayonnait. " Je crois que je suis en train de tomber amoureux ", il disait. Et il avait vraiment l'air heureux dans ces moments-là. Il les aimait grosses et noires, mais ça suffisait pas ; il fallait qu'elles soient vulgaires et méchantes aussi.

« David nous rendait souvent visite quand on habitait à New Hope, une colonie d'artistes sur la Delaware, dans Bucks County. On l'avait présenté à cette sculpteuse noire nommée Selma Burke. Selma était noire et grosse, environ 130 kilos, et elle est devenue célèbre par la suite ; c'est elle qui a fait le buste de Lincoln qui est sur les pièces d'un penny, ou celui de Roosevelt sur les *dimes*, je ne sais plus... En tout cas, entre David et elle, ça a été le coup de foudre immédiat. Elle nous disait qu'elle avait vu un nom dans les feuilles de thé au fond de sa tasse, en forme d'étoile (de David !). Quelques semaines plus tard elle nous annonçait qu'elle était enceinte et que c'était l'enfant de David. Elle avait déjà la quarantaine, mais elle n'en démordait pas : elle était enceinte, et elle allait appeler son enfant Star, à cause de l'étoile qu'elle avait vue dans sa tasse ! Physiquement elle était tout à fait le type qu'aimait David, mais pas psychologiquement : Selma était bien trop gentille. C'était une personne très sensible, une très belle personnalité. David les aimait grosses et noires, mais il les aimait aussi misérables, aigries, boudeuses et rancunières. Enfin bref, il est reparti à Philadelphie. Un peu plus tard je l'ai appelé au téléphone en déguisant ma voix, lui faisant croire que j'étais Washington Burke, le père de Selma : " Selma m'a tout dit. Quelles sont vos intentions jeune homme ? " Et lui il balbutiait : " Yes, sir... " Ça a duré comme ça des mois et des mois. Je l'appelais avec l'accent noir et lui disais que j'en avais plein le dos, que j'allais rendre visite à ses parents. Il raccrochait et m'appelait aussitôt : " Let's have a showdown. " C'était son expression ; ça voulait dire qu'il voulait qu'on se rencontre quelque part, dans une voiture ou dans un bar, ça voulait dire qu'il voulait causer. Ça se terminait généralement sur le coup de quatre heures du matin. Et il me racontait toutes les misères que lui causait ce Washington Burke. Il avait une trouille affreuse que ses parents apprennent ça. Ses parents ne soupçonnaient rien de sa vie " cachée ". Ils étaient terriblement innocents. Sa mère était très naïve, sensible, je crois ; elle était musicienne. Elle semblait trouver David complètement normal, et sa seule détresse tenait au fait qu'il s'habillait si mal.

« En tout cas, ses parents n'avaient aucune idée de ce qu'il faisait la nuit ni des gens qu'il fréquentait. Encore que je me demande ce qu'ils ont pensé de cet épisode avec Elaine. Il me parlait souvent d'elle, de la période où il était marié. Apparemment il en avait beaucoup bavé avec elle. Elle était rousse et avait de très gros seins, ce qui plaisait à David. Quand ils vivaient à New York elle le réveillait en pleine nuit et lui disait : " Tu veux les voir, tu veux voir mes seins ? " Et il disait oui. Alors elle l'envoyait lui chercher une glace, en pleine nuit, en lui promettant du bon temps quand il rentrerait. Il revenait avec les glaces et elle l'accusait de l'avoir réveillée ; elle le traitait de tous les noms. Il disait qu'elle l'avait rendu physiquement et mentalement dérangé, et même s'il était capable d'en parler avec moi, et avec humour, je suis persuadé que ça l'a marqué pour la vie ; il se peut que cela ait quelque chose à voir avec ses préférences sexuelles. » On ne peut s'empêcher de penser aux scènes de domination et de torture mentale entre Clara et George Ervin dans *la Garce* : « A neuf heures vingt, George revint à la maison avec les pâtisseries. Il avait pris sa voiture pour aller les chercher dans le centre-ville. Clara avait déclaré qu'elle se sentait d'humeur pour ces gâteaux-là, vendus exclusivement dans une petite boutique du centre. Elle en voulait avant d'aller se coucher, avait-elle dit. Elle en voulait avec son thé. Il y avait plus de dix kilomètres entre la maison et le centre. » Et quand Clara bat son mari comme plâtre, il lui dit seulement après coup : « Ce n'est rien, Clara, je sais que c'est pour mon bien que tu fais ça... »

Goodis n'a finalement jamais revu Selma Burke, et Selma Burke n'a finalement pas accouché de l'étoile de David. Mais d'après Marvin Yolin, le canular Washington Burke a bien duré des mois : « Il a fini par s'apercevoir que c'était une plaisanterie, mais jamais il ne m'aurait donné la satisfaction d'avouer que je l'avais bien eu. Il a toujours fait mine de croire à l'existence de Washington Burke. C'était un petit jeu entre nous. Il adorait faire marcher les gens, les mystifier et même les faire enrager ; mais quand on le faisait marcher, il encaissait sans broncher, et surtout sans vous donner le plaisir de rire le dernier. C'était une attitude qu'il avait en face du monde. »

Coda — p.c.v. — 17 octobre 1983, 10 heures du matin

Coda — p.c.v. — 17 octobre 1983
10 heures du matin

— Hullo ? This is the operator speaking. Got a collect call for Philip G — unier from Selma Burke, New Hope, Pennsylvania, will you accept the charges ?

— Hhn ?

— SELMA BURKE, will you accept ?

— Oh, yes...

— Go on, Miss...

Au bout du fil, Selma Burke se déclarait surprise, choquée, presque, au reçu de ma lettre. Mais assurément pas tant que moi. J'avais expédié des dizaines de lettres similaires à des dizaines d'adresses différentes, d'universités en associations d'anciens élèves, d'instituts en musées, de New Hope à Pittsburgh en passant par la North Carolina State University. J'avais même causé à une Selma Burke de Pittsburgh au téléphone, une dame patronnesse amie des arts qui a donné son nom à deux musées de Pittsburgh mais qui s'était néanmoins montrée surprise d'apprendre qu'elle était noire, sculpteuse, et qu'elle avait eu une histoire d'amour avec David Goodis. Elle m'avait gracieusement suggéré de chercher ailleurs, du côté de la Caroline du Nord, ou même peut-être à New Hope. Elle ne connaissait pas cette Selma Burke mais en avait entendu parler. Pendant des années, il y avait eu deux Selma Burke dans l'annuaire du téléphone.

J'avais abandonné tout espoir depuis longtemps. J'en avais définitivement terminé avec cette histoire, manuscrit corrigé, expédié, accepté. Et puis tout d'un coup cette voix au téléphone, claire et si proche : « You wanna talk about David Goodis ? »

Selma Burke s'excusait de ne pas avoir répondu avant. C'était une période très chaotique pour elle, elle ne savait plus où donner de la tête : hommages et dîners un peu partout, elle n'arrêtait pas de recevoir des prix et des « achievement awards » pour sa carrière, pour ses sculptures. Oui, c'était bien elle qui avait fait le profil de Roosevelt utilisé sur les pièces de dix cents. Elle venait aussi de léguer tous ses « papiers », lettres, croquis et documents, à l'Université de Caroline du Nord. Dans le tas, il y avait deux livres de Goodis. « Deux livres de poche. Trash. »

Goodis et Selma s'étaient rencontrés à une party ; quelqu'un avait amené David. Coup de foudre immédiat et mutuel. « Mon mari venait de mourir et j'avais besoin de me changer les idées. David était drôle, adorable et très sensible. Il restait chez moi deux ou trois jours, ensuite il retournait à Philadelphie. Parfois il s'absentait pendant un mois ou deux ; il allait à Bangkok ou ailleurs en Thaïlande. Il voyageait beaucoup. On a continué à se voir comme ça cinq ou six ans. C'était pendant les années 50. Il était aussi ami avec mon frère, qui était chauffeur chez Bernard Davis et habitait dans North 16th Street, à cinq rues de chez David. Mon frère collectionnait les vieilles voitures, et cela passionnait David ; il voulait restaurer sa vieille Ford, qui était pourtant bien pourrie. C'était drôle de le voir descendre de sa vieille baille déglinguée, parce qu'il était toujours bien habillé. Il avait toujours des belles chaussures, je me souviens. »

Comme avec le reste de ses amis et connaissances, Goodis semble avoir quelque peu mystifié Selma (avec ses voyages imaginaires, par exemple), mais aussi dans le sens inverse : apparemment quand il allait la voir il se mettait sur son trente-et-un et ne portait jamais ses éternelles bretelles. Ou alors ce qui était considéré de mauvais goût par ses jeunes bourgeois d'amis à Philadelphie passait pour le comble du chic et du « cool » parmi ses amis noirs. Il cuisinait pour elle, chez elle, et pas des jelly beans. « Il faisait le meilleur *oyster stew* que j'aie jamais goûté. Il allait chercher les crabes vivants et les huîtres dans un endroit spécial qu'il connaissait à South Philly. Il bardait la cocotte d'algues et d'oignons coupés, et ensuite il fallait le voir mettre les crabes vivants dedans ! C'était toujours une grande production, il en faisait toujours un véritable cirque. »

Comme on peut s'y attendre, Goodis gardait jalousement et soigneusement leurs relations séparées de sa vie sociale et familiale. Ils sortaient souvent ensemble, mais toujours avec d'autres amis noirs. David en avait apparemment beaucoup. Il avait même essayé au début de cacher la nature de leurs rapports au frère de Selma, de peur de ternir sa réputation (à elle). C'est Selma qui, dans sa cuisine à New Hope, en avait fait part à son frère, devant David. Il avait simplement haussé les épaules et marmonné qu'elle « était bien assez grande ». Goodis était aussi mortellement effrayé à l'idée que ses parents puissent un jour découvrir leur liaison. Une ou deux fois Selma avait dû appeler chez lui ; sa mère avait répondu. Une fois Selma était très malade et avait téléphoné de l'hôpital. Goodis était venu aussitôt. D'après Selma, Goodis était une nature sensible, un esprit tourmenté et créatif qu'il cherchait toujours à cacher aux autres, pour se protéger. Avec elle, et parce qu'elle était artiste, il se livrait un peu plus. Il souffrait énormément de l'indifférence du public américain envers ses livres, même s'il affectait lui-même une complète indifférence à ce sujet. Leur liaison s'était terminée amicalement, vers 1956. A Pittsburgh, Selma avait rencontré un homme qui voulait l'épouser. Goodis ne voulait pas se marier et disait qu'elle non plus ne devrait pas se marier. « Il disait que je devais restée mariée à mon art, uniquement. Il me parlait parfois de son désastreux mariage avec Elaine. " That bitch ", comme il l'appelait. Il en avait beaucoup souffert et il disait qu'un artiste ne devrait jamais se marier.

« Il était vraiment attirant, presque beau, les traits fins, les sourcils foncés et une belle bouche. » C'est la sculpteuse qui parle là, en experte. La femme, elle, se souvient surtout, et d'une façon attendrie, d'un être charmant, désarmant, sensible — ayant toujours fait preuve à son égard d'une délicatesse à laquelle elle ne semble pas avoir été trop habituée. Le David qu'elle connaissait s'abandonnait, sans carapace et sans famille. Et, comme tout le monde, elle est persuadée que ce feu follet qu'elle aimait et connaissait était le « vrai David Goodis ». Encore un.

Chronologie personnelle de David Goodis

1917	Naissance de David Loeb Goodis à Philadelphie.
1919	Naissance de son frère Jérôme, qui meurt d'une méningite trois ans plus tard.
1923	Naissance de son frère Herbert.
1923-1930	Cooke Jr. High School.
1930-1935	Simon Gratz High School.
1936	University of Indiana.
1937-1938	Temple University. Ecrit déjà professionnellement (pulps, journalisme, nouvelles).
1938	Publication de son premier roman, *Retreat From Oblivion,* chez Dutton.
1939	Quitte emploi dans une agence de publicité locale pour aller à New York travailler chez Charles Reach et aussi chez Young & Rubicam. Ecrit aussi pour les pulps, et bientôt la radio.
1942	Bref voyage en Californie. Los Angeles, Tijuana. Employé quelques semaines par Universal pour écrire un traitement, *Destination Unknown.*
	Épouse Elaine. Retour à Philadelphie, puis New York.
1943	Elaine quitte Goodis. Aucune trace de divorce.
1945	Goodis écrit de plus en plus pour les pulps et la radio. Devient producteur associé sur « Hap Harrigan of the Airwaves ».
1946	En janvier vend *Dark Passage* à Warner Bros. Le roman paraît en feuilleton durant l'été à partir du 20 juillet dans le *Saturday Evening Post.* Paraît en roman chez Julian Messner en fin d'année.
	En août il signe un contrat de six ans avec Warner Bros., pour travailler six mois de l'année tout en continuant d''écrire ses livres.
	Écrit article sur l'affaire du Black Dahlia pour le *San Francisco Chronicle.*
	Publie nouvelle dans le numéro du 26 octobre de *Collier's,* « Caravan to Tarim ».
1947	Juin : Sortie de *The Unfaithful* (L'Infidèle). Gros succès.
	Sept. : Sortie de *Dark Passage* (Les Passagers de la nuit).

Oct. : Publication de *Behold This Woman* (La Garce) chez Appleton.

Nov. : Publication de *Nightfall* (La nuit tombe) chez Julian Messner.

1948 Travaille pour Jerry Wald sur *Up Till Now,* projet finalement abandonné en fin d'année. Et sur *Of Missing Persons* pour Lou Edelman. Même sort.

1949 Publication du premier livre de Goodis en France chez Gallimard : *Cauchemar,* Série Blême nº 4.

1950 Quitte définitivement Hollywood.

Publication de *Of Missing Persons* chez Morrow.

Retour à Philadelphie, à la maison familiale que Goodis ne quittera pratiquement plus jusqu'à sa mort.

Publication de *La nuit tombe,* Série Blême nº 12.

1951 Publication de *Cassidy's Girl* (Epaves) en livre de poche original, chez Fawcett (Gold Medal).

Publication de *La police est accusée* (Of Missing Persons) dans la collection « Détective-Club », nº 35. Réédité en 1954 chez Ditis dans la collection « La chouette ».

1952 *Street of the Lost* et *Of Tender Sin* (Obsession) chez Gold Medal.

1953 *The Burglar* chez Lion Books, *The Moon in the Gutter* chez Gold Medal. *Black Pudding* dans « Manhunt » (nouvelle inédite en France).

Voyage aux Caraïbes (Jamaïque et Barbades).

1954 *The Blonde on the Street Corner* et *Black Friday* (Vendredi 13) chez Lion, qui réédite aussi *Nightfall* sous le titre *The Dark Chase.*

Street of No Return (Sans espoir de retour) chez Gold Medal.

Le Casse en Série Noire nº 207.

1955 *The Wounded and the Slain* (Descente aux Enfers) chez Gold Medal.

Vendredi 13 en Série Noire nº 279.

1956 *Down There* (Tirez sur le pianiste !) chez Gold Medal.

Sans espoir de retour en Série Noire nº 288.

Pierre Chenal tire *Section des disparus* de *La police est accusée.* Filmé en Argentine avec Maurice Ronet.

Sortie américaine de *Nightfall,* film de Jacques Tourneur avec Aldo Ray, Ann Bancroft et Brian Keith.

Goodis travaille avec Paul Wendkos sur l'adaptation de *The Burglar* (Le Cambrioleur) à Philadelphie.

1957 *Fire In the Flesh* (L'Allumette facile) chez Gold Medal.

Sortie de *The Burglar* par Columbia, avec Dan Dureya et Jane Mansfield.

Tirez sur le pianiste ! paraît en Série Noire nº 379.

1958 *L'Allumette facile* en Série Noire nº 421.

1960 Sortie française de *Tirez sur le pianiste !* de François Truffaut, avec Aznavour.
Mort de Dick Carroll, son *editor* chez Gold Medal.

1961 *Night Squad* (Les Pieds dans les nuages), son dernier livre pour Gold Medal.

1962 Sortie américaine de *Shoot the Piano Player.* Truffaut rencontre Goodis à New York lors de la première.
Grove Press réédite *Down There* avec photos du *Pianiste* et un « blurb » de Henry Miller en dos de jaquette. Plusieurs articles écrits sur Goodis et l'avènement de l'« anti-héros ».

1963 Mort de William Goodis.
Donne sa dernière interview.

1965 Goodis attaque les producteurs du feuilleton *Le Fugitif* et leur distributeur ABC-TV, pour plagiat.

1966 Mort de Mollie (Halpern) Goodis.
Goodis est malade, entre en maison de santé, écrit son testament.

1967 Goodis meurt à 49 ans, à l'Albert Einstein Medical Center, le 7 janvier à 23 heures 30.
Publication (posthume) de *Somebody's Done For* (La Pêche aux Avaros, mais littéralement : Quelqu'un est foutu).

1968 *La Pêche aux Avaros* en Série Noire nº 1116.

1971 Re-make du *Burglar* par Henri Verneuil intitulé *Le Casse,* avec Belmondo, Omar Sharif et Robert Hossein.
Mort de Herbert Goodis, trouvé mort de malnutrition dans un bois près de l'asile dont on l'avait relâché six mois auparavant.

1972 William Goodis, exécuteur testamentaire de Goodis, s'arrange à l'amiable avec les producteurs du *Fugitif,* renonce à toute poursuite et leur cède *en outre* les droits sur *Dark Passage* pour la somme de 12 000 $.

1977 Publication de *Descente aux Enfers* dans la collection Red Label.

1980 Numéro de mars de la revue *Polar* consacré à Goodis. La revue publie aussi *Cassidy's Girl* en feuilleton ; le roman paraît ensuite chez Guénaud sous le titre *Épaves.*

1981 Parution française de *La Garce, La Lune dans le caniveau* et *Obsession* chez Fayard Noir.

1982 1er décembre : « Loin de Philadelphie », émission de Claude Ventura sur Goodis à Hollywood. Article de l'auteur sur Goodis dans *Libération*.

1983 Présentation très controversée de *La Lune dans le caniveau* à

Cannes, un film de Jean-Jacques Beineix avec Depardieu, Nastassia Kinski et Victoria Abril.

On annonce en outre, en tournage ou projet, les adaptations de deux autres romans de Goodis : *Street of the Lost* (Rue Barbare) et *The Raving Beauty* (L'Inoubliable).

Parution en Angleterre d'un « Goodis Omnibus » contenant *The Moon in the Gutter, Nightfall, Dark Passage* et *Down There* Préface de Mike Wallington, collection Black Box Thrillers, Zomba Books, Londres.

Table

1. Série blême 19
2. Verbal messages cause misunderstanding and delays (please put them in writing) 33
3. Stepin Fetchit est ici aussi 47
4. « On était trois... » 61
5. Memo from Jerry Wald 73
6. La plus grande histoire du monde 89
7. Un maître du spirituel 101
8. Under the Boardwalk 111
9. Black & Tan Fantasty 125
10. Vous comprenez, « Surrogate » ? 137
11. La rue 167
12. L'as des gaz 173
13. To Dave, from your best friend — Dave 181
14. Retreat from Oblivion 193
15. Alimentaire, mon cher Watson 205
16. L'amour en noir et bleu 223
Coda — p.c.v. — 17 octobre 1983, 10 heures du matin 239
Chronologie personnelle de David Goodis 245

IMPRIMERIE HÉRISSEY À ÉVREUX (EURE)
D.L. FÉVRIER 1984. N° 6711 (33230).